データから戦略を導く
理論と実践入門

統計分析の基礎から機械学習、生成AIまで

朝野熙彦 編著

東京図書

はじめに

　近年は、統計分析に加えて機械学習と AI も脚光をあびるようになりました。後者については 2024 年ノーベル物理学賞を受賞したジェフリー・ヒントン教授の貢献が大でした。これらすべての方法をたばねた理論体系はまだ出来ていないのですが、ここでは一括りにデータサイエンスと呼んでおきましょう。

　データサイエンスといわれる手法群はいずれもコンピュータを使ってデータを処理するという側面だけ見れば似ています。そのため一つの学問のようにみえるかもしれません。しかし統計学と情報工学だけをみてもルーツはそれぞれ異なります。そのため大学でいえば学部も違えばカリキュラムも違うのが普通です。そうした事情から、データサイエンスを幅広く学んだ学生はまだ少ないのが現状です。

　しかしこのような学術融合ないし学術横断の問題はさておき、現実に世の中はデータであふれています。そして産業界では DX 戦略を推進してデータドリブンで業務を革新し新しい市場を創造すべきだと喧伝されて

いIます。しかしデータを価値化して業務に結びつけるにはどうすればよい
のでしょうか？　ITだ、DXだ、データ戦略だといわれても、とまどうば
かりの社会人が多いのではないでしょうか。

　近年大流行の生成AIも機械学習も最近になって突然生まれたわけでは
ありません。実は何十年も昔の多層ニューラルネットワークとAID系の分
析を起源にして、その後長年にわたって次第に進歩してきたものです。け
れどもそういった歴史を指摘するマスコミ報道は少ないようです。新しい
開発予算の獲得、あるいは新システムの売り込みという大人の事情に忖度
されているのかもしれません。

　そんなわけで戦略情報システム、ニューロファジー、データマイニング、
IoT…など、社会人はいつも時代の最先端といわれるキーワードに翻弄さ
れ続けてきたと思います。

　データは確かに大量かつ高頻度で発生しています。しかしデータをコン
ピュータに入力すれば自動的に対応の方策が出てくるというのは甘い幻
想にすぎません。実はデータをビジネス上の価値に転換するには人間の関
与が不可欠なのです。

　本当のことを言えば、ボトルネックは機械とシステムにあるのではな

く、エビデンスベースで戦略を導ける人材が足りないことにあるのではないでしょうか。

　データにもとづいて市場に対応する理論と実践を理解することが今日多くの方に望まれていると思います。社会人だけでなく実社会に出る前の学生の皆さんも、データ戦略の実情を知りたいのではないでしょうか。

　残念ながら私自身は商品企画、売り場設計、販促、レコメンデーションなどの実務の最前線に詳しいわけではありません。そこでデータサイエンスのエキスパートの方々にご協力いただき、実務での取り組みを紹介してもらうことにしました。

　本書の特徴は次の3つです。

(1) 新しい分析モデルに焦点をあてる

　本書は統計分析の基礎からはじめて今日のデータサイエンスまでを紹介します。CNN と生成モデル、スパースモデリング、マハラノビスの汎距離などが含まれます。

(2) 直感的に理解できるようにする

　本書では解説の仕方について工夫を試みました。できるだけ数式展開に頼らずにデータサイエンスを理解できるようにしました。また実際にデータ分析した結果をグラフに描くことで納得してもらおうと思います。

(3) 読者のモチベーションを重視する

　本書はビジネス関係者を主な読者に想定しました。そのためサイコロやトランプのような教科書的な例題は避けて、リアリティのある例題で説明することにしました。読者の方に興味をもって読んでもらえばと思います。

　最後に、何に触発されて本書を上梓する着想を得たかを紹介します。2023 年 11 月 14 日に日本マーケティング・リサーチ協会（略称 JMRA）が「クライアントの取り組みを聞く─イオングループにおけるデータの価値化」というセミナーを開催しました。講師のイオン（株）CDO 中山雄大氏はイオングループの全国 2 万店舗、年間 14 億件の購買データを活用し、消費者の買い物体験価値向上とグループ内 DX に取り組んでおられます。中山氏の先進的で示唆に富む講演に私は感銘をうけました。それだけでな

く受講中の大勢の社会人の方々の目の輝きを拝見して、今ここにデータの価値化をめざす社会人の熱望が現れていることに気づいたのです。

本書を執筆するきっかけを与えてくださったJMRA、そしてもちろん講師の中山氏に感謝いたします。中山氏は流通業におけるデータ戦略についての解説を本書に寄稿してくださいました。

他にも本書に寄稿してくださった愛国学園大学の大屋伸彦先生とクロスマーケティングの島崎耕一氏にも感謝します。また専修大学の奥瀬先生をはじめJMRAデータサイエンス研究会のメンバーにも本書執筆にご協力をいただき感謝します。

東京図書の河原典子さんには、本書の企画から編集までご尽力いただきました。お礼申しあげます。

本書が今にも置き去りにされそうな社会人のためのよき入門書となり、データ戦略を実務に導入する後押しになることを願っています。

2025 年 1 月 1 日

朝野熙彦

分担執筆者一覧 （執筆順）

森本　修　　4章、10.4節、付録B
DeNA

後藤　太郎　　5章、6.4節
CCCMK ホールディングス

梅山　貴彦　　7章、10.3節、10.4節
クロス・マーケティング

松波　成行　　8章
物質・材料研究機構

松本　健　　9章
ジンズ

コラム執筆者一覧

中山雄大
イオン

大屋伸彦
愛国学園大学

島崎耕一
クロス・マーケティング

データサイエンス研究会について

　上記の分担執筆者は朝野が研究代表を務める日本マーケティング・リサーチ協会（JMRA）のデータサイエンス研究会のメンバーです。同会は産学協同のプロジェクト研究組織であり、メンバーには専修大学、城西国際大学、国士舘大学、東京経済大学、メルカリ、ソニー銀行、三井物産の方々が含まれます。本書はこれまで同会で討論してきた内容にもとづいて執筆されたものです。

朝野熙彦

第1章
データを価値化する

1.1 データ戦略への挑戦

　私が本書で強調したいことは、データを活用してビジネスを成功させるためには、データとコンピュータがあるだけでは済まないということである。山ならそこにあるだけで尊いかもしれないが、データは単に存在しているだけでは何の価値もない。データ戦略を成功させるには、データにもとづいて新しいサービスや製品を生み出す論理的な分析力と、顧客企業あるいは自社の関係部署を説得して戦略を実行に移す能力を兼ね備えた人間が必要になる。そのような人を近年ではデータサイエンティストと呼ぶようである。もちろん個人のアドホックな努力には限界があるので、データを価値化するプロセスを実務のシステムに組み込むことが肝要である。

　私はデータ戦略に携わる人材は分析力とコミュニケーション力に加えてシステム志向の資質が必要ではないかと考えている。実社会を知らない人間が何を偉そうに言うのかと気に障った方がいるかもしれない。実のところ以上にあげた 3 つの資質は実務経験にもとづく自分自身の反省点なのである。

　以下は個人的な話しになるので手短に紹介したい。私は大学を卒業後、さしたる理由もなく某マーケティング・リサーチ会社に就職した。はじめは営業からはじめたが、次第に企業のマーケティング活動のお手伝いをするようになった。1970 年代から 1980 年代のことである。

　当時の日本の産業界は、欧米のマーケティングを輸入する蘭学事始めの時代だった。スローガンを宣言するだけなら輸入学問で間に合うが、現場レベルの具体的な課題解決には観念論では通用しない。やはり日本のそして自社の実践活動が不可欠だった。

　その当時の市場調査業界には、調査とは消費者の意見を聴取する仕事なのだから、データの使いみちまで関わるべきでないというストイックな風潮があった。使用目的も分からずデータを集めて何になるのかと私は疑問を覚えたものである。そこで能天気な私は無謀にも徒手空拳でデータ戦略の仕事に挑戦したのだった。データドリブンでエビデンスがなければビジネスが進まないのは今も昔も変わりない。分析力とコミュニケーション力とシステム志向が自分には足りないことは直ちに自覚できた。それでも企業の方々のよろず相談に乗っているうちに、依頼案件は大規模住宅の計画や金融の与信システムの開発、ユーザーと共創する製品開発の仕組みづくりなど際限もなく広がっていった。何が正解かも分からない、もしかしたら唯一の正解などないかもしれない難題を次々と与えてくれたクライエントの皆様に感謝する。その後大学に

転職したが、実務の現場で学んだすべての経験が私にとってかけがえのない財産になっている。

1.2　デジタル化の意味

　DX 推進によって、企業の業務情報はさらにデジタル化が進み、一方で生活者からもスマートフォン、GPS の位置情報、POS データやウェブ・アプリログなどを通じて、膨大なデジタル情報が自動収集されるようになった。情報がデジタル化されたからこそビッグデータが生まれてきたともいえる。本節ではデータ戦略の前段階としてデジタル化がもたらす意味を3点あげよう。

■■■ 集まるデータ

　ビッグデータの中でも情報量の多くを占めるのが防犯カメラの映像である。データは自然発生型であって、データサイエンティストからの管理・統制がきかない。集まるデータは Uncontrollable という性質を持っている。オンライン AB テストや CLT[1] であれば、調査者側がデータを発生させる仕組みを構築できる。対象者に与える製品情報、質問の順番、試用品の割りつけとその提示順序まで調査者が決めることができる。集めるデータと集まるデータの違いを対比したのが表 1.1 である。

　ビッグデータは大規模だから信用できる、というのは誤解といえよう。実はむしろ規模が小さい「集めるデータ」の方が、データの信頼度が高い傾向がある。

　なお表 1.1 でどういう場合に因果関係が立証できるのかが疑問になるかもしれない。典型例をあげればコンジョイント分析という新製品の企画手法がある。コンジョイント分析ではコンセプトを実験計画的に発生させて選択あるいは順序付けを行わせる。この方法が提案された動機は人間研究だったのだが、それはともかくコンジョイント分析は実験室実験を製品企画に適用した方法だという理解もできる。ランダムに異なる広告表現を割り付けてテストする AB テストも因果関係を立証するテスト法である。

---

[1]　オンライン AB テストは Web サイトのパフォーマンスを向上させるためにアクションの A パターン、B パターンを試行するテストのこと。CLT は Central Location Test の略で会場テストのこと。他にも Hall Test という名称もある。実施管理を厳密に行うことが可能である。いずれも実験室実験のマーケティング・リサーチ版といえる。

表 1.1　集めるデータと集まるデータ

区分	集めるデータ	集まるデータ
典型例	ネット調査、CLT	ビッグデータ
データ規模	小・中規模	大規模
データ発生の統制	いくらか可能	不可能
信頼性	高い	低い
因果関係の立証	場合によっては可能	困難

■■■ スパース性

　しばしばビッグデータの分脈で指摘されるスパース（Sparse）とは、広大な空間にデータがまばらに散らばっていることをさしている。「疎データ」とも言う。なぜデータが疎になるかというと、測定技術の精緻化にともなって変数が増えるからである。たとえばヒトには約 2 万 3 千個の DNA 遺伝子がある。個々の遺伝子を変数と考えれば変数の数はとても多い。それに対して測定される被検者はたいてい数人のオーダーにとどまる。したがって世の中の大多数の人について遺伝子情報は欠測値である。

　ビッグデータなら全てがスパースだというわけではない。たとえば金融機関や購買記録のトランザクションデータは、データ発生時点こそ不規則なものの、欠測値は生じない。口座の振り込みであれば、振込時点、振込先、振込金額、残金は完全に記録される。POS データによる売り上げ記録にも欠測値はない。1990 年代から一般的に普及したデータマイニングの技術は、この種のトランザクションデータを対象にして研究がはじまった。

■■■ マルチモード性

　マルチモード性とはデータが数値だけでなくテキストや音声、画像、動画、GPS の位置情報、大脳生理反応など様々なモダリティーがあり得ることを指す。近代の統計学は農事試験から誕生したために、主な観測データは収穫量という数値データに限られていた。そのため、マルチモードのデータについては研究も応用も遅れていた。今日ではマルチモードのデータ処理についてはディープラーニングの分野で技術開発がすすんでいる。

　図 1.1 左の写真は画像データの一例である。この画像をコンピュータに入力すれば生成 AI は

図 1.1　左：池（撮影　朝野熙彦）、右：池の画像（生成 AI）

「池」を含んだ説明文を返してくる。逆に「池」を含めていくつかのプロンプトを加えれば画像生成 AI は図 1.1 右のような画像を生成してくれる。

1.3　データ戦略の発想

　DX の目的はデータ戦略でビジネスを革新し新市場の創造を実現することにある。DX に従事するデータサイエンティストにはいくつか発想のジャンプが必要になる。

■■■ 巧遅拙速

業務革新を進めるデータサイエンティストの基本姿勢は一口でいえば巧遅拙速である。

> データサイエンスは「ベターな解」を許容する。正解が得られるまで何もしないよりも、現状を改善できる解が見つかれば、さっさと実行して先に進むべきだというのが基本姿勢である。

学問は真理を追究することが使命なので、近似解で手を打つことはない。何らかの解が得られたとしても、それがもっとも優れた解なのか？　そして解は唯一なのかを証明できるまで研究は終わらない。

その点、データサイエンスは実学なので、暫定解や近似解で OK である。実務の上では、時間をかけて良い解を探すよりは拙速の方が望ましい。「巧遅は拙速に如かず」という。その典型例が、スパムメールのフィルタリングである。猛烈なスピードで膨大なメールを仕分けなければならないので、メールの全文解析などしない。メールのタイトルや本文の一部だけでスパムメールの確率を評価してフィルタリングを済ませてしまう。その結果、サーバーソフトである MTA が受信用に振り分けたメールの中にも、たまにスパムメールが含まれることがある。時間の方が大切なのでそれで構わないという姿勢である。

■■■ 予測精度と管理可能性のバランス

スパース・データにありがちだが説明変数が増えることで、モデルの予測精度は上がる。重回帰分析でいえば決定係数という指標が最大値の 1.0 になることもまれではない。決定係数が高くても、それはモデルがオーバーフィッティング（過学習）しただけかもしれないので喜ぶことではない。

そこで、データサイエンスでは分析データをモデル推定用のデータと、検証用のテスト・データに 2 分し、前者でパラメータを推定し、後者で予測精度を評価するのが常套手段である。この方法を交叉妥当性のテストという。他にもデータをサンプリングしてパラメータ推定を繰り返して平均化するアンサンブル学習という方法もある。

予測モデルは、データが多少変動してもパラメータの推定値が安定していることが望ましい。同じ推定値が再現される程度を信頼性と呼ぶ。信頼性の高いモデルは頑健（ロバスト）なモデルとも呼ばれる。

データ戦略においてパラメータの信頼性の他に気をつけなければならないのが管理の可能性である。説明変数を増やしたところで、自社としてコントロールできない説明変数では手の打ちようがない。たとえば競合他社のアクションは自社の思い通りにはならない。そういう説明変数は管理には使えない。ではビジネスにとって有用なモデルは何だろうか。

①利用者が管理可能な説明変数である

②説明変数は測定が容易であり、測定誤差が小さい

③データが変動してもパラメータが安定している

④パラメータの大小や正負の符号が納得できる

「予測精度は高いが制御不能なモデル」と「予測精度は低いがマネジリアル（管理可能）なモデル」のどちらがよいかと言えば、後者の方がデータ戦略には有用である。

■■■「有意性検定至上主義」からの決別

データ戦略においては推測統計学の長年の目的だった検定の利用場面は限定されるだろう。たとえばCLTというデータ収集法の場合は、対象者を無作為割り付けする制御が可能である。その場合は実験室と似た環境でデータを集めることができる。また企業では社員を、大学では学生を無作為抽出して調査をする場合がある。いずれの場合も有意性検定のロジックには合っているので検定を適用することに問題はない。問題はないが有意性検定を使う価値があるのかは別問題である。

なぜなら一般的なビジネスの意思決定では、差がゼロかどうかという情報には価値がないからである。通常は差が大きいかどうかで意思決定を行う。端的にいえば、特定のマーケティング施策の効果が「ゼロかどうか」ではなく、「どれだけあるか」を知りたいのである。コストをいくらかければ収益がどれだけ得られるかという費用対効果を根拠にして戦略決定をするからである。差の大きさについては、有意性検定ではなくシミュレーションで判断するのが現実的である。本書の各応用事例でも、有意性検定ではなくシミュレーションによって評価を行っている。

COLUMN
イオンにおける
データ活用の事例

イオンでは、グループ全体のデータ戦略を支える中核的な組織として2021年にデータイノベーションセンター（DIC）を設立しました。イオングループは、小売業を中心にヘルス＆ウエルネス事業、金融事業、ディベロッパー事業など多岐に亘る事業を展開しています。DICでは、それぞれの事業を通じて得られるデータを統合し、お客さまのニーズを多面的に理解する技術を開発しています。これにより、個別化されたサービスや商品の提案が可能になり、顧客体験の向上に繋がっています。

DICでは、より高度なデータ活用を目指して機械学習や生成AIの最新技術を積極的に導入しています。例えば、前者では商品（SKUレベル）の販売数を高精度で予測するモデルを構築することで発注・在庫管理の最適化を実現しています。また、独自の特徴量に基づく商圏分析モデルを構築し、全国任意の新規出店候補地における日販を予測し、その根拠と共に可視化するツールも提供しています。その他、価格の最適化やレコメンデーション等にも機械学習を活用しています。生成AIに関しては、以下に2つの例を紹介します。

・オンラインストア上の商品説明文を自動生成するシステムを開発し、事業会社において運用しています。従来は、膨大な数の商品それぞれについて人手で説明文を付与しており、生産性の課題が顕在化していました。生成AIを活用することで、瞬時に説明文の候補が提示されます。また、システムにGUIを設け、説明文の特徴も指定できるような仕様にしています。例えば、家電商品に関しては、直感的に使い方をイメージできるような説明文を生成するように仕向けることでページビューが顕著に向上するということも分かってきており、生産性の向上だけではなく売上げ向上にも繋がるようになりました。

・イオンでは北海道から沖縄まで全国の店長に月次で景気アンケートを行っています。店長は日々お客さまと接しており、消費者目線で景気動向を深く洞察できる稀有な存在でもあります。アンケートではなぜ景気が良い（あるいは悪い）と考えるのか、その根拠も求めており、大量の自由記述が得られます。生成AIを活用して、これらのテキストを整理・要約する機能を開発し、景気動向を示すダッシュボードに組み込みました。経営者やマーケティング責任者は、ダッシュボードの要約を読むだけで月々の景況とその根拠を捉えることができます。さらに、店長アンケートに基づく景気指標と実際の商品購買データの推移を照らし合わせることで、景気動向に応じたプロモーション施策の立案も可能になってきています。

（イオン㈱CDO　中山雄大）

1.4 本書のパノラマ

本書は全 10 章からなっている。それぞれが独立して読めるように書かれているので、読者は自分の関心の高い章から読んでいただきたい。

図 1.2 に各章の方法論的な関係を図示した。以下、各章の内容を手短に紹介しよう。

まず 2 章では、本書を読むのに必要な数学的な予備知識を述べた。ここでベイズ統計学をとりあげたのは入門書には珍しいことかもしれない。ベイズ統計学はデータサイエンスの重要なツールとして活躍している。

3 章では回帰分析の理論を射影子で解説した。偏微分なしで回帰分析の理論が理解できることを示した。理解の仕方はいろいろあってよいという面白さに気づいてもらいたい。また生成 AI を使って Python のコードを生成した。生成 AI は Python の初心者のサポート役をしてくれるかもしれない。

ここまでは基礎編だが 4 章から先には理論と応用がセットで出てくる。とくに応用事例を扱った章と節については、社会の第一線で活躍しているエキスパートの方々に分担執筆をしてもらった。

4 章はビッグデータの解析で必要になるスパース回帰分析のテーマである。リッジ回帰と

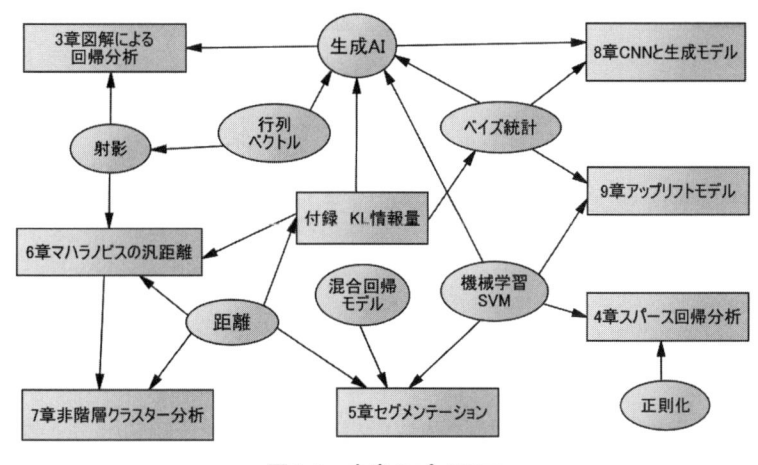

図 1.2　本書のパノラマ

ラッソ回帰という名称は知られているかもしれないが、名前だけでなく両者の違いまで理解している社会人は少ないのではないだろうか。ただの抽象論ではなく事実にもとづいて納得できるように、データを実際に分析して両者の違いを明らかにしている。

5章ではマーケティングのためのセグメンテーション戦略を解説している。データを戦略に落とし込むためには戦略の目的と方法論の対応を明確にしなければならない。本章ではセグメンテーションのために必要なデータと各種の分析手法を整理している。一般的な議論で終えるのではなく、小売業の顧客セグメンテーションを題材にして混合回帰モデルで分析した結果を報告している。この方法は、実務ではあまり知られていない方法なので、実際にデータ解析をして結果を示しているところが貴重である。

6章ではいわゆるマハラノビスの汎距離を解説した。なぜ「いわゆる」というかと言うと、日本の製造業でマハラノビスの汎距離と呼ばれて活躍している汎距離は、マハラノビス自身が提案した汎距離ではないからである。それはけしからんと怒ってほしいわけではなく、ユーザーはさまざまな汎距離の違いを認識した上で、目的に応じて適切な汎距離を選んでほしいという趣旨である。

7章では汎距離を組み込んだ新しい非階層型クラスター分析を紹介する。開発者自身が執筆したので開発の動機とアイデアの根幹を知ることができる。多くの読者は、世の中で利用されている分析法はどれもが完成品だと信じているかもしれない。しかし真実はその逆で、ほとんどの分析法が研究の途上にすぎない。もし不備がみつかったら、データサイエンティストがそこを改良すればよい。本章で分析法を開発する感覚をつかんでいただければと思う。

8章はCNNと生成モデルである。いずれも畳み込みニューラルネットワークを発展させたモデルであり、最新の動向にもふれられている。生成モデルについては、仕組みを説明せずに成功事例をならべるだけの紹介記事が世に多い。本章は仕組みの本質を解説しているのが魅力だと思う。本章のPythonのコードは東京図書のWEBサイト（http://www.tokyo-tosho.co.jp/）からダウンロードできる。

9章はインターネットを用いたビジネスにおけるアップリフトモデルを解説している。インターネットは今やさまざまな企業が利用している情報ツールだが、そのビジネスを発展させるために、裏ではどういう分析が行われているかを知ることができる。SVM（サポートベクターマシーン）、決定木、階層ベイズモデルが実務の現場で活躍していることが分かり貴重な章になっている。

読者の中には本書を通読して、従来の業務マニュアルや一般向けの教養書には書かれていない用語や概念が出てきたかもしれない。データサイエンスの理論と方法についてさらに先へ進むために10章にガイドを用意した。10.1節ではデータサイエンティストのための情報源を、10.2節ではデータサイエンスをより深く理解するための推薦図書をあげた。10.3節では企業が社内組織を変革し、情報を武器として新しいビジネスを創出できる人材をどう育成すればよいかを分担執筆者が論じた。企業のマネジメントの方の参考になるだろう。10.4節では計算環境の用意を述べた。

　銀行における DX 推進の目的は、業務効率化によるコスト削減と CRM 機能強化による収益拡大の2点となる。

　前者は FinTech と呼ばれ、アプリ等を活用することで窓口に行かなくてもスマホで簡単に取引を完結できる仕組みを実現したものとなる。人手を介さない分、銀行のコストを削減する効果が期待できる。AI が自動で投資信託の投資を判断するスマホアプリは簡単・手軽であってユーザー受けも非常によい。しかし、AI が自動で判断するから何もしなくても儲かると誤解されているところもあり、ユーザーに対する説明責任の点で不十分なところが残っている。

　後者は、銀行収益の柱であるローンについて、CRM 機能強化によりローン顧客の拡大を目指したものとなる。これまで銀行は低リスクの「安全な」顧客、いわゆる優良顧客をメインターゲットとして CRM 施策を展開してきた。具体的には、データベースと統計モデルを活用して見込みが高い顧客をリスト化する作業と、顧客リストをもとにメールや DM、コールセンターなど最適なチャネルでアプローチするといった PDCAサイクルを長年繰り返し行ってきたのである。その結果、「安全な」顧客の中はとり尽くされてしまい、拡大の余地はほぼ消滅してしまった。

　今後、銀行はターゲットをローリスクからミドルリスクの顧客へと転換していくことが求められる。銀行にとってミドルリスクの顧客は未知の領域であるため、既存のデータベースだけでミドルレベルのリスクをコントロールすることは容易ではない。いま銀行では Web ログや位置情報などのビッグデータを活用しようとする動きがある。これは顧客の趣味嗜好や行動パターンなどをデータ化する試みであり、これらを既存のデータと組み合わせることで、リスクを見積もる精度の向上を目指すものとなる。データベースのペタバイト拡張、機械学習の組み込みによる精度向上など、DX のさらなる進化が銀行の戦略を具現化するものとして期待されているのである。

（愛国学園大学教授　大屋伸彦）

朝野熙彦

第**2**章

データサイエンスの基礎知識

データサイエンスはデータ戦略を推進する実学である。データサイエンスは多数の手法から成っているが、それらの根底で動いている論理を理解するには数学と統計学の知識がいくらか必要になる。3 章以下の各論には数理モデルや数値最適化の技法が出てくるので、ここで必要な基礎知識を復習しておこう。もちろん基礎知識など分かっているから大丈夫という方は本章をスキップして構わない。

2.1　確率分布について

■■■ 確率とは何か

　起きる可能性のある事象が複数あって、その何が起きるかは確実ではないという問題は少なくない。そのような問題に対処するソリューションは占い、おみくじ、予言などいろいろあるが、データ戦略で利用するのは確率というモデルである。

　個々の要素が集合 E に含まれるか否かは明確に判定できるものとする。そして要素全体の集合を Ω で表すことにしよう。要素を一つも含まない集合を空集合といい、ϕ で表す[1]。

　ある集合の任意の事象 E に対して実数を対応させる関数 $P(E)$ があって、その関数が次の公理を満たすとき、その関数を確率という。

確率の公理

(1)　$P(E) \geq 0$

(2)　全ての事象からなる集合を Ω とするとき $P(\Omega) = 1$

(3)　E_1 と E_2 が同時に起きないときは $P(E_1 \cup E_2) = P(E_1) + P(E_2)$

　事象が同時に起きないことを「排反」と呼ぶ。公理の (3) に書いた $E_1 \cup E_2$ の $\cup$ は「または」を意味する。

---

[1]　Ω はオメガ、ϕ はファイというギリシャ語である。数学では直接観測できない変数や定数にはギリシャ文字をあてる慣習がある。

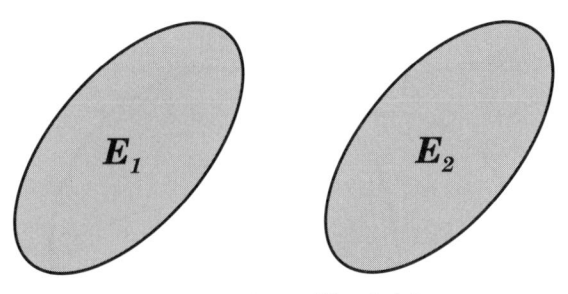

図 2.1 　E_1 と E_2 が排反な事象

　さて公理（1）は確率が非負であることを示している。公理（2）は必ず起きる事象の確率は1であること、そして公理（3）は排反な事象の確率には加法性が成り立つことを示している。たとえば誕生月という事象を考えて E_1 が1月生まれ、E_2 が2月生まれだとすれば、1月または2月に生まれる確率は $P(E_1)+P(E_2)$ であることを述べているのである。

　上記の公理はモデルの世界で設定した約束事にすぎない。公理が正しいことを誰かが証明したわけではないし、現実の世界がこの公理に従うと実証できたわけでもない。

　上記の3つの公理から導かれる確率の性質をあげておこう。事象 E が起きないという補集合を $\overline{E}$ で表せば、

$$P\left(\overline{E}\right)=1-P\left(E\right),\ \ 0\le P\left(E\right)\le1,\ \ P\left(\phi\right)=0$$

となる。

■■■ 同時確率と条件付き確率

　事象 A と B が同時に生じる確率を $P(AB)$ で表す。次の条件付き確率はデータサイエンスにしばしば出てくる。$P(A|B)$ の縦棒線の右が条件で、左は関心のある事象だと思えばよい。

条件付き確率

$$P\left(A|B\right)=\frac{P\left(AB\right)}{P\left(B\right)}\ \ \ ただし\ \ \ P\left(B\right)>0 \tag{2.1}$$

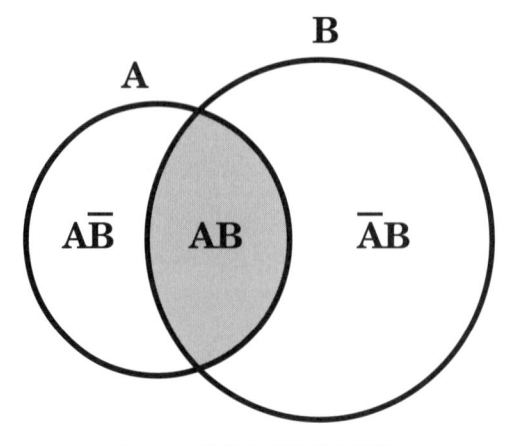

図 2.2　条件付き確率の図解

　条件付き確率を図示したのが図 2.2 である。ここで A と B の事象が同時に起きる領域を AB で表した。この図の B の確率を分母にして同時確率 $P(AB)$ の比をとったのが（2.1）の条件付き確率になる。一般的には $P(A|B) \neq P(B|A)$ であることを図 2.2 を見て納得してもらいたい。

　では A が起きる確率が事象 B とは無関係だとしたらどうだろうか。$P(A|B) = P(A)$ を（2.1）に代入すると（2.2）になる。このとき A と B は「確率的に独立」という。

$$P(AB) = P(A)P(B) \tag{2.2}$$

　確率が独立だとすれば、各確率を掛けることで同時確率が求められる。次に 2 つの確率の関係を n 個の事象の同時確率に一般化しよう。n 個の事象が独立同一分布 iid (independently and identically distributed) に従うことを仮定すれば、$x_1, x_2, \cdots, x_n$ の値が同時に生じる確率は

$$\prod_{i=1}^{n} P(x_i) = P(x_1)P(x_2)\cdots P(x_n)$$

となる[2]。

　これほど簡単に表されるのは iid を仮定したからに他ならない。独立同一分布の仮定と標本

---

[2]　Π は積の記号でパイと読む。

調査でいう「同一母集団からの無作為抽出」は同義である。

　2つの事象が独立でなければ同時確率はどうなるかといえば、(2.1) を書き直した次式に帰着する。これを確率の「乗法定理」と呼ぶ。

$$P\left(AB\right) = P\left(A\middle|B\right)P\left(B\right) \tag{2.3}$$

■■■ 離散型の確率変数

　ビジネスの実務には、離散的な変数がしばしば現れる。ある店舗の顧客の総数、一日の来店客数、クレームの発生件数、これらはすべて離散的な変数である。一軒の家で保有しているエアコンの台数 X も、その実現値は離散的である。

　そして $X = 0, 1, 2, \cdots$ に対して確率を対応させたものを確率分布と呼び、対応させるルールを確率関数という。

　表 2.1 に確率分布の架空の例を示した。表 2.1 の最初のセルは $P(X=0) = 0.05$ であることを示している。$P(X=0)$ とは「X という確率変数が 0 という実現値をとる確率」という意味で、それが 0.05 という実数値であったことを示している。エアコンが 6 台以上は確率 0 としている。表 2.1 をグラフに描いたのが図 2.3 である。

　確率関数は抽象的な概念だが、その現実世界での対応としては相対頻度をイメージすればよい。表 2.1 と図 2.3 が確率の公理を満たしていることを確認しておこう。まず台数 $x_i = 0, 1, 2, 3, 4, 5$ に対応した確率はどれも (1) の $0 \le p_i$ を満たしている。またエアコンの台数は排反なので確率の公理から $p_0 + p_1 + p_2 + p_3 + p_4 + p_5 = 1$ になるべきだが、表 2.1 も合計が 1 になっている。

■■■ 連続型の確率変数

　実数の値をとる変数を連続型という。連続型の確率変数の場合は実現値が無数にあるので、表 2.1 のようにすべての可能性を書き出すことはできない。そこで連続変数 X の関数式で表す

表 2.1　エアコンの保有台数 X の確率分布

台数	0 台	1 台	2 台	3 台	4 台	5 台	合計
確率	0.05	0.20	0.30	0.25	0.18	0.02	1

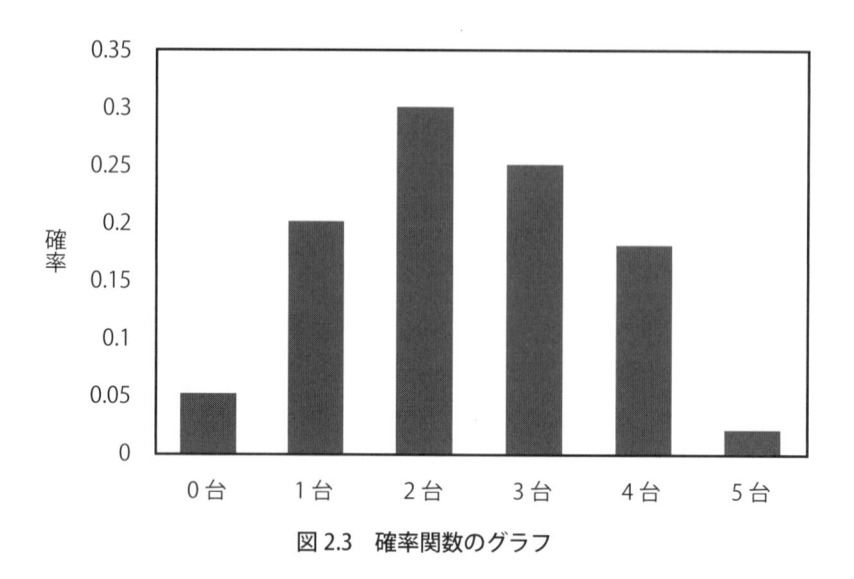

図 2.3　確率関数のグラフ

方針をとる。この関数を確率密度関数（probability density function）と呼び $f(X)$ と書く。$f(X)$ は $f(X) \geq 0$ で定義されているものとする。連続型の確率変数の場合は確率の大きさは関数 $f(X)$ と横座標の間に挟まれた面積で表される。$f(X)$ が定義されている全域にわたっての面積は確率の公理から 1 でなければならない。変数 X を一定の区間に限定した場合は、その区間の面積が確率になる。たとえば図 2.4 は標準正規分布という分布だが、グレーの部分の面積は次の積分で表される。

$$P\left(1 \leq X \leq 2\right) = \int_1^2 f\left(x\right)dx = 0.136 \tag{2.4}$$

　ではデータサイエンティストはいつも積分計算をしているのかといえば、そうではない。確率分布の関数を使って必要な数値を出力するプログラムは多いし、もし組み込みの関数がない $f(X)$ だった場合は、モンテカルロシミュレーションをすればよい。具体的には $f(X)$ に従う乱数を大量にコンピュータから出力させ、そのうち $1 \leq X \leq 2$ に該当する比率を計算する。シミュレーションの結果はたいてい 13.6% になる、という簡単な話である。

　だから読者は（2.4）のような $\int$ と dx という記号を見たら、確率密度変数の区間を指定して、そこに挟まれた面積を求めたいのだな、という意味を理解していればよい。積分の公式を暗記して自分で積分を計算する必要はないのである。

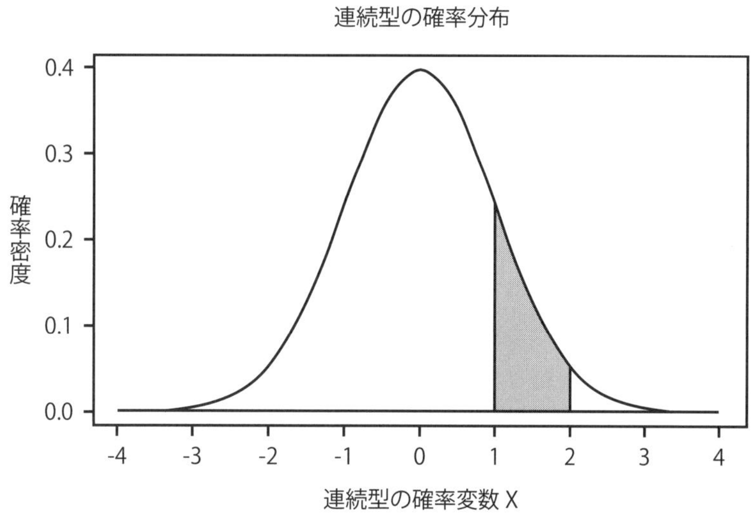

連続型の確率分布

図 2.4　標準正規分布の確率密度関数

　確率密度関数の値は確率ではないことを確認しておこう。図 2.4 でピッタリ $X=1$ をとる確率は 0 であることに注意してもらいたい。この線分の高さは 0.24 くらいだが線分の横幅は 0 なので高さはどうであれ線分の面積は 0、つまり確率は 0 なのである。

　以上の理由から図 2.4 の縦座標を確率と呼ばず、X の値 x が発生しやすい濃度を表すという意味で確率密度と呼んだのである。

　従来の統計学では離散型と連続型の確率変数を明確に区別するが、次に紹介するベイズ統計学では、ふつう両者を区別することなく、まとめて確率分布を $f(x)$ と書くことが多い。

2.2　ベイズ統計学

　ベイズ統計学とは何かを要約すれば、その基本的なアイデアは後の (2.5) 式で書けてしまう。しかし数式から始めると、なぜベイズ統計学を使わなければならないのかとか、なぜこれまで学校で習ってきた統計学ではいけないのか、という反発を覚えるのは当然である。そこで、先にベイズ統計学を利用する動機づけをしてから、ベイズ統計学の基本アイデアの説明に移ろう。

■■■ ベイズ統計学の長所

　ベイズ統計学もデータを利用してパラメータの推測を行う、という目的ではオーソドックスな推測統計学と同じである。目的は同じだが、推測統計学ではパラメータを未知の定数として扱うのに対して、ベイズ統計学は、推定したいパラメータは未知なのだから確率変数として扱うという違いがある。もちろんパラメータは直接観測できないので、事前分布という名称の確率分布を分析者が設定する。事前というのは収集したデータとは関係なく決めるという意味で、決めるタイミングはデータを集める前でも後でもよい。

　さてベイズ統計学の最大の特徴は、データと事前分布の2つの情報を結合して事後分布を推定することにある。その結合のためにベイズの定理を用いる。さてベイズ統計学のメリットを4点あげよう[3]。

1）過去の経験則を統計モデルに明示的に取り込める

　ベイズ推定で得られた事後分布を、次の分析の機会に事前分布として利用してベイズ推定を繰り返すことができる。この反復推定の仕組みを通じて過去の経験則を現在のデータでアップデートできる。その結果、かりに新規のデータが少ない場合でも、極端にいえばデータ数が1個の場合でも安定的なパラメータの推定値が得られる。もちろん、従来のデータ解析でも過去の経験をもとに、直近のパラメータ推定値を調整することはあったかもしれない。しかし鉛筆をなめて分析結果を改ざんするよりも、「明示的なルール」にそってパラメータを推定した方が望ましいとベイジアンは考える。

2）不適解を避ける

　事前分布を上手く設定することで、理論的にあり得ない推定結果が出ないようにできる。その典型例は、推定したいパラメータが分散だった場合である。正の値しかとらない事前分布を分析者が指定することで、マイナスの事後分散が出ることを防止できる。分散は平方和で定義される量なので最小がゼロであり、マイナスの分散はあり得ないからである。他にも確率なら

---

[3]　ここでの整理はJMRAの情報発信活動「イノベーション・キャスト」で河原達也氏と2021年9月10日に対談した内容にもとづいている。

$0 \leq P \leq 1$ でなければならないという例もあげられる。1.4 の確率や -0.6 の確率が推定されたらデータサイエンティストは困るに違いない。

3）時系列データのモデリング

売上データは週次データか日次データであることが多いが、データが不足する問題が生じることがある。少ないデータから様々なマーケティング施策の効果、トレンド、季節性など多くの要因の効果を推定する必要があるが、その際にベイズ統計学が役立つ。

4）One to One マーケティング

ベイズ統計学はマーケティング施策の効果を個人別に推定する問題でも役立つ。個人ごとのデータからパラメータを推定することは一般には難しいことが多い。階層ベイズモデルという方法を使えば個人別のパラメータが推定しやすくなる。個人別のパラメータを使って個人別に顧客対応を変えるのに使える。本書 9 章のアップリフトモデルで、個人別パラメータの推定に階層ベイズモデルが使われている。

■■■ ベイズ統計学のアイデア

ベイズ統計学の基本的なアイデアは（2.5）の通りである。

$$f\left(\theta \middle| D\right) = \frac{f\left(D \middle| \theta\right) f\left(\theta\right)}{\int f\left(D \middle| \theta\right) f\left(\theta\right) d\theta} = k f\left(D \middle| \theta\right) f\left(\theta\right) \propto f\left(D \middle| \theta\right) f\left(\theta\right) \qquad (2.5)$$

ここで右辺分母は実は

$$f\left(D\right) = \int f\left(D \middle| \theta\right) f\left(\theta\right) d\theta$$

なのでコラムに書いた全確率の定理の連続変数版といえる。

（2.5）で θ はパラメータベクトルであり、D は観察されたデータを表す。データは 1 つの場合もあれば多変量データ行列の場合もある。つまりベイズ統計学は結果から原因の確率を知るための方法ではなく、θ と D のかかわりを利用して θ を推定する統計学だと理解するのが正しい。

(2.5) についてもう少し詳しく説明しよう。パラメータに関する過去の経験則は事前分布 $f(\theta)$ で表現する。(2.5) は、現実のデータ D が与えられたという条件付きで、パラメータを $f(\theta|D)$ という事後分布に更新するロジックを表している。2番目の式の分母にある $\int f(D|\theta)f(\theta)d\theta$ は規格化定数といって、左辺が確率密度関数になるように全体のサイズを調整するための定数という機能がある。

パラメータが多数ある場合は $\int$ と $d\theta$ のセットは重積分を意味する。そして一般に重積分を計算するのは面倒なのだが、それでも何らかの数値になることは間違いない。だから規格化定数の逆数を係数 k としてひとくくりにする。そして事後分布は上式分子の $f(D|\theta)f(\theta)$ の k 倍になりますね、というのが (2.5) の等式部分の意味である。

一番右に出てくる $\propto$ は比例関係を表している。k はただの比例定数なので、計算を省いて楽に済ませよう。ベイズ統計学のアイデアは基本的にはこれだけの話である。観測データの D は

COLUMN
ベイズの定理

事象 B が起きた時に事象 A が起きる条件付き確率 (2.1) を再掲すると $P(A|B) = \frac{P(AB)}{P(B)}$。条件にする事象を入れ替えると $P(B|A) = \frac{P(BA)}{P(A)}$。

したがって同時確率は $P(AB) = P(BA) = P(B|A)P(A)$ になるので、最初の式の分子を書き換えればベイズの定理が導ける。

$$P(A|B) = \frac{P(B|A)P(A)}{P(B)}$$

ベイズの定理の分母は事象 $A_1, A_2, \cdots, A_n$ が排反でそのどれかが必ず起きると仮定すれば、全確率の定理から

$$P(B) = \sum_{i=1}^{n} P(A_i B) = \sum_{i=1}^{n} P(B|A_i)P(A_i)$$

と書ける。

高校数学では、ベイズの定理の役割は結果の事象が B であることを知って原因 A の確率を求める方法だという教え方をしてきた。

しかし今日のベイズ統計学は、A, B を事象ではなく一方を観測変数、他方をパラメータに割り当て、しかもパラメータを確率変数として扱う。そのため従来的な解釈から出発して本節の (2.5) にたどりつくには何段階もの発想のジャンプが必要になる。もし関心があったら次の解説を読んでもらいたい。

• 朝野熙彦（2017）「ビジネスマンがはじめて学ぶベイズ統計学」朝倉書店

測定済みなので固定して考えて、パラメータの事後分布から乱数データを発生させて、パラメータの分布の状態を推定すればよい。ふつうはマルコフ連鎖モンテカルロ（MCMC）というシミュレーション技法が使われる。（2.5）では事後分布を確率分布だと定義したのだから、θ の値を大量に発生させてその度数分布をとれば、それがパラメータの事後分布に近くなるはずだ、という単純な筋書である。

2.3　行列とベクトル

■■■ データ行列

まずデータ行列の説明から始めよう。データ行列とは数値 x_{ij} を（2.6）のように配列したものを指す。行列を表すのにはボールド体の大文字イタリックを使う。A でも B でもよいのだが（2.6）の例では X を使った。

$$X = \left(x_{ij} \right) = \begin{bmatrix} x_{11} & x_{12} & \cdots & x_{1p} \\ x_{21} & x_{22} & \cdots & x_{2p} \\ \vdots & \vdots & & \vdots \\ x_{n1} & x_{n2} & \cdots & x_{np} \end{bmatrix} \tag{2.6}$$

（2.6）の 2 番目の (x_{ij}) は行列を一般的な要素で表現する記法である。添字の i と j には別な字を使っても構わないが、添字の書き順には意味がある。左側の添字は行列の行番号を意味して $i = 1, 2, \cdots, n$ と変化する。i はデータ解析の目的に応じて消費者や製品やブランドなどの対象を区別するのに使う。i が消費者の場合なら n はデータが収集できた消費者数を意味する。

右側の添字 j は列番号を表して、変数を区別するのに使う。マーケティングでは購買頻度や購買金額が変数の典型例である。（2.6）のように $j = 1, 2, \cdots, p$ と変化する場合、変数の数は p 個ということになる。

以上をまとめれば行列 X のサイズは n 行 p 列になるが、サイズを略して $n \times p$ の行列と書く。実際にデータが得られるかどうかは別にして、全部で $n \times p$ 個のマス目があるとイメージすればよい。Excel ではこのマス目のことをセルと呼んでいる。Excel では行番号は数字、列番号は

A, B, C で位置を示すことにしている。Excel で作ったデータのテーブルは行列そのものだと理解できる。

■■■ ベクトルの内積による分散共分散の表現

ここから相関、直交、分散共分散の関係を説明していこう。行列とベクトルを使って説明する[4]。ベクトルは次のようにボールド体の小文字イタリックで表す。

$$x = \begin{bmatrix} x_1 \\ x_2 \\ \vdots \\ x_n \end{bmatrix} \qquad x' = \begin{bmatrix} x_1 & x_2 & \cdots & x_n \end{bmatrix}$$

上記のベクトルは n 個の要素を持っているので n 次のベクトルと呼ぶ。断らない限りベクトルは上記左の列ベクトルをさす。これを行ベクトルに変えたければ、x の右肩にプライム（′）をつけて x' と転置する。要素がすべて 0 のベクトルをゼロベクトルと呼び、0 で表す。

次数が等しい任意の 2 つのベクトルから、内積（inner product）という量が定義できる。次式のように内積は行ベクトル x' と列ベクトル y の積和を意味する。

$$(x, y) = x'y = x_1 y_1 + x_2 y_2 + \cdots + x_i y_i + \cdots + x_n y_n \tag{2.7}$$

内積は積和なのだから結果は単一の数になる。単一の数のことを行列やベクトルと区別してスカラーと呼ぶ。

さて次数が等しい 2 つのベクトルの間で内積が定義できるのだからベクトル x 同士の内積も計算できるはずだ。

$$(x, x) = x_1^2 + x_2^2 + \cdots + x_i^2 + \cdots + x_n^2$$

(x, x) がベクトルの要素の 2 乗和を意味することは明らかだろう。2 乗和だから $(x, x) \geq 0$ で

---

[4] 行列とベクトルを使うメリットは何かと言えば、Σ（シグマ）という総和記号が不要になるからである。統計学は Σ が出てくるので嫌いだという人がいる。本書には総和記号の Σ はめったに出てこないので安心してもらいたい。

ある。その平方根をノルムといい、$\|x\|$という記号で表す。ノルムはベクトルの大きさを表すスカラーである。2.4節の「距離」や3.1節の「回帰分析」の中でノルムが出てくる。

$$\|x\| = \sqrt{(x, x)} \tag{2.8}$$

■■■ 直交

ゼロベクトルではないベクトルx, yの間に（2.9）が成り立つとき、2つのベクトルは直交しているという[5]。

$$(x, y) = 0 \tag{2.9}$$

■■■ 分散と共分散

ここから行列ベクトルと統計学が密接に関係することを見ていこう。分析データはすべて数量であり平均偏差化されているとする。平均偏差化とはある変数の測定データからその平均値を引くことをさす。次の（2.10）のデータ行列は各列の合計がどれも0なので、すでに平均偏差化が済んでいることが分かる。以下はこの数値例を使って説明しよう。

$$X = \begin{bmatrix} 3 & 0.5 \\ 1 & 1.5 \\ 0 & -0.5 \\ -1 & 0 \\ -3 & -1.5 \end{bmatrix} \tag{2.10}$$

（2.10）の第1列は変数X_1に関する平均偏差データを表している。ベクトルの次数をnとすれば、変数X_1の分散（variance）は、平均偏差ベクトルの内積(x_1, x_1)をnで割ったものとして定義できる。実際に計算してみると、

---

[5] x, yの一方か両方がゼロベクトルなら内積はゼロになる。自明なのでゼロベクトルの場合、直交するとは言わない。

$$\sigma_1^2 = \frac{1}{n}\big(\boldsymbol{x}_1, \boldsymbol{x}_1\big) = \frac{1}{n}\boldsymbol{x}_1'\boldsymbol{x}_1$$

$$= \frac{1}{5}\Big(3^2 + 1^2 + 0^2 + \big(-1\big)^2 + \big(-3\big)^2\Big) = \frac{1}{5}\times 20 = 4 \tag{2.11}$$

　分散の平方根を標準偏差（standard deviation）といい、sd とか σ と書く。この数値例の場合は $\sigma_1 = 2$ になる。同様の計算から $\sigma_2 = 1$ になる。

　次に X_1 と X_2 の共分散（covariance）は（2.12）で定義できる。共分散は分散を一般化した指標で、変数 X_1 と X_2 が共に大きくなったり小さくなったりする程度を表す。

$$\sigma_{12} = \frac{1}{n}\big(\boldsymbol{x}_1, \boldsymbol{x}_2\big) \tag{2.12}$$

　分析変数が増えると、（2.11），（2.12）のように変数を 2 つずつ組み合わせて計算するのは煩わしい。そこで行列 X を使ってすべての分散と共分散を一気に求めよう。次の（2.13）における $\boldsymbol{X}'$ は見ての通り行列 X を転置した行列を表している。

$$\boldsymbol{C}_{XX} = \frac{1}{n}\boldsymbol{X}'\boldsymbol{X} = \frac{1}{5}\begin{bmatrix} 3 & 1 & 0 & -1 & -3 \\ 0.5 & 1.5 & -0.5 & 0 & -1.5 \end{bmatrix}\begin{bmatrix} 3 & 0.5 \\ 1 & 1.5 \\ 0 & -0.5 \\ -1 & 0 \\ -3 & -1.5 \end{bmatrix}$$

$$= \frac{1}{5}\begin{bmatrix} 20 & 7.5 \\ 7.5 & 5 \end{bmatrix} = \begin{bmatrix} 4 & 1.5 \\ 1.5 & 1 \end{bmatrix} = \begin{bmatrix} \sigma_1^2 & \sigma_{12} \\ \sigma_{21} & \sigma_2^2 \end{bmatrix} \tag{2.13}$$

　この $\boldsymbol{C}_{XX}$ を分散共分散行列という。$\boldsymbol{C}_{XX}$ の添字は X の covariance という意味で使った。分散共分散行列には $\boldsymbol{\Sigma}$ という記号もよく用いられる。この $\boldsymbol{\Sigma}$ は総和記号ではなく行列をさすことに注意したい。

　さて（2.13）の結果を見れば X_1 の分散が 4 であることも、X_1 と X_2 の共分散が 1.5 であることも計算できている。（2.13）でグレーをつけた部分が内積の計算プロセスを表している。変数の数が p 個だとすれば、（2.13）の行列の積は、ベクトルの内積を $p \times p$ 回繰り返す操作を意味

する。ここで行列の積という新しい演算ルールが出てきたわけではなく、あくまでも本質はベクトルの内積計算を繰り返しているだけである。

行数と列数の等しい行列を正方行列というが、C_{XX} は p 次の正方行列である。(2.13) で○で囲んだ要素を「主対角要素」と呼ぶが、ここには分散の値が入り、その他の要素には共分散の値が入る。(2.13) をみれば $\sigma_{jk} = \sigma_{kj}$ という関係が成り立っている。このような行列を対称行列と呼ぶ。対称行列ならば $S = S'$ が成り立つ。

■■■ 相関係数と相関行列

平均偏差化することに加えて、さらに標準偏差で割ったデータを規準化データと呼ぶ[6]。次の行列は (2.10) の 1 列目を X_1 の標準偏差の 2 で割り、2 列目を X_2 の標準偏差の 1 で割って求めた規準化データ行列である。行列 Z はベクトル z_1, z_2 から成っている。

$$Z = \begin{bmatrix} 1.5 & 0.5 \\ 0.5 & 1.5 \\ 0 & -0.5 \\ -0.5 & 0 \\ -1.5 & -1.5 \end{bmatrix} \tag{2.14}$$

z_1 と z_2 の内積をとって次数 n で割った指標が、この 2 つの変数の相関係数（correlation coefficient）である。

$$r_{12} = \frac{1}{n}\left(z_1, z_2\right) = \frac{1}{5}\left(1.5 \quad 0.5 \quad 0 \quad -0.5 \quad -1.5\right)\begin{pmatrix} 0.5 \\ 1.5 \\ -0.5 \\ 0 \\ -1.5 \end{pmatrix} \tag{2.15}$$

$$= \frac{1}{5}\left(0.75 + 0.75 + 2.25\right) = \frac{1}{5} \times 3.75 = 0.75$$

---

[6] 原データを平均 0、標準偏差 1 に変換することを規準化とか標準化という。英語なら規準化データは normalized data、標準化データは standardized data である。どれも正しいので、どちらを使うかは好みの問題である。

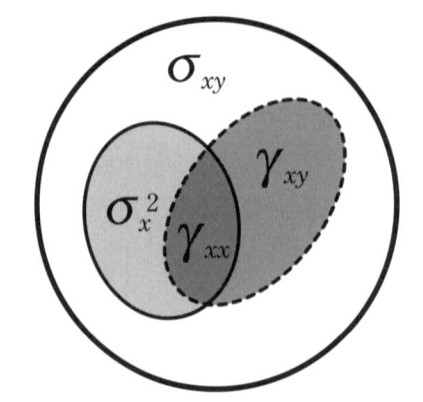

図 2.5　内積の世界

（2.14）の数値例で計算すると相関係数は 0.75 になった。

　本節では次々と内積が出てきて混乱したと思うので、図 2.5 に整理した。図 2.5 の全体が広い意味での共分散を表している。円内の実線で囲んだ領域が、ベクトル自身の内積から得られる統計量を示す。破線の領域はデータを規準化して得られる統計量を示す。どれもが内積なのだが、対象にするベクトルの違いで異なる統計量が定義される。またこの図で自分と自分の相関が 1 である、つまり $r_{xx} = \frac{1}{n}(z_x, z_x) = 1$ の意味は、（2.11）の定義からして規準化データ z_x の分散が 1 だと言っているという解釈もできる。

　次に（2.13）と同様に行列を使って相関係数を計算すれば次のようになる。

$$R = \frac{1}{n} Z'Z$$

$$= \frac{1}{5} \begin{bmatrix} 1.5 & 0.5 & 0 & -0.5 & -1.5 \\ 0.5 & 1.5 & -0.5 & 0 & -1.5 \end{bmatrix} \begin{bmatrix} 1.5 & 0.5 \\ 0.5 & 1.5 \\ 0 & -0.5 \\ -0.5 & 0 \\ -1.5 & -1.5 \end{bmatrix} \quad (2.16)$$

$$= \frac{1}{5} \begin{bmatrix} 5 & 3.75 \\ 3.75 & 5 \end{bmatrix} = \begin{bmatrix} \textcircled{1} & 0.75 \\ 0.75 & \textcircled{1} \end{bmatrix}$$

これが相関行列である。n が 1 万で変数 p が千であっても、計算式は行列の積をとって n で割るだけで変らない。行列演算ができるプログラムを使えば、プログラミングは簡単である。たとえば R を使えば次のようになる。ここで $t(Z)$ は Z の転置を、%＊%は行列の掛け算を意味する。(2.16) をそのままを書き下すとそれが R の計算コードになる。

$$R = \bigl(t(Z)\%*\%Z\bigr)/n$$

　ところで Z の各列が直交していたらどうなるかというと、相関係数は (2.15) のように 2 つのベクトルの内積を使って定義されるので、直交していれば相関係数はゼロになる。それをまとめて表現したのが次の単位行列である。正方行列の主対角要素がすべて 1 でそれ以外の要素がすべて 0 の行列を単位行列といい I_p と書く。サイズを省略しても問題がなければ I と書く。

$$I = \begin{bmatrix} 1 & 0 & \cdots & 0 \\ 0 & 1 & \cdots & 0 \\ \vdots & \vdots & \ddots & \vdots \\ 0 & 0 & \cdots & 1 \end{bmatrix}$$

　したがって各変数が直交している場合の変数間の相関行列は単位行列になる。

$$R = \frac{1}{n} Z'Z = I \tag{2.17}$$

■■■ 逆行列

　n 次の正方行列 A について行列 B が $BA = AB = I$ が成り立つとき、B を A の逆行列と呼び A^{-1} と書く。

■■■ 多変量正規分布

　行列とベクトルの記法が説明できたので、ここで多変量正規分布の密度関数を示しておこう。変数が $x_1, x_2, \cdots, x_p$ と p 個ある場合に、p 次元正規分布の密度関数 f を (2.18) で表す。

$$f(x) = \frac{1}{(2\pi)^{\frac{p}{2}} |\Sigma|^{\frac{1}{2}}} \exp\left\{ -\tfrac{1}{2}(x-\mu)' \Sigma^{-1}(x-\mu) \right\} \tag{2.18}$$

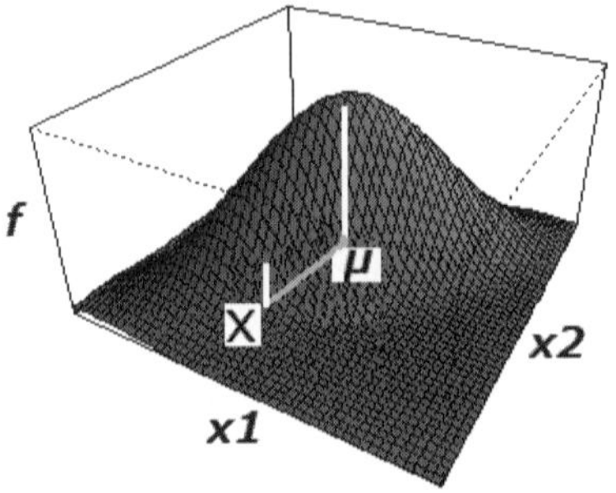

図 2.6　多変量正規分布の密度関数

　$p \times p$ の分散共分散行列 Σ（シグマ）の逆行列を Σ^{-1} と書き、Σ の行列式を $|\Sigma|$ と書く[7]。(2.18)の π は円周率である。

　(2.18)の確率変数 x が p 次元正規分布に従うとすれば多変量正規分布は p 次の期待値ベクトル μ と $p \times p$ の分散共分散行列 Σ の 2 組の情報で確定する。このことを

$$x \sim N_p\left(\mu, \Sigma\right)$$

で表す。従って (2.18) は期待値からの差のベクトル $(x - \mu)$ をスカラー f に写像する関数ともいえる。図 2.6 は $p = 2$ の場合について x と μ に対応した密度関数の値を縦棒で描いたものである。指数関数 exp の{　}内の

$$\left(x - \mu\right)' \Sigma^{-1}\left(x - \mu\right)$$

は 2 次形式と呼ばれるスカラーである。ベクトルと行列とベクトルの積であるが、結果はスカラーになる。μ と Σ は理論モデルにおける未知の母数なので現実の世界では不明である。標本データを使って推定する場合は、それぞれを標本平均ベクトル m と標本分散共分散行列 S を使って密度関数を書き直す。

　(2.18) では変数が多変数の場合を書いたが、次に $p = 1$ の場合の密度関数を示そう。1 変数の正規分布の確率密度関数は (2.19) の通りである。これが統計学の教科書によく出てくる式

---

[7]　行列式は行数と列数の等しい正方行列に対応して定義されるスカラーである。2×2 の行列の場合は簡単で、(2.13) の記法を用いれば $|\Sigma| = \sigma_1^2 + \sigma_2^2 - \sigma_{21}\sigma_{12}$ である。

である。

$$f(x) = \frac{1}{\sqrt{2\pi}\sigma} \exp\left\{-\frac{1}{2}\left(\frac{x-\mu}{\sigma}\right)^2\right\}, \quad -\infty < x < \infty \qquad (2.19)$$

(2.19) の $-\infty < x < \infty$ は確率変数が実数すべてについて定義されていることを意味する。この関数で未知のパラメータは μ（ミュー）と σ（シグマ）の2つで μ は平均、σ は標準偏差である。σ の二乗 σ^2 を分散といって正規分布は、平均と分散によって $N(\mu, \sigma^2)$ と略記することが多い[8]。

(2.19) で $\mu = 0$, $\sigma = 1$ とおくと（2.20）が得られるが、これは標準正規分布と呼ばれる。

$$f(x) = \frac{1}{\sqrt{2\pi}} \exp\left(-\frac{1}{2}x^2\right), \quad -\infty < x < \infty \qquad (2.20)$$

すでに見た図2.4がこの標準正規分布だった。

2.4　距離とは何か

■■■ 距離の公理

集合内の任意の2つの要素 x, y の関係を表す実関数 $d(x, y)$ があって、それが次の3つの公理を満たすとき、これを距離という。

距離の公理

(1) $d(x, x) = 0$, $(x, y) = 0$ ならば $x = y$

(2) $d(x, y) = d(y, x)$

(3) $d(x, y) + d(y, z) \geq d(x, z)$ $\qquad (2.21)$

---

[8]　Rの場合は $N(\mu, \sigma^2)$ ではなく $N(mean, sd)$ と標準偏差で表現する。個々のプログラムごとに違ったローカル・ルールを決めてしまうのは困ったものである。

（1）は反射律、（2）は対称律、（3）は三角不等式という。（3）の z に x を代入すると

$$d(x,y)+d(y,x) \geq d(x,x) \text{ より } 2d(x,y) \geq 0$$

なので距離の公理から距離が非負であることが導かれる。

（2.21）の公理が成り立つ集合を距離空間（metric space）と呼ぶ。要素ではなく点と呼び、x, y, z ではなく i, j, k の添字を使うこともある。

さて、距離の公理を満たした距離は多数存在するし、（2.21）の一部しか満たさない擬距離（pseudo distance）もたくさん存在する。距離は先験的な事実ではなく「人間」が創り出した測り方にすぎないので、要は利用者がそれぞれの利用目的に応じて適切な距離を選べばよい。

■ アクセスを測るための距離

あなたが京都の鞍馬街道五条の交差点から烏丸駅に徒歩で向かうとしよう。京都の街並みは碁盤の目のように出来ているので、五条通を新町通や西洞院通など適当な通りで左折して歩けば烏丸駅に着く。このように直角に折れながらたどる距離の中で最短の距離をシティーブロック距離（city-block distance）という。シティーブロック距離は、同じく碁盤の目の街並みで有

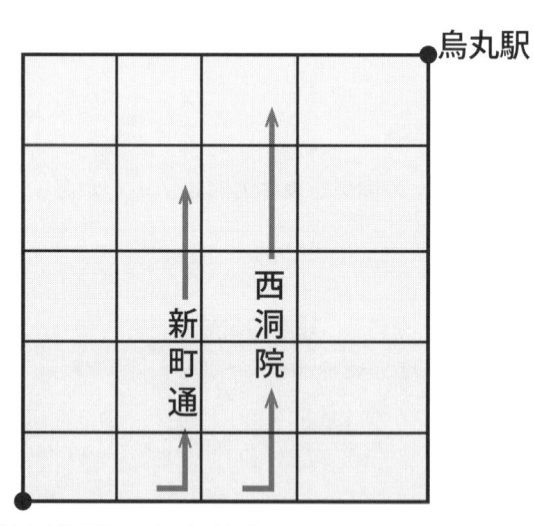

図2.7　京都の街

名なマンハッタンにちなんで Manhattan metric とも呼ばれている。

　直角ではなく曲がりくねった道であっても、道なりに進むアクセス距離が大事になるビジネス課題は多い。小売店の立地問題がその典型例である。顧客が小売店に来店するときに街路にそったアクセス距離と、ユークリッドの直線距離のどちらが価値があるだろうか？　情報価値があるのはアクセス距離の方だろう。単位はメートルだけなく、歩行時間を測ってもよいし、遠距離なら交通費を距離の代りに使うこともあるだろう。アウトレットモールやテーマパークの立地はいずれもアクセス距離に意味がある。

　結論として何の距離が適切なのかは利用目的と無関係に決まることではない。距離という指標を利用するデータ戦略の目的に応じて決めることである。

■■■ ミンコフスキー距離

　ユークリッド距離を一般化したのがミンコフスキー距離である[9]。n 次元空間において、p（power つまりべき乗）を 1 以上の実数としてミンコフスキー距離は

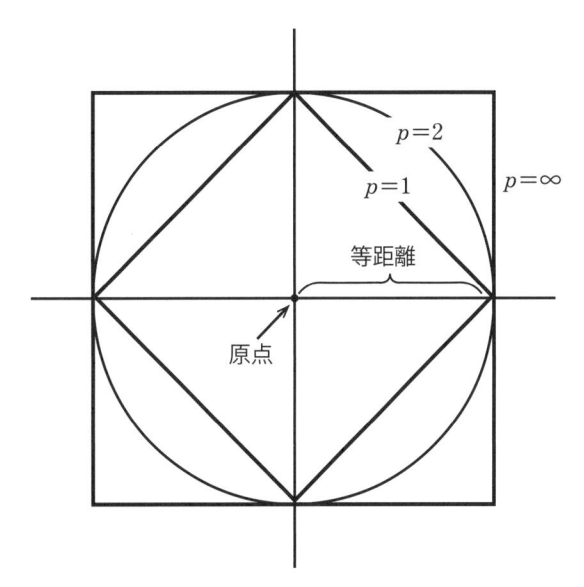

図 2.8　原点から等距離の点の軌跡

---

[9]　ミンコフスキーはアインシュタインの数学の先生だった。

$$d(x, y) = \left(\sum_{i=1}^{n} |x_i - y_i|^p \right)^{\frac{1}{p}} \qquad (1 \le p) \qquad\qquad (2.22)$$

　ミンコフスキーのパワー距離（Minkowski power metric）はいくつかの距離を一般化した距離である。

　(2.22) で $p=1$ とおいた距離をシティーブロック距離、$p=2$ とおいた距離をユークリッド距離、そして $p=\infty$（無限大）の場合を最大値距離という。MDS（多次元尺度構成法）の中に MDSCSL というクラスカル（1964）が提案したモデルがある。これは分析者が p を任意に指定できるモデルであった。ミンコフスキー距離は消費者の認知空間の性質を分析するために利用できる。

▧▨■ 非対称な距離

　実務でもさまざまな場面で擬距離が活躍している。中でも重要なのが (2.21) の $d(x, y) = d(y, x)$ が成り立たない非対称の距離である。たとえば男女間にはしばしば片想いという非対称な関係がおきる。企業と消費者の間にも、そして企業と企業の間にも非対称な関係はありえる。

　交通量の問題でいえば、お盆の時期の自動車道は上りと下りの渋滞が非対称に発生することが多いし、マクロ経済でいえば国家間の貿易にも非対称な関係が生じる。というわけで、擬距離は決していいかげんな距離ではなく、むしろ社会の現実を表した距離なのかもしれない。本書の6章で擬距離の応用例を紹介する。

--- 2章のまとめ ---

　本章では3章以降に必要な最小限の数学と統計学の予備知識を解説した。振り返ってまとめてみよう。

　確率分布は確率変数と実数の対応によって定義される。確率変数には離散型と連続型の2区分がある。前者の例としてエアコンの保有台数、後者の例として正規分布を示した。

　ベイズ統計学は、これまで日本の学校教育ではほとんど教えてこなかった。しかしグーグルの成功をささえた原動力の一つがベイズ統計学だったことからも明らかなように、ベイズ統計学の重要性は今後ますます高くなるだろう。

行列とベクトルがデータサイエンスに必須の道具であることは 3 章以降を読めばすぐに明らかになる。

　距離もデータサイエンスには重要な概念である。距離と言えば図形の問題しか念頭に浮かばなかったかもしれない。しかしビジネスにおいては企業と顧客の距離、ブランド間の距離も重要な課題になる。距離はさらに確率分布間の距離にも拡張される。その具体例として KL 情報量を付録 A で解説した。

　その他、尤度関数と数値最適化、各種の情報量基準は 3 章以降に事例と共に登場する。

朝野熙彦

第**3**章

図解で導く回帰分析

回帰分析は統計分析の中でもポピュラーな手法である。それ単体で利用されるのはもちろん、各種のデータサイエンスの手法にもパーツとして組み込まれていることが少なくない。回帰分析は理論と実践の両面で重要なモデルである[1]。

　回帰分析のパラメータ推定には、従来は最適化問題を最小二乗法で定式化し、偏微分で極値問題を解き、その解が予測の誤差二乗和を最小にすることを確かめる、という手順で説明されることが多かった。もちろん間違いではないが偏微分に馴染みのない人にとっては分かりづらい導出だったろう。

　本章では射影子によって回帰分析の解が導けることを解説する。理解は簡単になるが，その一方で射影子を組みこんだ回帰分析のプログラムは探しても見つからないおそれがある。そこで生成 AI を使って Python のプログラムを作った。どのように生成 AI が利用者をサポートしてくれるかを 3.4 節で示そう。

3.1　射影による予測値の導出

■■■ 回帰分析の問題

　回帰分析のモデルは目的変数のベクトル y とその予測値ベクトル $\hat{y}$ の関係を（3.1）の構造モデルで表す[2]。n 組の測定対象に関する p 個の説明変数の行列 X を計画行列と呼ぶことがある[3]。念のため行列とベクトルのサイズを変数の下に書いた。y と X は平均偏差化されていると仮定する。

$$\underset{n\times1}{y} = \underset{n\times1}{\hat{y}} + \underset{n\times1}{\varepsilon} = \underset{n\times p}{X}\,\underset{p\times1}{\beta} + \underset{n\times1}{\varepsilon} \tag{3.1}$$

　（3.1）の ε は誤差を発生させる確率変数として定式している。一方 X は誤差のない測定値（あ

---

[1]　著名な統計学者であるラオ（1993）は、「回帰分析は実際に最も広く利用、あるいは誤用されている統計的手法である」と述べている。

[2]　この（3.1）は β の線形関数に限定したモデルなので線形回帰モデルという。

[3]　説明変数のことを機械学習では特徴量、医学ではリスクファクターと呼ぶ。このようにデータ分析には分野ごとに異なる類似語がある。

るいは定数）だと仮定する。ここで β は未知のパラメータなのでギリシャ文字で表した。観測データを用いて β を都合よく推定できたとして、そのベクトルを b で表す。厳密には b を偏回帰係数と呼ぶが、ここでは略して回帰係数と呼ぶことにする。説明変数が $p=1$ の場合を単回帰分析、p が 2 以上の場合を重回帰分析というが、本質は同じなので、これらもまとめて回帰分析と呼ぶ。

■■■ 射影による解の導出

回帰分析の予測値と回帰係数の解の導出根拠を述べよう。X で張られる空間への直交射影行列が $P_X = X(X'X)^{-1}X'$ である。この P_X は任意の n 次の観測値ベクトル y を一次独立[4]な p 個の説明変数ベクトル $\{x_1, x_2, \cdots, x_p\}$ で張られる部分空間 $S(X)$ に正射影する作用をする。P_X は演算子という意味で射影子と呼ばれる。

また $Q_X = I - P_X$ は $S(X)$ の直交補空間 $S(X)^\perp$ に n 次のベクトルを射影する。直交補空間というのは、そのベクトルと $S(X)$ 内の任意のベクトルが直交していることを意味する。上記 2 つの部分空間に y を射影したイメージを図 3.1 に示した。建物を平面と壁面にプロジェクションして平面図、立面図を描くイメージである。

さて観測値の y を $S(X)$ に射影したベクトルが予測値 $\hat{y}$ である。

$$\hat{y} = P_X y = X(X'X)^{-1}X'y = X \boxed{(X'X)^{-1}X'y} \tag{3.2}$$

同じ y を $S(X)^\perp$ に射影した e を残差という[5]。

$$e = Q_X y = (I - P_X)y = y - \hat{y} \tag{3.3}$$

上記 (3.2) 式の右辺で網掛けした箇所が求めていた回帰係数に他ならない。網掛け箇所は行列とベクトルの掛け算が続いて一見複雑そうだが、結局は説明変数の X に右から p 次のベクトル b を重みとして掛けたことを意味する。

---

[4] 一次独立とは、どのベクトルも他のベクトルの一次結合（一次式）では表されないことを意味する。

[5] (3.3) の e は観測値と予測値の残差ベクトルである。それに対して (3.1) の ε は他の変数とは無関係に仮定された確率変数なので e とは別物である。

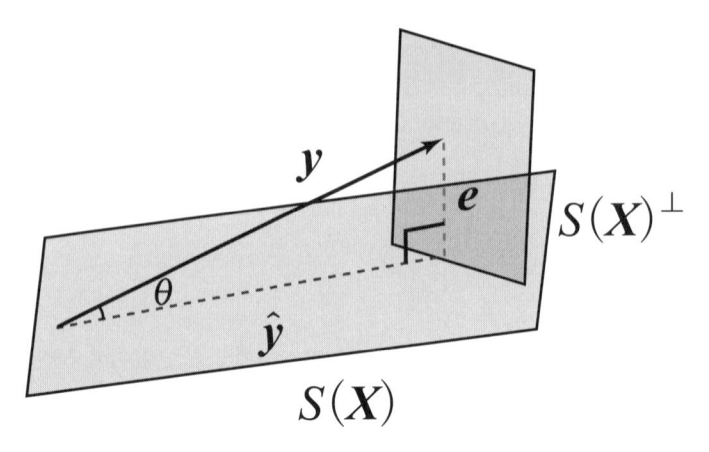

図 3.1　回帰分析の原理

$$b = \left(X'X\right)^{-1} X'y \tag{3.4}$$

予測値と残差、そして回帰係数が決まるまでの理屈は以上で終わりである。

では回帰分析のアウトプットにしばしば出てくる決定係数とは何を意味するのだろうか。目的変数の測定値 y が得られたとすれば射影によって $\hat{y}, e$ の数値も定まる。そこで3セットのデータについて、それぞれの分散を計算すると、次の恒等式が成り立つ。

$$\boxed{\text{目的変数の分散} = \text{予測値の分散} + \text{残差の分散}} \tag{3.5}$$

2章で述べたように偏差平方和を n で割れば標本分散が求まる。$n-1$ で割れば不偏分散が得られるが、どちらの分散でも（3.5）の結論は変わらない。

（3.5）の恒等式を図解するために分散の大きさに比例させて正方形を描いてみよう。正方形の面積の平方根は正方形の一辺になる。標準偏差とは分散の平方根だから一辺の長さが標準偏差の大きさに比例することになる。正射影なので $\hat{y}$ と e は直交しているから、3つのベクトルは直角三角形をなす。3つの正方形の関係を示したのが図3.2である。これは直角三角形の斜辺の二乗は底辺の二乗と高さの二乗の和に等しい…というピタゴラスの定理を表す。

図3.2の正方形内には偏差平方和の値を書きこんだ。ピタゴラスの定理が成り立っているこ

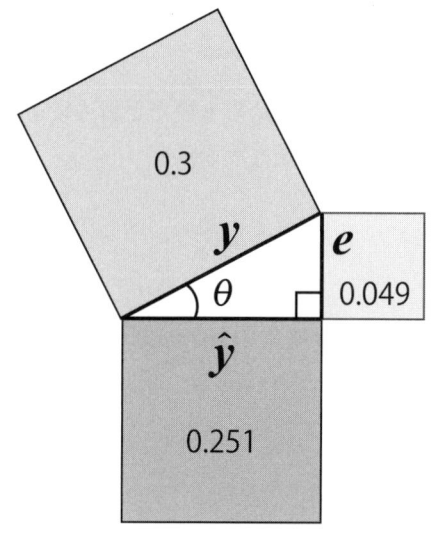

図 3.2　ピタゴラスの定理

とは $0.251 + 0.049 = 0.3$ の暗算で確認できる。

　直角三角形の斜辺上の正方形と底辺の正方形の面積の比をとったのが決定係数 r^2 である。これは面積の比なので 0.8367 とは 83.67% を意味する。

$$r^2 = \frac{\text{底辺の正方形}}{\text{斜辺の正方形}} = \frac{0.251}{0.3} = 0.8367 \tag{3.6}$$

　では何の 83.67% かというと、目的変数の分散のうち予測できた分散の比率だと理解できる。なぜなら（3.6）の分母と分子をそれぞれ n で割って「分散比」に変えても比率は変わらないからである。

　観測データの分散のうち何%を回帰モデルで説明できたかという意味で、決定係数のことを寄与率と呼ぶことがある。

■■■ ここまでの疑問

　回帰分析の原理は図 3.1 と図 3.2 であっさり片付いてしまったが、それで本当に正しいのだろうかと疑問がわくと思う。次に想定問答をあげた。

Question 1

これまで回帰分析は最小二乗法で解を求めるものだと習ってきた。射影で得られる解は最小二乗法の解と等しいのか、それとも近似値なのか。

⇒近似値ではなく同じです。

Question 2

回帰分析のモデルによっては n 個の誤差 ε がそれぞれ正規分布に従うと仮定するものがある。射影では何の確率分布も仮定しないのか。

⇒確率分布を仮定せずに解が導けます。

Question 3

正規分布を仮定することで標本統計量の確率的な性質が分かるのだから、正規分布を仮定した方が厳密ではないか。

⇒現実のデータがどう分布するかはデータを集めるまでは分かりません。そして実社会の反応が厳密に正規分布に従うことはまずないでしょう。ですから厳密というのは架空の世界が厳密に作られているという以上の意味を持ちません。

Question 4

説明変数が多変数なのだから、図 3.2 の直角三角形はただの比喩ではないか。

⇒説明変数が多数かどうかは関係ありません。ベクトルの長さ（ノルム）はスカラー（数値）だからです。図 3.2 は 3 つのスカラー間の関係を表しているので、比喩ではなくリアルな話しです。

Question 5

解の求め方には最小二乗法と射影の 2 通りあるという話だったが、それらの目標は同じなのか。

⇒下記の努力はすべて同じ目標を持っています。図 3.2 で確認してください。

　・$\hat{y}$ を y に近づける

- e のノルム（長さ）を 0 に近づける
- 予測値の分散を大きくする
- 残差の分散を小さくする
- e の内積 (e, e) を小さくする
- θ を 0 に近づける
- $\cos\theta$ を 1 に近づける
- 重相関係数を大きくする
- 決定係数を大きくする

このうち (e, e) を小さくするのがよく知られた最小二乗法でした。

3.2 アイスクリームの売上分析

　ここでは具体的なデータに射影行列を適用して予測値と回帰係数と決定係数を実際に計算してみよう。数値例を表 3.1 に示す。目的変数は売上高 y で、説明変数は気温と営業時間である。説明変数のデータをまとめて 5 行 2 列の行列で示そう。

　回帰分析の目的は前節で述べたように「分散の分解」なので平均値を知ることが目的ではない。そこで、表 3.1 の各変数から平均値を引いて平均偏差化したデータに変換してから分析をはじめよう。

表 3.1　アイスクリームの売上データ

売上高（万円）y	X1 気温℃	X2 営業時間
3.75	31	7
3.65	33	5
3.45	30	3
3.35	29	4
3.05	27	6

■■■ 平均偏差化したデータを分析する場合

表3.2　平均偏差化した分析データ

売上高（万円）y	X1 気温℃	X2 営業時間
0.3	1	2
0.2	3	0
0.0	0	-2
-0.1	-1	-1
-0.4	-3	1

$$\boldsymbol{y} = \begin{bmatrix} 0.3 \\ 0.2 \\ 0.0 \\ -0.1 \\ -0.4 \end{bmatrix} \qquad \boldsymbol{X} = \begin{bmatrix} 1 & 2 \\ 3 & 0 \\ 0 & -2 \\ -1 & -1 \\ -3 & 1 \end{bmatrix}$$

$$\boldsymbol{P}_X = \boldsymbol{X}\left(\boldsymbol{X'X}\right)^{-1}\boldsymbol{X'} = \begin{bmatrix} 0.45 & 0.15 & -0.4 & -0.25 & 0.05 \\ 0.15 & 0.45 & 0 & -0.15 & -0.45 \\ -0.40 & 0 & 0.4 & 0.20 & -0.2 \\ -0.25 & -0.15 & 0.2 & 0.15 & 0.05 \\ 0.05 & -0.45 & -0.2 & 0.05 & 0.55 \end{bmatrix}$$

$$\hat{\boldsymbol{y}} = \boldsymbol{P}_X\boldsymbol{y} = \begin{bmatrix} 0.17 \\ 0.33 \\ -0.06 \\ -0.14 \\ -0.3 \end{bmatrix}, \qquad \boldsymbol{e} = \left(\boldsymbol{I} - \boldsymbol{P}_X\right)\boldsymbol{y} = \boldsymbol{y} - \hat{\boldsymbol{y}} = \begin{bmatrix} 0.13 \\ -0.13 \\ 0.06 \\ 0.04 \\ -0.10 \end{bmatrix}, \quad \boldsymbol{b} = \begin{bmatrix} 0.11 \\ 0.03 \end{bmatrix}$$

（3.4）から、気温と時間の回帰係数は $b_1 = 0.11$、$b_2 = 0.03$ なので売上を予測する式は $\hat{y} = 0.11 \times x_1 + 0.03 \times x_2$ になる。なお $\hat{y}$ も e も自動的に平均偏差データになる。

さて以上で目的変数、予測値、残差のデータベクトルがそろったので、それぞれの内積を計算すると

$$(\boldsymbol{y}, \boldsymbol{y}) = 0.3, \quad (\hat{\boldsymbol{y}}, \hat{\boldsymbol{y}}) = 0.251, \quad (\boldsymbol{e}, \boldsymbol{e}) = 0.049$$

この内積を図示したのが図 3.2 だった。次に三角形の 3 辺の長さを知るために内積の平方根をとってノルムを求めると

$$\|\boldsymbol{y}\| = 0.548, \quad \|\hat{\boldsymbol{y}}\| = 0.501, \quad \|\boldsymbol{e}\| = 0.221$$
$$r = \|\hat{\boldsymbol{y}}\| / \|\boldsymbol{y}\|$$

で重相関係数が分かり、それを平方すれば決定係数が求まる[6]。

$$r = 0.915, \quad r^2 = 0.837$$

表 3.2 の $\boldsymbol{y}$ と $\boldsymbol{X}$ が平均偏差化されていたことから回帰係数の解釈は簡単になる。やや技巧的だが n/n の項を（3.4）式に掛けて、次のように式を展開してみよう。

$$\boldsymbol{b} = \frac{1}{n} n \left(\boldsymbol{X'X} \right)^{-1} \boldsymbol{X'y} = \left(\frac{1}{n} \boldsymbol{X'X} \right)^{-1} \frac{1}{n} \boldsymbol{X'y} = \boldsymbol{S}_{XX}^{-1} \boldsymbol{s}_{Xy} \tag{3.7}$$

（3.7）式に出てくる $\boldsymbol{S}_{XX}$ は p 個の説明変数の分散共分散行列で、$\boldsymbol{s}_{Xy}$ は p 個の説明変数と目的変数の共分散ベクトルである。つまり回帰係数は分散と共分散の情報だけから定められる。（3.7）の $\boldsymbol{S}_{XX}^{-1}$ の項は 6 章のマハラノビスの汎距離にも登場する。異なる適用分野にもかかわら

---

[6] 直角三角形の斜辺と底辺の比が相関係数になることは、$(\boldsymbol{e}, \hat{\boldsymbol{y}}) = 0$ を用いて次のように証明できる。$(\boldsymbol{y}, \hat{\boldsymbol{y}}) = (\hat{\boldsymbol{y}} + \boldsymbol{e}, \hat{\boldsymbol{y}}) = (\hat{\boldsymbol{y}}, \hat{\boldsymbol{y}}) + (\boldsymbol{e}, \hat{\boldsymbol{y}}) = (\hat{\boldsymbol{y}}, \hat{\boldsymbol{y}})$。$\boldsymbol{y}, \hat{\boldsymbol{y}}$ が平均偏差化ベクトルなので、相関係数の定義式に従って

$$r = \frac{\frac{1}{n}(\boldsymbol{y}, \hat{\boldsymbol{y}})}{\sqrt{\frac{1}{n}(\boldsymbol{y}, \boldsymbol{y})} \sqrt{\frac{1}{n}(\hat{\boldsymbol{y}}, \hat{\boldsymbol{y}})}} = \frac{(\boldsymbol{y}, \hat{\boldsymbol{y}})}{\|\boldsymbol{y}\| \|\hat{\boldsymbol{y}}\|} = \frac{(\hat{\boldsymbol{y}}, \hat{\boldsymbol{y}})}{\|\boldsymbol{y}\| \|\hat{\boldsymbol{y}}\|} = \frac{\|\hat{\boldsymbol{y}}\|^2}{\|\boldsymbol{y}\| \|\hat{\boldsymbol{y}}\|} = \frac{\|\hat{\boldsymbol{y}}\|}{\|\boldsymbol{y}\|} \qquad$$ となる。

ず分散共分散行列の逆行列が調整の役割をはたすところが面白い。

■■■ 定数項付きで原データを分析する場合

この場合の予測モデルは定数 c を追加して $\hat{y} = c + b_1 x_{R1} + b_2 x_{R2}$ になる。説明変数の添字に書いた R は、原データ（raw data）であることを強調したものである。

定数項を予測モデルで表現するために、値が 1 の列ベクトルを追加して説明変数の行列 X_R を作る。この定数ベクトルは行列の何列目に配置しても数学的には等しい。X_R から射影行列を作った後の処理は、平均偏差のケースと同じである。分析データおよび射影行列と出力データを確認すると次の通りになる。

$$y_R = \begin{bmatrix} 3.75 \\ 3.65 \\ 3.45 \\ 3.35 \\ 3.05 \end{bmatrix} \quad X_R = \begin{bmatrix} 1 & 31 & 7 \\ 1 & 33 & 5 \\ 1 & 30 & 3 \\ 1 & 29 & 4 \\ 1 & 27 & 6 \end{bmatrix} \quad \hat{y} = \begin{bmatrix} 3.62 \\ 3.78 \\ 3.39 \\ 3.31 \\ 3.15 \end{bmatrix} \quad e = \begin{bmatrix} 0.13 \\ -0.13 \\ 0.06 \\ 0.04 \\ -0.10 \end{bmatrix}$$

$$P_X = \begin{bmatrix} 0.65 & 0.35 & -0.2 & -0.05 & 0.25 \\ 0.35 & 0.65 & 0.20 & 0.05 & -0.25 \\ -0.2 & 0.20 & 0.6 & 0.40 & 0 \\ -0.05 & 0.05 & 0.40 & 0.35 & 0.25 \\ 0.25 & -0.25 & 0 & 0.25 & 0.75 \end{bmatrix} \quad b = \begin{bmatrix} 0.00 \\ 0.11 \\ 0.03 \end{bmatrix}$$

定数項を示す一番目の回帰係数は小数点以下 2 桁で丸めると 0.00 であった。原データを分析した場合の回帰係数、重相関係数、決定係数のすべてが平均偏差化したデータ分析の結果と変わらない。

ここで原データの回帰分析を Excel で確認しておこう。Excel を起動してファイル⇒オプション⇒アドインで「分析ツール」を利用可能にする。分析ツールの回帰分析を選んで表 3.1 の原データを分析すると以下の出力が得られる。

【Excel を使った回帰分析の結果】

重相関 R	0.914694849
重決定 R2	0.836666667
補正 R2	0.673333333
標準誤差	0.156524758
観測数	5

	係数	標準誤差	t	P- 値
切片	-1.66533E-16	1.081041165	-1.54049E-16	1
temp	0.11	0.035	3.142857143	0.08807066
time	0.03	0.049497475	0.606091527	0.606080701

	予測値	残差
1	3.62	0.13
2	3.78	-0.13
3	3.39	0.06
4	3.31	0.04
5	3.15	-0.1

　Excel を使った推定結果は射影を使った推定値と一致する。Excel による切片は−1.6 を 10 の 16 乗で割った値なので、0.00 と実質的に変わらない。また Excel には重決定 R2 という変わった名称の推定値が出力されるが、これは射影による決定係数を意味する。

3.3　予測モデルの８パターン

　定数項を予測モデルに組み込むか否か、目的変数と説明変数のデータを平均偏差化するか否かを組み合わせれば表3.3 の 8 通りがあり得る。このうちケース 1 とケース 8 の出力はすでに前節で紹介した。目的変数の尺度が平均偏差されているケースでは、出力された予測値に売上

表 3.3　予測モデルの構成と推定結果

射影の ケース	予測モデルの構成			推定結果						
	定数	目的変数	説明変数	定数の 推定値	気温の 回帰係数	営業時間の 回帰係数	決定係数	予測値の 出力尺度	予測値 の平均	予測値の 標本分散
1	あり	原データ	原データ	0	0.11	0.03	0.8367	原データ	3.45	0.0502
2	あり	原データ	平均偏差	3.45	0.11	0.03	0.8367	原データ	3.45	0.0502
3	あり	平均偏差	原データ	-3.45	0.11	0.03	0.8367	平均偏差	0	0.0502
4	あり	平均偏差	平均偏差	0	0.11	0.03	0.8367	平均偏差	0	0.0502
5	なし	原データ	原データ	なし	0.11	0.03	0.8367	原データ	3.45	0.0502
6	なし	原データ	平均偏差	なし	0.11	0.03	0.8367	平均偏差	0	0.0502
7	なし	平均偏差	原データ	なし	0.00151	-0.00616	0.0049	平均偏差	0.01447	8.51E-05
8	なし	平均偏差	平均偏差	なし	0.11	0.03	0.8367	平均偏差	0	0.0502
Excelの 分析 ツール	あり	不明	不明	0	0.11	0.03	0.8367	原データ	3.45	0.0502

高の平均値を加えれば済むので、情報の損失はないと考えて良いだろう。

　ほとんどのケースで決定係数は一致するが、ケース7だけは決定係数がほぼ0になって予測に失敗している。以下表3.3の各ケースでなぜ出力が微妙に違ってくるのかを調べておこう。

■■■ 定数の推定について

　原データにおける3変数の平均値はそれぞれ $\bar{y}=3.45$, $\bar{x}_1=30$, $\bar{x}_2=5$ だった。回帰分析の予測平面は分析データの平均値を通るので、定数 c は (3.8) で表される。

$$\bar{y} = c + b_1\bar{x}_1 + b_2\bar{x}_2, \qquad c = \bar{y} - \left(b_1\bar{x}_1 + b_2\bar{x}_2\right) \tag{3.8}$$

　ケース1で確認すると、$c = 3.45 - (0.11 \times 30 + 0.03 \times 5) = 3.45 - 3.45 = 0$ で定数の推定値は0になる。ケース2では説明変数は $\bar{x}_1 = \bar{x}_2 = 0$ になるので (3.8) に代入すれば $c = \bar{y} = 3.45$ と推定される。途中を飛ばしてケース8では (3.8) から $c = 0 - 0 = 0$ なので、定数は推定していないが0でよい。というわけで定数の推定については論理的におかしなところはない。

■■■ 予測値として出力される尺度について

　回帰分析は目的変数として入力したのと同じ尺度で予測値を出力する。原データを入力すれば原データが、平均偏差を入力すれば平均偏差が出力されるので迷うことはないだろう。唯一の例外が表3.3のケース6である。

　目的変数は原データなのにその予測値は平均値だけ低い値で出力される。相関係数はデータの平行移動に影響されないから相関係数と決定係数は他のケースと同じである。なお Excel ではこのケース6の決定係数を 0.0042 と出力する。プログラムに何を使っても同じ結果が得られるとは限らないことに注意が必要である。

■■■ 予測モデルの設定の誤り

　表3.3のケース7では次に示すようにすべての予測値が0に近くなる。なぜ予測がうまくいかないのかは単回帰分析で図解すれば理解しやすいだろう。売上の平均偏差データを目的変数にし、気温の原データを説明変数にしてみよう。定数項のないモデルとは「定数を0に固定したモデル」を意味する。そこで原点0を通った回帰直線を引くと、回帰直線は図3.3の矢印のように横座標と事実上重なるので回帰係数はほぼ0になる。

　この問題は射影行列を使ったせいで生じたわけではない。Excel やその他の統計ソフトを使ってもトラブルは変わらない。原データから平均偏差データを予測するという分析に定数なしの予測モデルを使うというモデルの設定が誤っている。このケースでは、定数を組み入れたケース3の予測モデルを用いればよい。

【ケース7の予測値】
　　[1,] 0.003647799
　　[2,] 0.018993711
　　[3,] 0.026792453
　　[4,] 0.019119497
　　[5,] 0.003773585

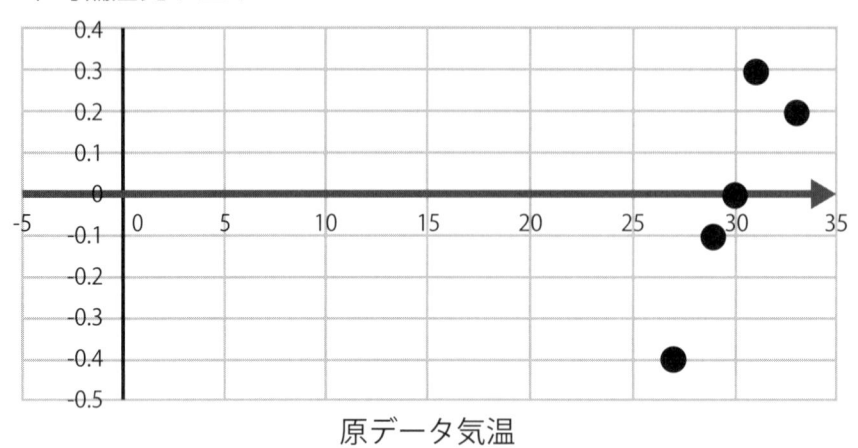

図 3.3　原点（0,0）を通る回帰直線を矢印で描く

3.4　生成 AI によるプログラミング

■■■ プログラムの既製品がない場合の対処法

　回帰分析の理論が射影で理解できることは 3.1 節で分かった。その理論どおりに計算すれば解が出てくることも 3.2 節で確かめた。では読者が実務や研究で射影を使って回帰分析を実行したい場合は、どうしたらよいのだろうか。

　当然ながら既製品のプログラムは既成の解法に従って作られている。したがって、ユーザーがカスタムメイドの分析をしたくてもプログラムをどうするかが問題になる。

　汎用プログラムに限らず Python や R のようなオープンソースのプログラムも、伝統的な手順にそったライブラリーと関数を用意しているので困難な状況は変わらない。

　本章で述べた射影は行列とベクトルの計算なので、行列計算ができるプログラムを使ってオリジナルのコードを書けばよい。とはいえプログラミングの経験が浅い人にとってコードを書くことは負担になるに違いない。

　そこで生成 AI をアシスタントに使って、コード開発をすれば楽ができないだろうか。本節で

は、解の導出を生成 AI にサポートさせてみよう。課題は表 3.1 のデータを射影によって回帰分析することにした。表 3.3 でいうケース 1 のモデルである（以下のプロンプトは、クロスマーケティングの島崎耕一氏によるものである）。

■■■ ChatGPT4 を使ったプロンプト

○ User
これから一緒に回帰分析を行ってください。
分析方法について
射影行列 P を用いた回帰分析

計算方法について
python でお願いします。必要なライブラリーは都度追加してください
手計算でとあるところはライブラリーに頼らず基本統計量などから四則演算してください

分析の概要
手順
ステップ 1: データの準備
ステップ 2: 射影行列 P の計算
ステップ 3: R∗y で予測値を出す
ステップ 4: (I-P)∗y で残差を出す
ステップ 5: b=(X'X)^-1∗X'y で回帰係数をだす
ステップ 6: 分散分析表（手計算で求めてください）
ステップ 7: 今回行った回帰分析について説明
ステップ 8: python コードを表示

アウトプット表例
実測値 | 予測値 | 残差
可能な限り表としてアウトプットしてください

アウトプットの表示
表示はステップ毎に必ず以下を参考に表示
・数式の表示
・上記数式へ今回の値を代入し表示
・計算結果の表示

データについて
A 列が目的変数
その他列が説明変数

```
sales  temp  time
3.75   31    7
3.65   33    5
3.45   30    3
3.35   29    4
3.05   27    6
```

ChatGPT

分析を進めるための手順を以下に示します。

ステップ 1：データの準備
まずは、提供されたデータを使って分析を行います。データは次のとおりです。

sales	temp	time
3.75	31	7
3.65	33	5
3.45	30	3
3.35	29	4
3.05	27	6

ステップ2：射影行列 P の計算

射影行列 P は $X(X'X)^{-1}X'$ で計算されます。ここで X は説明変数の行列で、最初の列には 1 を追加してインターセプトを考慮します。

ステップ3：P×y で予測値を計算

予測値 $\hat{y}$ は $P \times y$ で計算されます。

ステップ4：(I−P)×y で残差を計算

残差 e は $(I-P) \times y$ で計算されます。

ステップ5：回帰係数の計算

回帰係数 b は $(X'X)^{-1}X'y$ で求めます。

ステップ6：分散分析表の手計算

分散分析表を手計算で求めます。これには回帰の平方和（SSR）、残差の平方和（SSE）、全体の平方和（SST）が必要です。

ステップ7：今回行った回帰分析について説明

最後にこの分析の目的と得られた結果について詳細な説明を行います。

ステップ8：Python コードを表示

最後に、この分析で使用した Python コードを表示します。

まずは、ステップ1とステップ2を行って、射影行列 P を計算します。データを Python で扱いやすい形に整理し、計算を進めます。

User お願いします

ChatGPT

ステップ2：射影行列 P の計算

射影行列 P は以下のように計算されます：

$$P = X(X'X)^{-1}X'$$

ここで、X は説明変数の行列で、最初の列にはインターセプト（1）が含まれます。計算された射影行列 P は次のようになります：

$$P = \begin{bmatrix} 0.65 & 0.35 & -0.2 & -0.05 & 0.25 \\ 0.35 & 0.65 & 0.2 & 0.05 & -0.25 \\ -0.2 & 0.2 & 0.6 & 0.4 & 0.0 \\ -0.05 & 0.05 & 0.4 & 0.35 & 0.25 \\ 0.25 & -0.25 & 0.0 & 0.25 & 0.75 \end{bmatrix}$$

ステップ3：予測値の計算結果

予測値 $\hat{y}$ は次のように計算されます：

$$\hat{y} = P \times y = \begin{bmatrix} 3.62 \\ 3.78 \\ 3.39 \\ 3.31 \\ 3.15 \end{bmatrix}$$

ステップ4：$(I-P) \times y$ で残差を計算

次に、残差 e を計算します。これは $(I-P) \times y$ で求められます。I は単位行列です。計算を進めてみましょう。

ステップ4：残差の計算結果

残差 e は次のように計算されます：

$$e = (I - P) \times y = \begin{bmatrix} 0.13 \\ -0.13 \\ 0.06 \\ 0.04 \\ -0.10 \end{bmatrix}$$

ステップ5：回帰係数の計算

次に、回帰係数 b を計算します。これは $(X'X)^{-1}X'y$ で求められます。計算を進めてみましょう。

ステップ5：回帰係数の計算結果

回帰係数 b は次のように計算されます：

$$b = (X'X)^{-1}X'y = \begin{bmatrix} 6.27 \times 10^{-14} \\ 0.11 \\ 0.03 \end{bmatrix}$$

ここで,

- 切片の項（本来ここでの値は切片に相当しますが、非常に小さい値であるため実質的には0と考えられます）
- temp の係数は 0.11
- time の係数は 0.03

ステップ6：分散分析表の手計算

次に分散分析表を手計算で求めます。これには回帰の平方和（SSR）、残差の平方和（SSE）、全体の平方和（SST）を計算します。まずはこれらの統計量を求めてみましょう。

分散分析表の計算

分散分析表で使用する統計量は以下の通りです：

- 回帰による平方和（SSR）：0.251
- 残差の平方和（SSE）：0.049

・全体の平方和（SST）：0.300

次に、これらの値を用いて分散分析表を手計算で作成します。表は以下の情報を含みます：

・回帰（モデル）
・残差（誤差）
・全体

表には自由度（df）、平方和（SS）、平均平方（MS；平方和を自由度で割った値）、F 統計量（モデルの MS を誤差の MS で割った値）を記入します。

手計算での分散分析表

原因	自由度（df）	平方和（SS）	平均平方（MS）	F 統計量
モデル	2	0.251	0.1255	5.1122
誤差	2	0.049	0.0245	—
全体	4	0.300	—	—

ここで、F 統計量は以下のように計算されます：

$$F = \frac{MS\,モデル}{MS\,誤差} = \frac{0.1255}{0.0245} = 5.1122$$

ステップ 7：今回行った回帰分析についての説明

この分析の目的は、回帰モデルを用いて目的変数「sales」が説明変数「temp」と「time」にどのように依存しているかを明らかにすることでした。分析結果から、temp の係数が最も高く（0.11）、次いで time の係数（0.03）が得られ、これは temp が sales により大きな影響を与えていることを示唆しています。分散分析表からは、モデルが統計的に有意であることが示されました（F 統計量＝5.1122）。

User ステップ 8 をお願いします

ChatGPT

import numpy as np

```python
# 提供されたデータ
data = np.array([
    [3.75, 31, 7],
    [3.65, 33, 5],
    [3.45, 30, 3],
    [3.35, 29, 4],
    [3.05, 27, 6]
])

# 目的変数（sales）と説明変数（temp, time）
y = data[:, 0]
X = data[:, 1:]

# インターセプトの列を追加
X = np.hstack([np.ones((X.shape[0], 1)), X])

# 射影行列 P の計算
XtX_inv = np.linalg.inv(X.T @ X)
P = X @ XtX_inv @ X.T

# 予測値の計算
y_hat = P @ y

# 残差の計算
I = np.eye(P.shape[0])  # 単位行列 I
e = (I - P) @ y

# 回帰係数の計算
b = XtX_inv @ X.T @ y
```

```
np.set_printoptions(suppres = True)
print("回帰係数", b)

# SSR, SSE, SST の計算
SSR = ((y_hat - y.mean()) ** 2).sum()
SSE = (e ** 2).sum()
SST = ((y - y.mean()) ** 2).sum()

# 決定係数
print("決定係数", SSR/SST)
```

■■■ 作成コードについての解説

ステップ 6 の計算結果である SST = 0.30、SSR = 0.251、SSE = 0.049 はベクトルの内積が

$$(y, y) = 0.3, \quad (\hat{y}, \hat{y}) = 0.251, \quad (e, e) = 0.049$$

だったことを意味している。そしてこの内積の分解は図 3.2 のピタゴラスの定理を表しているわけで、結局は 3.1 節で紹介した理論を生成 AI がそのまま実行したことになる。分析結果だけ得られればよいのであれば、最後の Python のコードは出力させる必要はない。しかし、Python の文法を知らない人にも Python のコードが書けてしまうということは、初心者ユーザーにとって朗報ではないだろうか。説明変数行列の 1 列目に 1 の値の定数ベクトルを加えるコードも
X = np.hstack([np.ones((X.shape[0], 1)), X]) と生成してくれる。

■■■ 生成 AI を利用する注意点

既製品のない解法を実装するのに生成 AI が使えそうだ、ということが本節の経験で分かった。緊急対応で計算結果を出すだけでなく、副産物として実行コードも書いてくれる。当面の仕事だけでなく、他の仕事にもコードが利用できる。

しかしながら生成 AI が正しく仕事をしているかどうかを監督するのは、使用者であるビジネスパーソン自身である。生成 AI のコードが正しい計算結果を返す保証はないからである。だから最初は正解の分かっている問題を出して答え合わせをすべきだろう。まだ答えが分かってい

ない新しい問題に生成 AI を適用するのはその後である。

　もう一つ注意すべきは、まだ正解が知られていない疑問に対して生成 AI は既存の常識をつぎはぎした回答をして逃げがちである。ユーザーは真贋を見極め、ごまかしの解法を真に受けることがないように注意しなければならない。

　誤解が蔓延している場合には問題はさらに深刻になる。たとえば天動説が学説の常識だったガリレオ・ガリレイの時代に、もし生成 AI があったら、生成 AI は地動説を唱えることが出来ただろうか。アンサンブル学習による集合知にも限界があるといえよう。

── 3 章のまとめ ──

　本章では回帰分析の予測モデルを射影行列の概念で解説した。理論を解説するだけでなくデータを用いて予測モデルの構築が大切であることを示した。

　多変量解析が射影子によって体系化できることを提唱したのは竹内・柳井（1972）だった。計量経済学では浅野・中村（2000）が射影子を用いて回帰分析を丁寧に解説した。また稲垣（2003）の教科書、さらに近年では竹村（2020）も直交射影で回帰分析を解説している。射影を用いた回帰分析の解の導出はこれからは当たり前になってくるかもしれない。

　回帰分析の利用目的は予測と制御である。前者は「どうなるか」後者は「どうするか」という決定的な相違がある。データ戦略では後者を重視する。

　本章では説明変数が一次独立であることを仮定したが、その仮定が満たされなかったらどうすればよいか？　この問題は 4 章で述べる。

森本　修

第**4**章

回帰分析の困難に対処する スパース回帰分析

本章では、スパース回帰分析の利点を主に古典的な線形回帰分析と比較しながら解説する。統計的な予測モデルを構築する際には、古典的な線形回帰や一般化線形モデルからランダムフォレスト、勾配ブースティング、深層学習といった機械学習の手法まで、さまざまなアプローチが考えられる。

それぞれの手法には一長一短がある。古典的な手法は理解しやすく、モデルの実装も比較的容易であるが、予測精度はあまり高くならない。一方、機械学習の手法は難解であり、実装も複雑だが、予測精度を高めることができる。

スパース回帰分析は、古典的な手法と機械学習の手法の中間に位置する手法であり、比較的理解しやすく、モデルの実装も容易で、一定の予測精度を達成できる。また、従来の線形回帰分析では対応が難しい**過学習**（overfitting）、**多重共線性**（multicollinearity）、変数選択、および説明変数の数がサンプルサイズを上回る場合などにも対応できる点が大きなメリットである。スパース回帰分析はその扱いやすさから、マーケティングミックスモデリングなどの実践の場で広く活用されている。

4.1　スパース回帰分析の概要

まず、古典的な線形回帰分析の考え方をおさらいしておこう。例として自動車の速度と制動距離の関係を考える。

図 4.1 の散布図で見ると、速度が速くなるほど制動距離は長くなる傾向にあることが見て取れる。これを線形回帰でモデル化するとどうなるだろう。

線形回帰分析の結果、以下のモデルが得られ、図 4.2 のような回帰直線を引くことができる。

$$制動距離 = -17.579 + 3.932 \times 速度$$

それぞれの値と回帰直線の間に垂直に引いた線の長さを残差と呼ぶ（図 4.3）。線形回帰分析は残差を二乗した値の合計（残差平方和）が最小になるようなモデルを求める。

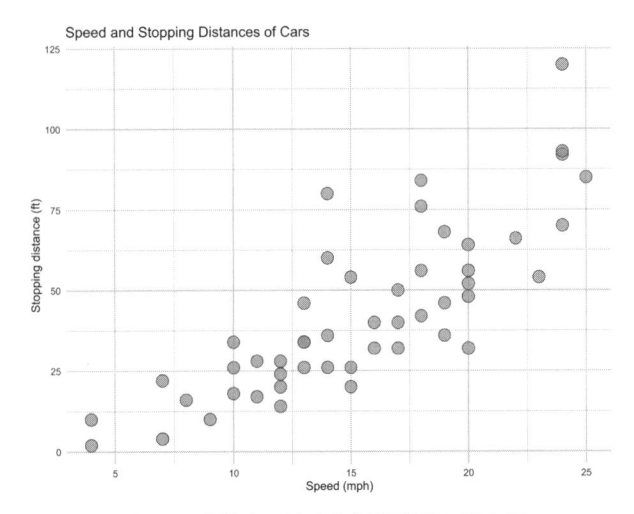

図 4.1　自動車の速度と制動距離の散布図

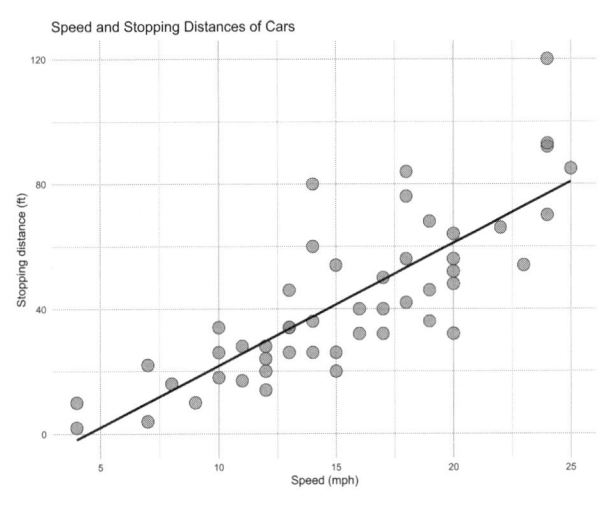

図 4.2　回帰直線を加えた自動車の速度と制動距離の散布図

　スパース回帰分析では、残差平方和の代わりに「残差平方和＋**正則化項**×λ」が最小になる
モデルを求める。**正則化項**には標準偏回帰係数の大きさを用いる。λ（ラムダ）は正則化項の
影響度を決めるハイパーパラメータであり、λ＝0では従来の線形回帰と同じモデルになる。

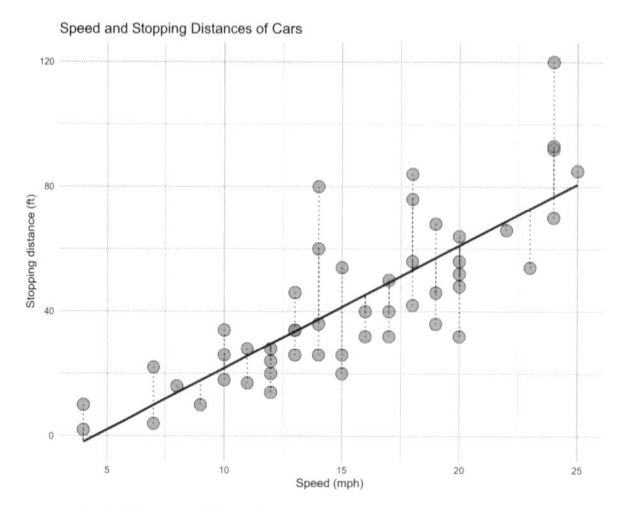

図 4.3　回帰直線への垂線を加えた自動車の速度と制動距離の散布図

　正則化項を用いることで、偏回帰係数が大きくなり過ぎないように抑制する効果がある。**正則化項**に用いる標準偏回帰係数の大きさにはいくつかの定義が考えられる。

　標準偏回帰係数の二乗和を**正則化項**とするのが L2 正則化である。これを用いた線形回帰分析を **Ridge 回帰**と呼ぶ。**Ridge 回帰**は過学習の防止や、**多重共線性**の問題、説明変数の数がサンプルサイズを上回る場合に有効である。

　標準偏回帰係数の絶対値の和を**正則化項**とするのが L1 正則化である。これを用いた線形回帰分析を **LASSO 回帰**と呼ぶ。**LASSO 回帰**は過学習の防止や、変数選択を行いたい場合に適している。

　また、L2 正則化と L1 正則化を組み合わせた手法がエラスティックネット（elastic net）である。エラスティックネットでは、L2 正則化と L1 正則化の混合割合を決定するハイパーパラメータ α を設定する必要がある。

　ここからはデモデータを用いた実験を通じて、スパース回帰分析がどのように機能するのかを解説する。

4.2　過学習の抑制

　過学習とは、モデルの構築に使用したデータに対しては高い予測精度を示す一方で、未知のデータに対して予測精度が大きく低下する現象を指す。これは特定のデータにモデルが過剰に適合してしまうことが原因である。

　まず、**過学習**が発生するケースについて考える。ここでは、先ほどと同じ自動車の速度と制動距離のデータを使用し、1次から9次の多項式回帰を想定する。9次の多項式のモデルは以下のようになる。

$$制動距離 = \alpha + \beta_1 \times 速度 + \beta_2 \times 速度^2 + \beta_3 \times 速度^3 + \cdots + \beta_8 \times 速度^8 + \beta_9 \times 速度^9$$

　1次から9次までのモデルを学習用データに適用した結果が以下の図4.4である。次数が大き

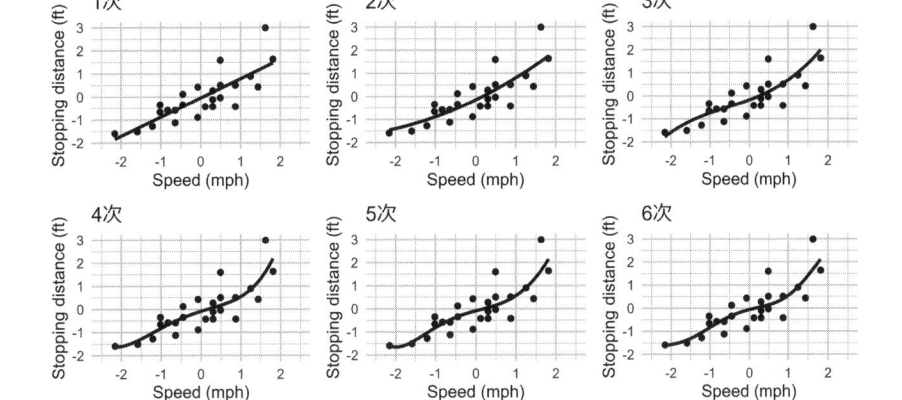

図 4.4　多項式の次数と学習データでの当てはまり

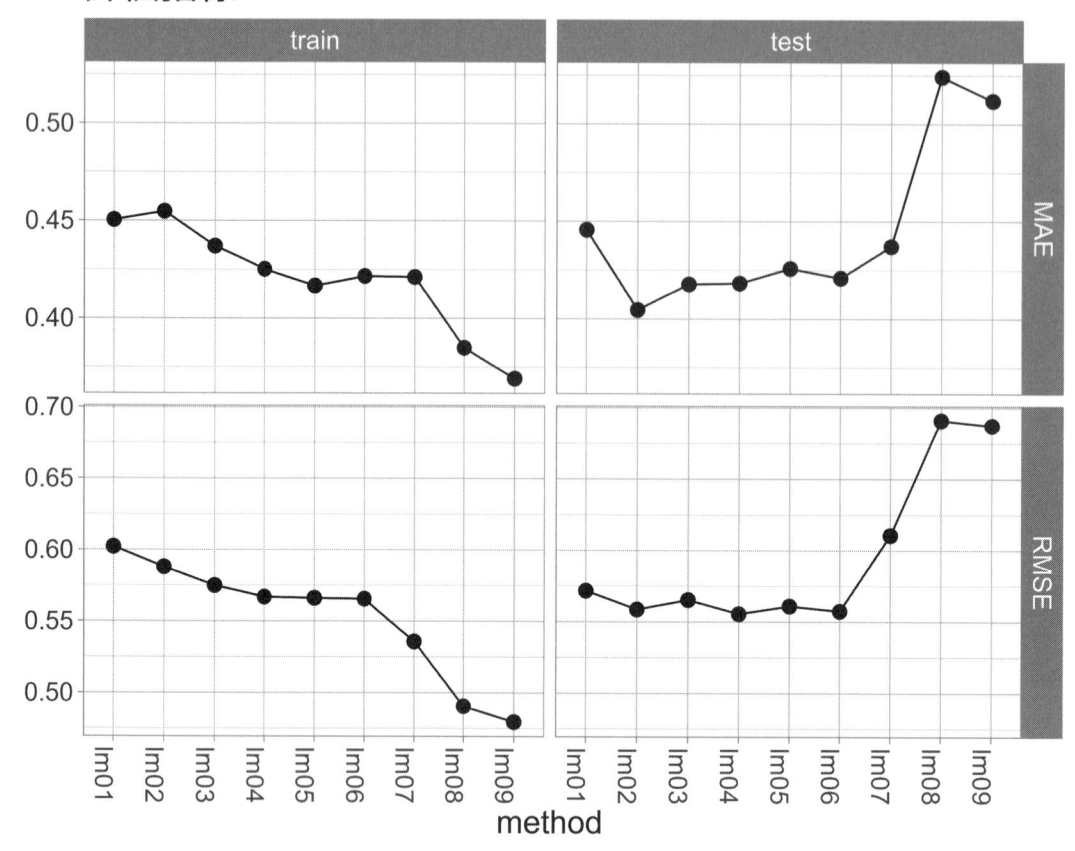

評価指標

図 4.5　多項式の次数と評価指標の関係

くなるほど学習用データに対してモデルが過剰に適合してしまう様子が見て取れる。

　学習用データと検証用データでのモデルの性能を MAE[1]（Mean Absolute Error、平均絶対誤差）、RMSE[2]（Root Mean Squared Error、二乗平均平方根誤差）、の評価指標で確認する。

---

[1]　予測値と実測値の差の絶対値の平均。ゼロに近いほど望ましい。
[2]　予測値と絶対値の差の二乗の平均の平方根。ゼロに近いほど望ましい。

図 4.5 の学習用データでは次数が増えるほど精度が上がっているが、検証用データでは次数が増えると精度が下がる傾向にあることが分かる。

　これに対して、スパース回帰分析を用いると**正則化項**によって偏回帰係数が大きくなり過ぎないように抑制され、**過学習**を防ぐことができる。この時、説明変数の単位（スケール）によって**正則化項**の大きさが変わってしまうのを防ぐため、説明変数は標準化する必要がある。

　とにかく、先ほどの 9 次の多項式回帰モデルを元に、スパース回帰分析（LASSO 回帰）を適用してみよう。

　まず従来の線形回帰分析での標準偏回帰係数は以下のようになる。

説明変数	標準偏回帰係数
x	0.8093
x^2	1.9877
x^3	0.2754
x^4	-3.7661
x^5	-1.4687
x^6	2.1097
x^7	1.0111
x^8	-0.3501
x^9	-0.1762

　これに対して **LASSO 回帰**では変数選択が行われ、2 つの説明変数しか残らない。

説明変数	標準偏回帰係数
x	0.6193
x^3	0.0244

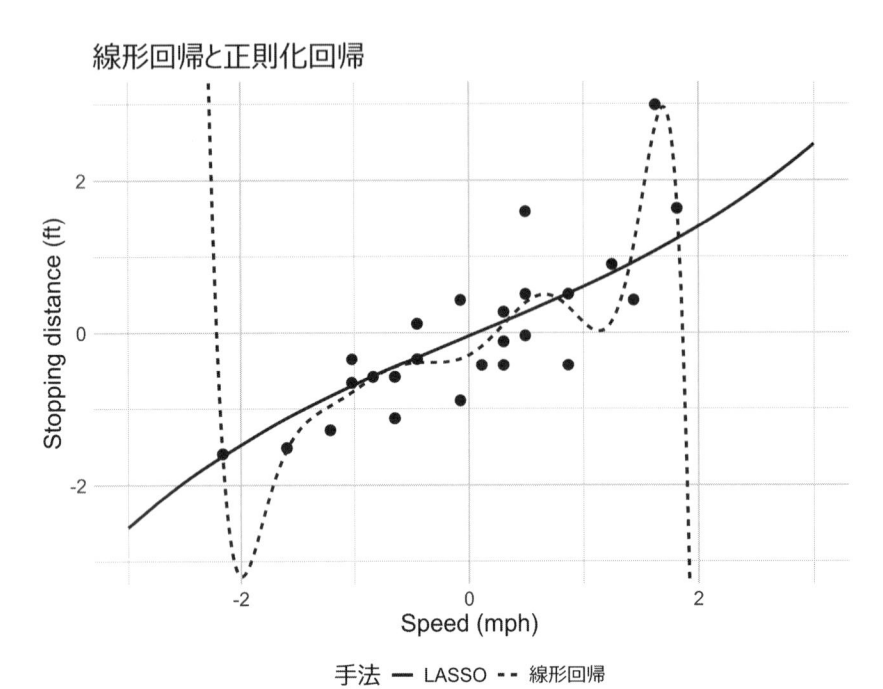

手法 — LASSO -- 線形回帰

図 4.6　線形回帰と正則化回帰（LASSO）の違い

　線形回帰と LASSO 回帰、それぞれのモデルの推定値を回帰曲線で表したのが上の図 4.6 である。線形回帰に現れている過学習が、LASSO 回帰では抑制されていることが分かる。

　スパース回帰分析を実行するに当たっては、ハイパーパラメータである λ（ラムダ）を決定する必要がある。λ は正則化項にかかる係数であり、λ が大きいほど正則化の効果が大きくなる。λ が 0 の場合は通常の線形回帰と同じになる。

　λ の大きさと標準偏回帰係数の大きさの関係を示したものが、解パス（solution path）と呼ばれる図 4.7 である。λ が大きくなるほど標準偏回帰係数が小さくなり、いくつかの説明変数では係数がゼロになる様子が分かる。横軸は λ の対数スケールである。

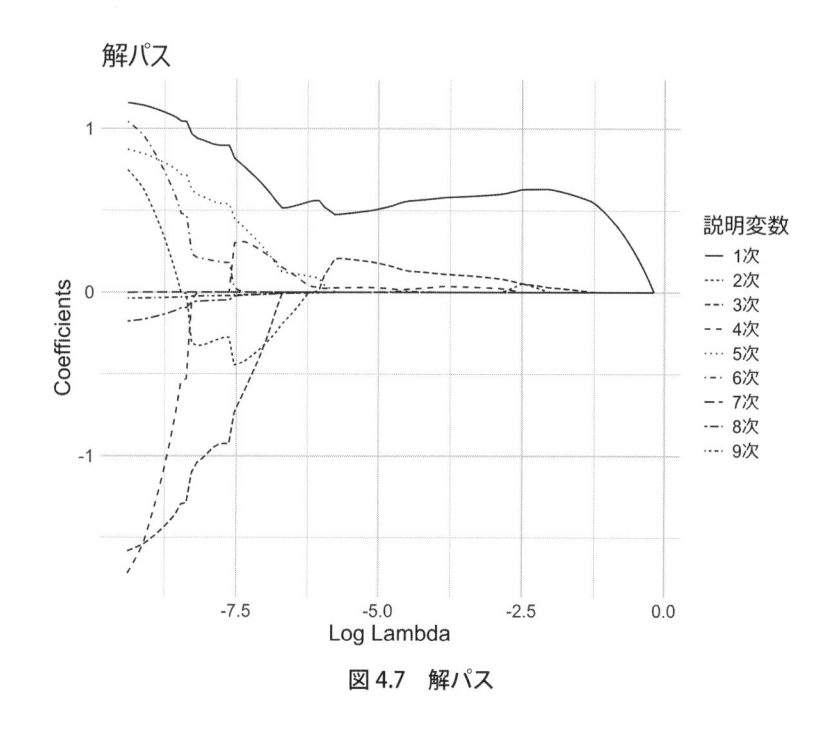

図 4.7　解パス

　汎化性能がより高くなるモデルを作るためには、交差検証法[3]（cross validation）や情報量規準[4]（information criterion）を用いて適切な λ を求める必要がある。

　交差検証法は機械学習のハイパーパラメータの調整に一般的に使われる汎用性の高い手法であるが、実行に時間がかかることや結果にバラツキが生じることが課題である。一方、情報量規準は計算負荷が軽く、結果も安定している。ただし、AICc[5]、BIC[6]、Mallows's Cp[7] などいくつかの種類があり、それぞれの選択については検討が必要である。

---

[3]　モデルの汎化性能を評価する手法の1つ。データセットを複数に分割し、1つを検証用データ、残りを学習用データとし、各モデルの性能を平均することで、より汎用性のある評価値を得る。
[4]　モデルの良さを評価する指標で、精度と複雑さのバランスを取ることを目的としている。
[5]　赤池情報量基準（AIC）をサンプルサイズの小さいデータセットにも適用できるよう補正した指標。
[6]　ベイズ情報量基準。AIC よりもサンプルサイズに応じたペナルティを強く課した指標。
[7]　回帰モデルのモデル選択の基準として用いられる指標の1つ。

4.3　サンプルサイズよりも説明変数の数が多い場合

　サンプルサイズよりも説明変数の数が多い場合、通常の線形回帰では正常な解が得られない。しかし、スパース回帰分析を使うことで解を得ることができる。ただし、**LASSO 回帰**では変数選択が行われ、最大でもサンプルサイズと同じ数の説明変数しか選択されないため注意が必要である。

　ここでは、Kaggle が提供しているカリフォルニアの住宅価格のデータセット（California Housing Prices）を使って実験を行う。このデータは 1990 年の国勢調査データに基づいた、カリフォルニア州の特定の地区における住宅に関する統計である。サンプルサイズは 20,640、変数の数は 10 個である。

　変数は以下の通り。
- Longitude：経度
- latitude：緯度
- housing_median_age：築年数の中央値
- total_rooms：該当地区の総部屋数
- total_bedrooms：該当地区の総寝室数
- population：該当地区の人口
- households：該当地区の世帯数
- median_income：該当地区の世帯所得中央値（単位：万米ドル）
- median_house_value：住宅価格の中央値（単位：米ドル）
- ocean_proximity：海への近さ（名義尺度）

まず前処理として欠損値のある行と ocean_proximity で 5 件しかない ISLAND の行を除いた。さらに以下の加工を行い 169 個の説明変数を作る。
- 名義尺度の変数以外で 4 次までの交互作用項を作る。
- 名義尺度の変数はダミー変数化する。
- 目的変数を万ドル単位に加工する。

評価指標

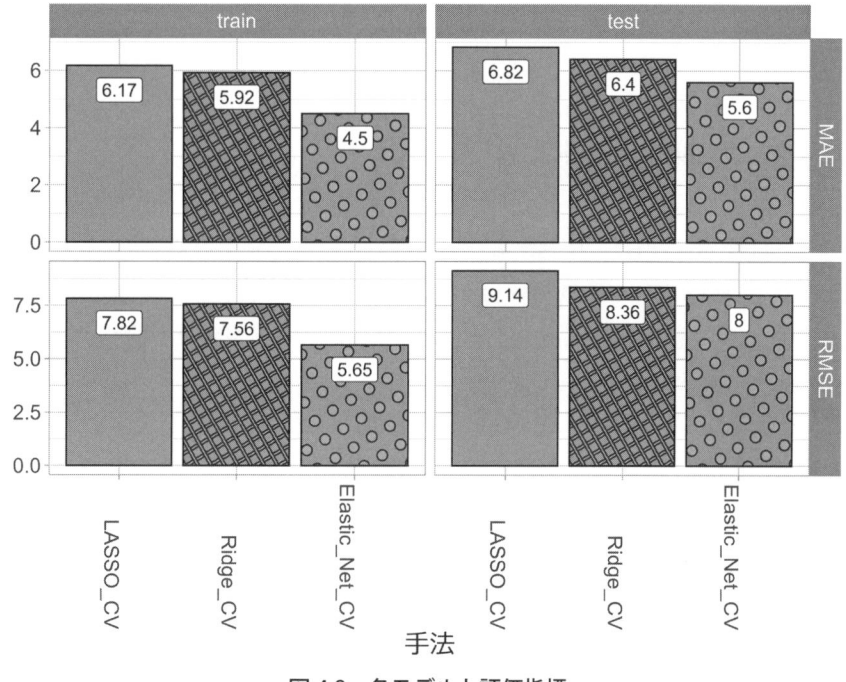

図 4.8　各モデルと評価指標

- 以下の加工した変数を加える。
    - total_room / households（世帯当たり部屋数）
    - total_bedrooms / households（世帯当たり寝室数）
    - total_bedrooms / total_room（部屋数当たりの寝室数）
    - population / households（世帯当たり人数）

　ここから学習用データとして 100 件（0.5%）を抽出する。これでサンプルサイズ 100、説明変数 169 個のデータセットができる。

　これに median_house_value を目的変数として **Ridge** 回帰と **LASSO** 回帰のモデルを作る。ハイパーパラメータの探索には交差検証法を使っている。できたモデルの評価指標 MAE、RMSE を可視化したのが上の図 4.8 である。今回のケースではエラスティックネットが最も高い精度

を出している。このように通常の線形回帰では対処できない、サンプルサイズよりも説明変数が多いケースでも、スパース回帰を使うことで対処が可能となる。

4.4　多重共線性が発生する場合

　次に、**多重共線性**がある場合を確認する（図 4.9）。R に含まれている mtcars データセットをデモデータとして使用する。このデータは 1974 年の『Motor Trend US』誌から抜粋したもので、32 車種（1973 〜 74 年モデル）の燃費と、自動車のデザインおよび性能に関する 10 の変数から構成されている。

* mpg：燃費、Miles /（US）gallon

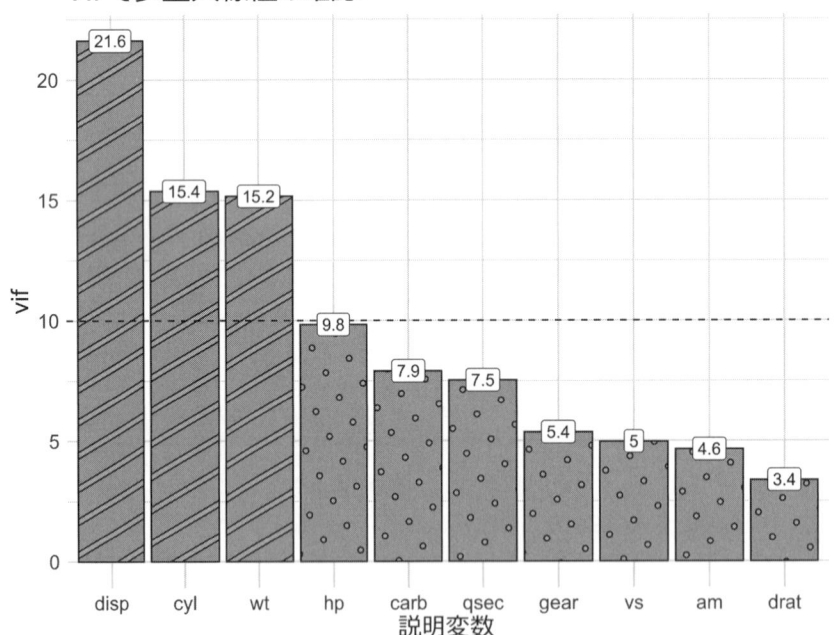

図 4.9　VIF（variance inflation factor）

- cyl ：シリンダーの数
- disp ：排気量（立方インチ）
- hp ：馬力
- drat ：ドライブシャフトの回転数と車軸の回転数との比率（Rear axle ratio）
- wt ：重量（1,000 ポンド単位）
- qsec ：停止状態から約 400m 進むまでの時間
- vs ：エンジンのシリンダーの並び方が V-shaped（V 型）か、straight（直列型）か、V-shaped が 0、straight が 1
- am ：トランスミッションがオートマかマニュアルか、オートマが 0、マニュアルが 1
- gear ：ギアの数
- carb ：キャブレターの数

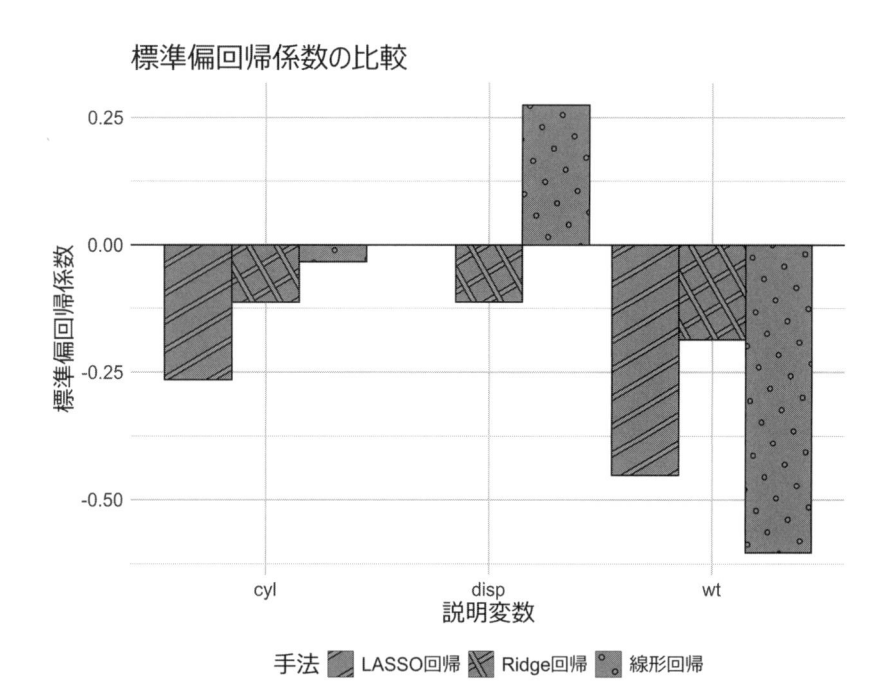

図 4.10　標準偏回帰係数の比較

今回は mpg（燃費）を目的変数とした回帰モデルを作成する。**多重共線性**の存在を確認するために VIF[8]（variance inflation factor）を算出する。**多重共線性**の目安となる 10 を超えるのは disp（排気量）、cyl（シリンダーの数）、wt（重量）の 3 つの変数である。

このデータに対して、従来の線形回帰、**Ridge 回帰**、**LASSO 回帰**を行った結果の、説明変数 disp、cyl、wt の標準偏回帰係数を可視化したものが図 4.10 である。

線形回帰では、**多重共線性**の影響で disp の係数がプラスになってしまっていることが分かる。一方、**LASSO 回帰**では disp の係数がゼロになり、変数選択によって**多重共線性**の影響を回避している。そして、**Ridge 回帰**では cyl と disp に振り分けられる形で**多重共線性**の影響を回避している。

付録 B において R 言語を使用したスパース回帰分析の実例をあげた。

---

[8] 各説明変数が他の説明変数によってどの程度説明されるかを測る指標で、説明変数間の多重共線性を評価するために用いられる。

後藤太郎

第**5**章

セグメンテーションの戦略と技法

企業のマーケティング戦略においてセグメンテーションは戦略実行のための重要なツールのひとつである。市場では様々な企業が自社の製品・サービスを、顧客である消費者に向けて提供している。消費者のニーズは多種多様であるため、企業は販売において消費者ニーズに合わせて自社の製品・サービスを開発・改善、提供したいと考える。

ニーズを把握する際に、消費者を比較的近しい同種のニーズを持った複数の集団に分類するのがセグメンテーションである。

実務ではセグメンテーションを消費者のデータに基づいて分析・実行することが一般的である。近年のデジタル化の進展によって多くの企業で自社の商品・サービスを購入・利用する消費者、つまり顧客のデータを取得、利用できるようになっている。伝統的なアンケート調査ベースの顧客セグメンテーションに加えて、こうした企業が保有する顧客データを使ったセグメンテーションが実行可能な環境が整ってきている。本章では、こうしたデータの利用環境の変化を考慮に入れつつ、マーケティングにおけるセグメンテーションについて解説していきたい。

本章の構成は、1) マーケティングにおいてセグメンテーションが必要とされる目的と定義、セグメンテーション成立のための要件を確認し、2) 続いてセグメンテーションのための分析に必要とされるデータの特性および、3) 分析手法の特性を確認する。4) 最後にシミュレーションデータを使った応用事例でセグメンテーションの実際を解説し、実務への応用のイメージを確認しよう。

5.1 マーケティングにおけるセグメンテーション

■■■ セグメンテーションの目的

企業においてセグメンテーションを行う目的は、マーケティングの実行段階に応じて以下のように整理できる。

STEP1：市場の理解

自社の商品・サービスに対する需要が市場のどこにあるのか、セグメントによる消費者の分類によって明らかにしたい。

STEP2：投資効果の確認

　需要の異なるセグメントにおけるマーケティング投資の効果を事前に推定し、投資対象となるセグメントを絞り込みたい。

STEP3：マーケティング・ミックスの実行

　対象となるセグメントの特性に応じた広告（媒体）訴求、価格設定、製品・サービス機能の開発・改善を行いたい。

　企業が利用できる資源は有限であり、予算制約のある中でマーケティング投資への効果を最大化させるためには、市場全体に広く薄く投資を分散させるのではなく、自社の製品・サービスが受容されやすい部分市場（単一もしくは複数）を特定し、無駄なくマーケティング予算を投下しよう（それによってマーケティング投資を効率化しよう）というのが基本的な考え方である。

　マーケティング上の要請にあわせて市場・顧客データからセグメントを作成する際に必要なポイントは何だろうか？　本稿ではセグメンテーションの目的に合わせて必要となってくる分析のための方法論を確認しつつ、データサイエンスにおける分類の技法を解説する[1]。

■■■ セグメンテーションの定義

　マーケティングにおけるセグメンテーションの概念は Smith（1956）から始まる。米国において 20 世紀初頭は産業化の進展によって大量生産・消費社会が確立した時期であった。規格化された商品の大規模販売においてはマス・マーケティングが主流となる。一方で、現実の市場ではニーズの異なる消費者に合わせた広告や製品ラインナップの変更、販売促進活動等を通じて自社の製品やサービスを訴求し、成長する企業が増えつつあった。

　Smith は需要の均質性を前提とする古典的な経済理論に対して、市場における企業活動の実態を指摘しつつ、市場を需要が同質な単一市場とみなすのではなく、ニーズの異なる異質な部分市場として捉えるセグメンテーションの概念を提唱した。Smith はマーケティング活動の合

---

[1]　セグメンテーションによる市場分割は本来、対応する製品・サービスの差別化、その（主に広告による）製品・サービス特徴の消費者への訴求とあわせて検討する必要がある（Dickson, Ginter & James 1987；Myers 1996）

理性という観点から、消費者需要の異質性を前提に市場セグメンテーションを導入してマーケティング戦略を調整した方が良い場合もあることを指摘している。

このような概念的な定義から、セグメンテーションにより分割されたグループは、排反（exhaustive）かつ悉皆（exclusive）な部分集合であり、グループ内はなるべく同質、グループ間は異質となるように作成される。この定義には、消費者需要を本当に排反かつ悉皆に分割できるのか？　という問題や、グループ内の同質性が最大化されるのはセグメント分割の最小単位であるnサンプルのnセグメント分割時である、という問題も指摘されている（朝野，2010）。セグメンテーションの概念は、あくまで戦略的な資源配分のためのひとつの方法論、ガイドラインを提供したものとして理解しておくのが良いだろう。

一方でセグメントによる細分化を個人単位まで進めるセグメンテーションをマイクロ・セグメンテーションと呼ぶ。近年、様々な分野でサービスのデジタル化が進み、マーケティング領域においても個人単位での行動履歴、購買履歴データの取得、活用が進んでいる。このような変化を背景にして進展してきたのがマイクロ・セグメンテーションである。

マイクロ・セグメンテーションでは消費者需要の異質性（マーケティングキャンペーンへの反応の異質性など）を個人単位で分析し、個人単位で最適化、自動化されたマーケティング施策（適応的パーソナライゼーション）を実行する（Wedel, Kannan 2016）。

マイクロ・セグメンテーションにおいては、実店舗（POSシステム）やウェブサイト、モバイルアプリ等で記録された個人単位での消費者行動データの取得が必要となるため、通常のセグメンテーションよりも必要とされるデータが多くなる点に注意が必要である。マイクロ・セグメンテーションの一例としては、本書9章の「アップリフトモデリング」の事例を参照されたい。本章では通常のセグメンテーションについて解説を続ける。

■■■ セグメンテーションの6つの要件

セグメントは消費者に関連するデータを使ってクラスタリングをはじめとするデータ分析により作成される。分析を適用して作成したセグメントは、その特性についていくつかの要件を満たしている必要がある。これらの要件はセグメンテーション分析に利用するデータの特性に依存しているものが多い。その要件を過去に提案されてきた代表的なものを使って以下のよう

に 6 つに整理した（Frank, Massy & Wind, 1972；Wind, 1978；Wedel & Kamakura, 2000）。

1. 行動性（Actionability）

　セグメントは分割に利用したデータ（消費者の属性：年齢・性別・世帯構成・年収・居住地域など）によってセグメント毎の特徴が明確に異なるものになっている必要がある。

　セグメント毎の特徴に応じてマーケティング施策の可否や方向性を決定する指針を得る必要があり、データ分析部門以外の社内の関係各部署（マーケティング部門や営業部門、経営層）への調整も考慮に入れたセグメントの理解、記述が必要である。

2. 反応性（Responsiveness）

　消費者需要の異質性は消費者のマーケティング活動に対する反応の違いを持って計測される必要がある。つまり、分割されたセグメント毎にマーケティング活動に対する反応（購買頻度や量、価格変化に対する弾力性、販促活動に対する反応率など）が大きく異なる場合に分割されたセグメントはマーケティング上の意味を持つ。

3. 実質性（Substantiality）

　ターゲットとするセグメントはマーケティング施策の目標に対して十分な規模を持つ必要がある。マーケティング施策が目標とする指標（多くの場合、売上や利益などの財務的な指標）を確保できる必要がある。

4. アクセス性（Accessibility）

　ターゲットセグメントの消費者に対してマーケティング施策の実行時には主に広告を通じて製品・サービスの訴求、販促キャンペーンの告知などの各種活動を行う必要がある。施策の実効性を担保するために、広告媒体や流通（店舗網など）、デジタル接点（スマホアプリなど）を通じて消費者にアクセス可能である必要がある。

5. 識別性（Identifiability）

　セグメントはその分類に使った変数を使って容易に識別可能とする必要がある。実務上はセグメント作成時に利用したデータとセグメント施策実行時に利用するデータが異なるケースも

ある（リサーチデータの利用時など）。このような場合、実行時のデータに付随する変数を使って対象顧客が作成済みのどのセグメントに所属するのか、容易に識別可能である必要がある。

6. 安定性（Stability）

分類されたセグメントの分類基準が一定期間（少なくともマーケティングキャンペーンの期間中）不変である必要がある。

■■■ セグメントの6要件とマーケティングの実行フェーズの関係

前述の6つのセグメント要件は「セグメンテーションの目的」で述べたマーケティング実行の3ステップと密接に関係している。表5.1が作成したセグメントの6つの要件とマーケティング実行の3ステップの関係を整理したものである。

• STEP1：

市場の理解のフェーズにおいて作成したセグメントに求められるのは行動性と反応性の要件である。セグメント毎の消費者の特徴（主に消費者の属性による表現）が分析部門以外の社内でも共有可能であることが求められる（行動性）。

また、自社で実行しようとしているマーケティングもしくは販促の企画の適否が、セグメント毎の需要の違い（利用頻度や売上、価格弾力性などの消費者のマーケティング施策への反応を示す指標）から判断しやすい分類になっている必要がある（反応性）。

表5.1　セグメントの6要件とマーケティングの実行フェーズの関係

	STEP1： 市場の理解	STEP2： 投資効果の確認	STEP3： マーケティングミックスの実行
1.　行動性	○		
2.　反応性	○	○	
3.　実質性		○	
4.　アクセス性			○
5.　識別性			○
6.　安定性			○

多くの企業では分析を行う部門とマーケティング施策を実行する部門（マーケティング部門、営業部門など）が異なっていることが多いだろう。この段階では作成したセグメンテーションを受け入れてもらうための社内調整が必須であり、行動性と反応性の要件を満たしていることが求められる[2]。

- STEP2：

　投資効果の確認のフェーズにおいて作成したセグメントに求められるのは反応性と実質性の要件である。セグメント毎のマーケティング施策への反応性（一人当たりの売上など）とセグメントを構成する消費者の数からマーケティング施策を実施する際の全体の規模感（実質性）が得られる。

　どのセグメントに対してマーケティング施策を実施するのか（実施しないのか）、実施することによってどれくらいの効果が得られるのかといった投資効果の推定をする際に、このようなセグメント別の規模感が必要であり、反応性と実質性の要件を満たしていることが求められる。

- STEP3：

　マーケティング・ミックスの実行のフェーズにおいて作成したセグメントに求められるのはアクセス性、識別性と安定性の要件である。STEP1：市場の理解と、STEP2：投資効果の確認のフェーズを経てセグメントの現状とマーケティング施策の対象となるセグメント（1つもしくは複数）を決定した後の実行フェーズとなる。

　このフェーズでは、製品・サービスの訴求、媒体・店頭販促などのマーケティング施策を通じて対象セグメントに属する消費者へアプローチする必要がある。

　データ分析によるセグメント作成が、自社保有の顧客データベースを元にしている場合はアクセス性や識別性はあまり大きな問題にはならないだろう。セグメント作成がアンケート調査などのリサーチベースの場合は、次節で述べるようにセグメントを決定する分析時の変数選択

---

[2]　マーケティング施策の事後検証において、セグメンテーションを含むデータ分析の価値を評価する際に社内的な理解は必須であり（Hanssens 2014）、この段階で社内調整できていることが望ましい。

によってアクセス性や識別性が大きく変わってしまうことがあるので注意が必要である。作成したセグメントの安定性についてはセグメントを作成するデータと分析手法に依存する事が多い。長期（多くの場合複数年）にわたって同じセグメント基準を利用するケースなどで考慮が必要である。分割されたセグメントの定量的な評価については様々な指標が提案されている（本書7章「新しい非階層型クラスター分析」）を別途参照されたい。

STEP1 ～ STEP3 を実行するにあたって、セグメント作成のためのデータ分析で、まず重視すべきなのは、セグメントの反応性と行動性の要件である。

- セグメント毎の投資効果がある程度見通せる事（反応性）
- セグメント毎の消費者の特徴がマーケティング施策に関わるステークホルダー間で理解・共有可能である事（行動性）

この2点が実行可能なマーケティング施策を立案する際に重要な要件である事が多い。セグメンテーションに基づくマーケティング戦略は、投資規模も大きいことが多く、実施の判断には慎重な検討が求められることも多いだろう。消費者の特徴がマーケティング施策への反応とどのように結びついているのか、セグメンテーションのためのデータ分析の技法を通じて明らかにすることが戦略実行のための意思決定に役に立つ。

5.2 セグメンテーションのためのデータ

セグメントを作成するためにマーケティングの対象とする消費者に関連する様々なデータが使われている。セグメント作成のための消費者関連データ全般を**セグメンテーション変数**と呼ぶ。ここではセグメンテーションの歴史的な進展に応じて開発・提案されてきた代表的なセグメンテーション変数を確認し、分析への応用上の留意点を確認しておこう。ここではセグメンテーション変数を表5.2のように大きく4つに分類して解説する。

分類の切り口は2つある。1つはセグメンテーション変数が**デモグラフィック変数**か、心理

表 5.2　セグメント作成のための基準変数の 4 分類

	共通変数	商品固有変数
デモグラフィック変数 （観測変数）	ライフサイクル 社会階層 地理的	RFM 利用状況
心理的変数 （潜在変数）	性格 価値観 ライフスタイル	ベネフィット ブランド態度

的変数かという分類である。

　デモグラフィック変数とは主に公的統計データやウェブ・アプリログ、ID-POS データ（顧客データベース）から取得される、消費者の年齢や性別、行動・購買状況等についてのデータである。

　心理的変数とは特別に設計したアンケートデータの多数の回答を、因子分析などの情報の集約手法を使って測定した心理的指標のデータである。

　デモグラフィック変数は取得したデータそのものから測定できるため**観測変数**と呼ばれ、心理的変数は取得したデータ（アンケート回答の集合）をそのまま集計するのではなく、多変量解析の手法でデータが持つ情報を集約後に測定される変数のため、**潜在変数**と呼ばれる。

　もう 1 つの軸は**共通変数**か**商品固有変数**かという分類である。

　共通変数とはセグメントに属する消費者の「人となり」を表現する変数で、年齢や性別、職業や価値観、好みなど具体的な顧客像を示す変数である。このためセグメントの 6 要件のうち、「行動性」に親和性の高い変数である。セグメント毎の顧客像の違いを分かりやすく提示するために必要とされる事が多い。

　商品固有変数はセグメントに属する消費者の商品・サービスに対する利用や購買に関する変数となる。利用頻度や購買金額、利用意向のような変数であり、セグメントの 6 要件のうち、「反応性」に親和性が高い。当該セグメントがマーケティング施策に対してどのように反応するのか、事前に予測がつきやすい変数群である。

以下で4分類の代表的な変数を解説する。

デモグラフィック—共通変数

　この分類の変数はセグメンテーションのためのデータ分析の初期から存在する変数である。米国では市場調査会社によるパネルデータが1950年代から普及しており（Wedel & Kannan, 2016）、こういったデータを元にして居住地域による地理的な分類に社会階層（職業や年収、学歴など）や人種といった属性を加えた消費者セグメントが開発されている。年齢や性別、ライフステージ（結婚、出産など）による分類もこの分類の代表的な変数である。顧客の具体的なイメージがつかみやすい特性をもつが、一方でこれらの変数を使って作成したセグメント間の購買行動の違いはあまり大きくない事がわかっている。

デモグラフィック—商品固有変数

　マーケティング施策をセグメントから立案する際には、セグメント毎の施策への反応が事前にある程度予測できることが必要である。共通変数が消費者の購買行動の違いに対しての説明力に問題がある事がわかると、セグメントを購買行動の違いという軸から説明しようとする要求が出てくる。RFM（Recency:最終購買日からの経過日数、Frequency:購売頻度、Monetary:購買金額）は代表的な変数で、近年のデジタル化の進展によりウェブやアプリの行動ログ、ID-POSデータなどを通じて取得が容易になりつつある。

　実際の購買履歴以外にも、よく利用する時間帯や曜日（平日/週末）、利用するサービス形態（所有/利用）など、製品・サービス固有の利用状況も変数として使われる。この分類の変数はログデータに基づくものが多く、自社でデータ保有していないと利用が難しい場合がある。

　代替案としてアンケートデータで正確な購買履歴、利用状況を取得することは難しい事が多く（回答者の記憶違いなどを正確に補正することは難しい）[3]、企業によっては利用が難しいことがあるだろう。購買行動そのものの変数のため、セグメントから購買行動の予測が容易である点が利点である。一方で具体的な顧客像を表現するのは難しい点に注意が必要である。

---

[3]　アンケートによる質問紙調査から購買履歴（利用頻度）を推定するための分析手法の提案もある（森岡, 2016）。

心理的―共通変数

観測可能な消費者属性によるセグメント記述（年齢、性別、職業など）にとどまらず、より具体的で詳細な消費者像を把握する必要性から開発が進んだのがこの分類の変数である。主に心理学分野で開発された因子分析に代表される次元縮約手法を使い、事前に設計された多数のアンケート質問回答から少数の共通因子を導き出して作成する。消費者の性格や価値観、ライフスタイルなどを類型化してセグメントにしていく変数である。Strategic Business Insights が開発した VALS（Values and Lifestyle）が消費者の心理的属性からライフスタイルをセグメント化した商品として知られている。分類された消費者像の記述に優れている点が特徴であるが、変数作成のための消費者調査のアンケート設定に心理的属性を導き出すための専門的な知識が必要とされる点に注意が必要である。また、対象とする具体的製品・サービスを持たない汎用的な変数である事が多いため、デモグラフィック―記述的変数と同様にセグメント間の購買行動に違いが出にくい事が多い。

心理的―商品固有変数

デモグラフィック変数と同じく、心理的変数においても一般化された共通変数がセグメント毎の施策反応への予測という点で問題がある事から、より製品・サービスに固有の心理的属性を示す変数として発展したのがこの分類の変数である。消費者が製品・サービス固有の様々な特徴のうち、どこに価値（ベネフィット）を感じるのかを心理的な測度として表現した変数である。

複数のベネフィットを感じる特徴のパターンを固有のブランドへのブランド態度として変数化する方法も提案されている。ベネフィットやブランド態度によって作成されたセグメントは安定性に優れ、購買行動の差異につながることも多いと言われている[4]。

一方で変数の作成は消費者調査（主にアンケート調査）で行われるため、変数の作成においては当該分野のリサーチ専門家のサポートが必要となることが多い点に注意が必要である。

---

[4] 心理属性に基づいた商品固有変数の指標（ソフト・メトリクス）が売上などの財務的指標（ハード・メトリクス）にどれくらい連動するかは製品カテゴリーやブランドによって違いがある点も指摘されている（Fennell 2003；Hanssens 2014）。これらの指標を予測のための目的変数として利用する際には事前の検証、確認が必要である。

表 5.3　変数のデータソースと対応するセグメント要件

変数区分 1	変数区分 2	データソース	対応するセグメント要件
デモグラフィック変数 （観測可能）	共通変数	集まるデータ	行動性
	商品固有変数	集まるデータ	反応性
心理的変数 （観測不可能）	共通変数	集めるデータ	行動性
	商品固有変数	集めるデータ	反応性

　上記、セグメンテーションのためのセグメンテーション変数を大きく 4 つに分類して紹介してきた。ここではさらに 4 分類のセグメンテーション変数を利用する際に必要とされるデータソースと対応するセグメント要件をまとめておく（表 5.3）。

　セグメンテーション変数を作成する際に必要となるデータソースについて、大きく 2 つのデータソースが考えられる。「**集まるデータ**」と「**集めるデータ**」である（1.2 節を参照）。「集まるデータ」とは近年のデジタル化に伴い増大しているウェブ・アプリログ、位置情報、ID-POS データなどのセンシングデータを指す。機械的に自動で収集されるデータのためビッグデータとして扱われることが多い。集計されるデータの内容は決まっていることが多く、事後的に追加しにくい点に注意が必要である。

　一方で「集めるデータ」とは、主にアンケートやインタビューを通して得られる調査／実験／観察データである。必要に応じて取得するデータの内容を決められる点が利点である。一方で取得できるデータの量に関しては制約がある。

　各分類の解説内で言及しているが、共通変数はセグメント要件の「行動性」に対応している。セグメントに属する消費者像を非専門家にもわかりやすく説明しやすい特徴を持つ。商品固有変数は「反応性」の要件に対応している。セグメント毎にマーケティング施策を実施する際に効果の見通しが得やすいという特徴がある。

　マーケティング施策の実行フェーズ、特に STEP1：市場の理解と、STEP2：投資効果の確認のフェーズにおいて「行動性」と「反応性」は実行フェーズを進めるために重要な要件であっ

た（表5.1：セグメントの6要件とマーケティングの実行フェーズの関係）。作成したセグメントについて関係各部署に理解を得て、投資効果の見込みから投資計画の承認を得る必要がある重要なフェーズである。

　セグメント作成のためのデータ分析を行う分析担当者として望ましいセグメンテーション変数は「行動性」と「反応性」の両方に該当する変数となる。しかしながら上述の4分類では「行動性」と「反応性」を同時に満たす変数は存在しない。

　「行動性」を重視したセグメンテーション変数を選択するとマーケティング施策の実行計画を立てる段階で困難に直面し、「反応性」を重視したセグメンテーション変数を選択するとステークホルダーの理解獲得に苦しむ事になる。

　実務上の要請から、「行動性」と「反応性」に対応するセグメンテーション変数を同時に使ってセグメンテーションを行う分析技法が求められる事がわかるだろう。こうした要請を念頭に置きつつ、次節ではセグメンテーションのための分析の技法を確認していこう。

5.3　セグメンテーションのための分析技法

　現在ではセグメンテーションに利用される分析手法は、消費者調査や自社の顧客データベースから取得したデータから探索的にセグメントを作成する手法が主流である。セグメンテーションに応用できるデータ分類のための分析手法は数多く存在する。ここではセグメンテーションで使われる分析手法を大きく2つ、**教師なし手法**と**教師あり手法**の2つにわけて代表的な分析手法の概要を紹介する。

　教師なし手法とは、分析の対象とするセグメンテーション変数のセットから類似した特徴をもつセグメントを分類する手法である。セグメンテーション変数は共通変数か、商品固有変数のどちらかの類似した特性をもった変数が選ばれることが多い。アンケート調査で得た価値観や興味、嗜好などの心理的—共通変数のセットからセグメントを作成していくライフスタイル・セグメンテーションなどがこの例である。

　教師あり手法は、目的変数と説明変数の間の推定された関係に従ってセグメントを分類する手法である。セグメンテーション変数は目的変数に商品固有変数、説明変数に共通変数が使用

されることが多い。購買頻度や金額などの「反応性」に対応する商品固有変数を目的変数、年齢や居住地域、世帯構成などの「行動性」に対応する共通変数を説明変数に設定して、購買状況の違い（頻度や売上の高低）を顧客の属性（年齢や居住地域、世帯構成など）の違いで説明し、セグメント化する手法となる。

　このようにセグメンテーションには大きく分けると2種類の分析手法が存在するが、実務上の要請である、『「行動性」と「反応性」に対応するセグメンテーション変数を同時に使ったセグメンテーションを行う分析技法』、は教師あり手法であるという事になる。

　この教師あり手法の一つである**混合回帰モデル**を次節 5.4 の応用事例で紹介する。その他、セグメンテーションの分野でよく使われる代表的な分析手法をまとめたものが以下の表 5.4 である。

　教師あり／なし手法ともにバリエーションも含めると数多くの手法がある。ここでは混合回帰モデル以外の手法について簡単に紹介しておく。

　クラスター分析（k-means 法）は、セグメンテーションに限らず多変量データを任意の数のグループに分類する際に使われる分類手法（クラスタリング）としてよく知られている。ランダムに決定したクラスター中心からサンプル間の距離を測定しながら所属クラスターを決定していくアルゴリズム（Lloyd アルゴリズム）をもち、数多くの改良されたバリエーションを持つ手法である。詳細は本書 7 章の「新しい非階層型クラスター分析」を参照してほしい。

　PLSA および **LDA** は、もともと自然言語処理の分野で発展した手法である。複数の文書

表 5.4　セグメンテーションのための分析手法

手法名称	教師データ有無	分類アルゴリズム
クラスター分析（k-means 法）	教師なし	Lloyd アルゴリズム
PLSA（確率的潜在意味解析） LDA（トピックモデル）	教師なし	統計モデル
ディシジョン・ツリー（C&RT, CHAID）	教師あり	再帰二分割 カイ二乗多分割
混合回帰モデル	教師あり	統計モデル

（document）を文書内に現れる語句（word）の数（カウント）からパターン化して分類する手法である。語句のカウント数が特定の確率分布に従い生成されると仮定した統計モデルとなる。

　マーケティングの文脈では文書を顧客（ID）にし、語句を商品（SKU）にして顧客の商品購買数のパターンを元にセグメント分割する、といった手法で利用されることが多い。マーケティングへの応用例としては朝野（2016）を参照してほしい。

　ディシジョン・ツリー（**C & RT, CHAID**）は教師あり手法であり、目的変数の違いを最もよく説明できる説明変数（離散化したもの）の分割点を選び、分割を繰り返してセグメントを作成していく手法である。予測精度の向上を図った多くのバリエーション（アンサンブルやブースティング手法によるもの）があるが、セグメンテーションでの利用には CHAID のような単一の木構造を持つモデルが使われることが多い。マーケティングへの応用例としては朝野(2010)を参照してほしい。

5.4　応用事例：小売業の顧客セグメンテーション

　本節では仮想のシミュレーションデータを使った小売業の顧客セグメンテーションの事例を取り扱う。複数の店舗を持ち、ホームセンターや GMS のような幅広い消費財を扱う業態の企業の顧客データベースを基にしたセグメンテーションを想定する。

　この企業の顧客データベースには過去 3 年間にこの企業を利用した約 10 万人分の顧客の属性付きデータがあり、顧客別の利用実績は POS データから取得できているものとする。またこれらの顧客へは複数の媒体を利用してアクセス可能であるとする。このデータを使って利用顧客をマーケティング戦略検討の準備のためにセグメントに分割する状況を想定している（既存顧客を対象とし、ここでは新規顧客は考慮しないものとする）。

　分析に利用するデータには、過去 3 年間累計利用者約 10 万人分の顧客の属性データと、直近 1 年間の購買履歴が顧客 ID ごとに集計されている（詳細は後述）。このデータに対して前節で紹介した混合回帰モデルを使用した顧客セグメンテーションを実施する。

■■■ セグメンテーションのパターン

　顧客セグメンテーションは実務の応用場面では目的に応じて大きく 4 種類にパターン化でき

表 5.5　セグメンテーションのパターン

		商品・サービス軸	
		新規	既存
顧客軸	新規	①新規商品開発	③新規顧客獲得
	既存	②商品・サービスライン拡張	④既存顧客維持

る（表5.5）。分類の軸は２つで、１つが対象とする顧客が新規顧客なのか既存顧客なのか？であり、もう１つの軸が対象とする自社の商品・サービスが新規のものなのか既存のものなのか？　である。

　今回の応用事例は、④既存顧客維持のためのセグメンテーションに該当する。他の①〜③の分類のセグメンテーションについては、必要とするデータソースや分析手法が本稿の応用事例とは異なる場合がある点を留意してほしい。

　①や②のような新規商品・サービス分野でのセグメンテーションにはリサーチデータを使うことが多く、セグメント分類もコンジョイント分析のような商品・サービスの属性プロフィールに対する消費者の選好に応じたセグメント分類法が使われることが多い。紙幅の都合上、①〜③について、全ての解説をすることは難しい。詳細は類書を参照していただきたい。

■■■ データの説明

　使用するデータは顧客単位の情報を集計したテーブルデータ形式をとるシミュレーションデータである（図5.1）。10万人の顧客ごとに固有の顧客IDが付与され、購買実績と顧客の属性に関するデータが変数化されている。

　データは８つの項目から構成される。それぞれの項目がセグメント分類のための分析を行う際のセグメンテーション変数となる。項目は大きく３つに分類できる。

　1. 顧客を判別するための項目（顧客ID）、2. セグメント6要件の「反応性」に対応する項目（利用回数と利用金額）、3. セグメント6要件の「行動性」に対応する項目（年齢、既婚有無、子供有無、世帯年収、居住商圏）である。

　混合回帰モデルは教師あり手法なので、2. の項目を目的変数とし、3. の項目を説明変数とするモデルを作成してセグメント分類を行う事になる(1. の項目は顧客識別用の項目で分析手

顧客 ID	利用回数	利用金額	年齢	既婚有無	子供有無	世帯収入	居住商圏
000001	1	11972	35	1	1	1	1
000002	4	9558	38	1	1	2	2
000003	0	0	69	1	1	3	1
000004	4	12691	36	1	1	3	1
000005	0	0	27	0	0	1	1
000006	3	13174	36	0	0	2	1
000007	0	0	78	1	0	1	3
000008	3	8904	47	1	1	3	1
000009	2	3730	59	1	1	3	2
000010	1	9458	78	1	1	1	2
000011	1	2701	58	0	0	1	2
000012	0	0	77	1	0	4	1
000013	1	4583	41	1	1	3	1
000014	0	0	49	0	0	3	1

図 5.1 セグメント分析用データの抜粋

法適用時には使用しない)。

　以下、それぞれのデータ項目の内容を説明する。

混合回帰モデル（Mixture Regression Model）
　有限混合モデル（Finite Mixture Model）はクラスター分析の分野で発展してきた手法である。多変量データのクラスター分割を行う際に、対象となる標本データの背後に何らかの確率分布を仮定する統計的な推定法である。教師なしデータのクラスタリングのみならず、一般化線形モデルを含む形式にした教師ありのクラスタリングに拡張することもできる非常に柔軟なモデルである事が知られている。
　有限混合モデルにはさまざまなバリエーションがあるが（McLachlan & Peel, 2000）、本事例

表 5.6　データ項目別の内容説明

データ項目	データ内容
顧客 ID	顧客ごとに付与される固有番号
利用回数	直近 1 年間の店舗利用回数 直近 1 年内に利用がない場合 0
利用金額	直近 1 年間の店舗利用時の利用金額 直近 1 年内に利用がない場合は 0
年齢	顧客の年齢
既婚有無	0/1 の 2 値データ 1 が既婚、0 が独身
子供有無	0/1 の 2 値データ 1 が子供と同居、0 が同居の子供なし
世帯収入	1 ～ 4 の整数値をとるデータ 1 が世帯収入が最も低く、4 が最も高い
居住商圏	1 ～ 3 の整数値をとるデータ 1 が店舗に最も近い商圏、3 が最も遠い商圏に居住

では Wedel & Kamakura（2000）で紹介されている混合回帰モデル（**Mixture Regression Model**）を使い、仮想のシミュレーションデータに対して適用を行う。データには顧客別の利用回数と購買金額というセグメント要件の「反応性」を示す変数と年齢や既婚有無、子供の有無といった顧客属性、つまり「行動性」を示す変数が含まれる。「反応性」の変数を目的変数とし、「行動性」の変数を説明変数とした回帰式を使った混合モデルからセグメント分類を行う。

　以下、Wedel & Kamakura（2000）と Leisch（2004）を参照しつつ混合回帰モデルの概略を説明する。

　混合回帰モデルでは、分析対象である観測データの目的変数ベクトル y（マーケティングデータの場合は顧客単位の反応データ、つまり購入頻度や購買数量、ブランド選択結果等であることが多い）と説明変数ベクトル x（顧客の属性やマーケティング施策の実施有無などである事が多い）から構成される、異なる回帰モデルが S 個のセグメントからなる母集団から発生していると仮定する。

セグメント毎の比率は π_s として表され、以下の制約をもつ。

$$\sum_{s=1}^{S} \pi_s = 1, \quad \pi_s \geq 0, \quad s = 1, 2, \cdots, S \tag{5.1}$$

S 個のセグメントから構成される混合回帰モデルは以下のように表現できる。

$$h(\boldsymbol{y}|\boldsymbol{x},\boldsymbol{\phi}) = \sum_{s=1}^{S} \pi_s f(\boldsymbol{y}|\boldsymbol{x},\boldsymbol{\theta}_s) \tag{5.2}$$

ここで $\boldsymbol{y}$ は目的変数ベクトル、$\boldsymbol{x}$ は説明変数ベクトルであり、f と h は $\boldsymbol{y}$ の分布系に合わせて設定される関数である。π_s はセグメント s の事前確率、$\boldsymbol{\theta}_s$ は f の関数形に従って推定されるパラメータベクトルである。$\boldsymbol{\phi}$ はすべてのパラメータベクトル $(\pi_1, ..., \pi_s, \boldsymbol{\theta}'_1, ..., \boldsymbol{\theta}'_s)'$ となる。

例えば回帰モデルが正規線形モデルの場合、リンク関数は恒等関数のため平均 $\boldsymbol{\beta}'_s \boldsymbol{x}$ と分散 σ^2_s をもち、この場合、$\boldsymbol{\theta}_s = (\boldsymbol{\beta}'_s, \sigma^2_s)$ となる。

分布系の異なる複数の目的変数をモデルに組み込むことも可能である。マーケティングへの反応は利用頻度（負の二項分布）や売上（対数正規分布）など分布系が異なる変数を扱うことが多い。目的変数ベクトル $\boldsymbol{y}$ を多変量ベクトル $\boldsymbol{y} = (y_1, ..., y_D)'$ へと拡張した場合、式（5.2）は以下のように変更される。

$$h(\boldsymbol{y}|\boldsymbol{x},\boldsymbol{\phi}) = \sum_{s=1}^{S} \pi_s f(\boldsymbol{y}|\boldsymbol{x},\boldsymbol{\theta}_s) = \sum_{s=1}^{S} \pi_s \prod_{d=1}^{D} f_d(\boldsymbol{y}|\boldsymbol{x},\boldsymbol{\theta}_{sd}) \tag{5.3}$$

パラメータの推定は対数尤度を最大化するように EM アルゴリズムを使って行われることが多い。アルゴリズムの詳細は McLachlan & Peel（2000）、Wedel & Kamakura（2000）を参照されたい。セグメント数の決定は BIC などの統計量を参考に、実務上の要請事項等を勘案して決定することが多い。推定されたパラメータをもとに各観測データは以下のセグメント毎の事後確率を得る。

$$P(j|\boldsymbol{y},\boldsymbol{x},\boldsymbol{\phi}) = \frac{\pi_j f(\boldsymbol{y}|\boldsymbol{x},\boldsymbol{\theta}_j)}{\sum_{s=1}^{S} \pi_s f(\boldsymbol{y}|\boldsymbol{x},\boldsymbol{\theta}_s)} \tag{5.4}$$

最も大きな事後確率を示したセグメントに各観測データを分類する。

ソフトウェア

分析は統計計算ソフトウェアである R のパッケージ「**flexmix**」を使用して行った[5]。今回利用した混合回帰モデルだけではなく、有限混合モデルの実行や**随伴変数**（Concomitant Variables）付きのモデルの実行など混合モデルの幅広いバリエーションを実行可能である。CRAN の該当ページからマニュアル及び Vignettes で利用方法についての詳細な解説が確認できるので参照されたい。

「flexmix」のマーケティングデータへの適用例としては、佐藤（2015）やウィラワン＆勝又（2023）でも確認できる。また里村（2015）では、パラメータの推定法でもある EM アルゴリズムを R のプログラム上で実行しながら確認することができる。こちらも参照されたい。

■■■ セグメンテーションの実行

1. モデルの設定

データにはセグメント要件の「反応性」に対応する項目が 2 項目（利用回数と利用金額）含まれている。この 2 項目をそれぞれ目的変数として、「行動性」に対応する項目（年齢、既婚有無、子供有無、世帯年収、居住商圏）を説明変数、随伴変数とした混合回帰モデルを実行する。

利用回数の分布は負の二項分布（個人単位ではポアソン分布）であるため、利用回数を目的変数としたポアソン回帰と、対数変換した利用金額は正規分布であるため、対数利用金額を目的変数とした正規線形回帰[6]を混合回帰モデルに組み込み、同時にパラメータを推定する。全顧客のデータの平均利用回数は 2.4 回、平均利用金額は約 2.5 万円である。

説明変数とした 5 項目は既婚有無、子供有無が 2 値データであり、それ以外の 3 項目（年齢、世帯年収、居住商圏）は連続量のデータである。それぞれの回帰モデルの説明変数は連続量の 3 変数とし、既婚有無と子供有無は随伴変数として利用した。

---

[5]　flexmix：Flexible Mixture Modeling
　　https://cran.r-project.org/web/packages/flexmix/index.html

[6]　未利用者の利用金額が 0 となるため本来は正規分布ではなく tweedie 分布等のゼロ過剰の分布に対応した手法をとる必要があるが、ここでは 0 値を欠損扱いにして補完したうえで回帰を実行している。

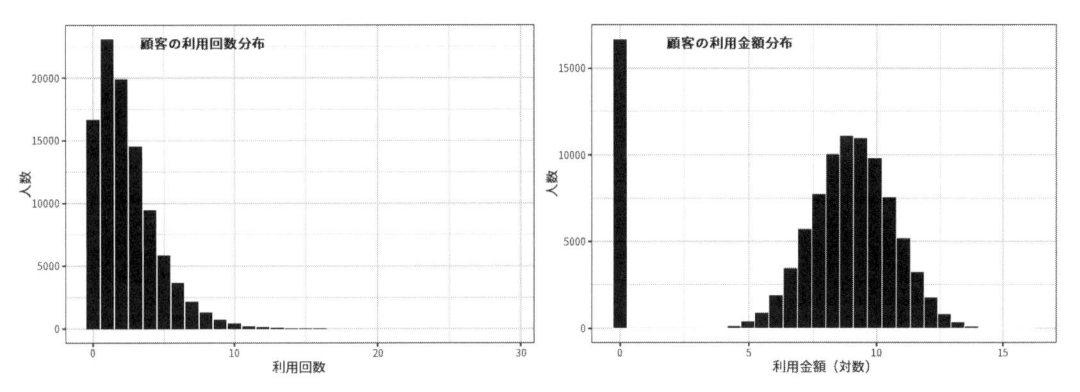

図 5.2　利用回数と利用金額の分布

表 5.7　反応性項目のセグメント分類結果

セグメント番号	顧客数	利用回数	利用金額	平均利用回数	平均利用金額
1	17,203	26,619	232,814,233	1.55	13,533
2	47,763	103,859	1,698,601,175	2.17	35,563
3	13,865	90,133	365,547,537	6.50	26,365
4	19,590	19,024	204,630,520	0.97	10,446
合計	98,421	239,635	2,501,593,464	2.43	25,417

2.　混合回帰モデルの結果

　設定したモデルを実行した結果、BIC 等に基づいてセグメント数を 4 に設定した。分類されたセグメント別の特徴を確認しよう。セグメント別の顧客数と「反応性」項目である利用回数と利用金額をまとめたものを確認する。

　セグメント 1 と 4 は平均利用回数、利用金額ともに少ない顧客セグメントである。対照的にセグメント 2 は平均利用金額が高く、顧客数も多いため、全体の利用金額の 7 割弱を占めるセグメントとなっている。セグメント 3 は顧客数は少ないが、平均利用回数が多い顧客で占められる。

　「行動性」の各項目の変数がセグメント毎にどのように異なるのかも確認しよう。各変数の違いがセグメントの記述的な特徴を引き出すことにつながるかどうかを確認する。

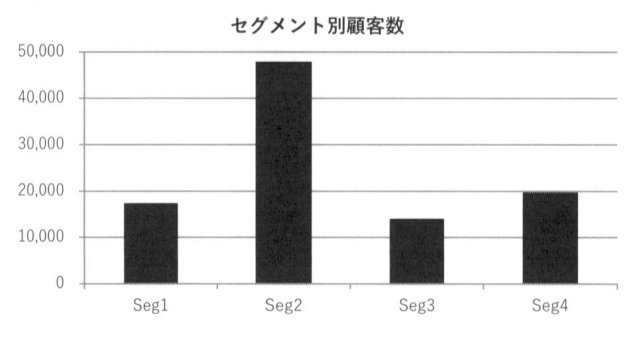

図 5.3　セグメント別顧客数

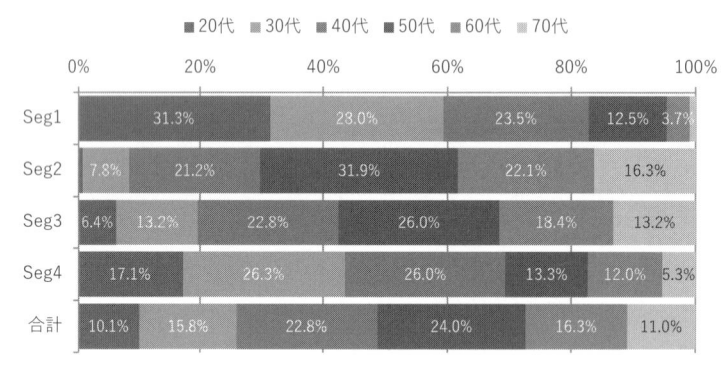

図 5.4　セグメント別の年代構成

　図 5.4 及び図 5.5 から年齢と世帯構成のセグメント別の特徴を確認する。利用回数、金額ともに少ないセグメント 1 と 4 は上記の変数から見ると異なる特徴を持つ。セグメント 1 は 20 代〜 40 代の独身世帯が多く、セグメント 4 は年齢層がもう少し広く 20 代〜 50 代の独身および既婚の子供なし世帯が平均よりも多い。利用金額で最大のセグメント 2 は 40 代〜 60 代の子育て世帯が多い。セグメント 3 は年代、世帯構成ともに平均的なセグメントである。

　紙幅の都合で掲載できないが、世帯年収と居住商圏の特徴も加味して各セグメント毎の特徴を表 5.8 のようにまとめる事ができる。

3.　マーケティング実務への応用にあたって

　「反応性」と「行動性」のそれぞれの変数でセグメントが特徴づけられることを見てきたが、

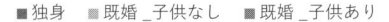

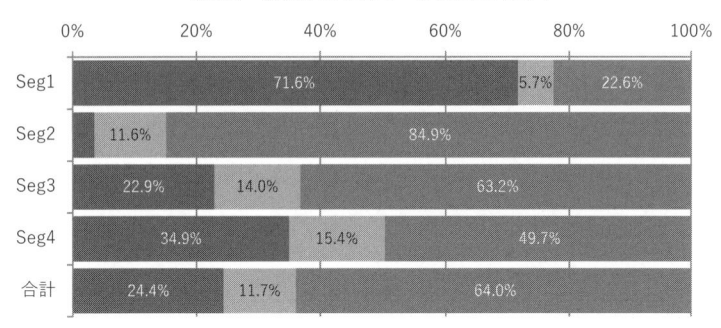

図 5.5　セグメント別の既婚有無・子供有無の構成

表 5.8　セグメント別の特徴

セグメント	反応性の変数の特徴	行動性の変数の特徴
1	平均利用回数、金額ともに少ない	20代〜40代の独身世帯が多い 世帯年収は平均的、遠距離からの来店が多め
2	平均利用金額が多く、顧客数も多い 売上の67%を構成	40代〜60代の子育て世帯が過半をしめる 世帯年収が高め
3	平均利用回数が多く、金額は平均的 売上の14%を構成	30代〜60代が多く、子育て世帯が多い 世帯年収は平均的
4	平均利用回数、金額ともに少ない	20代〜50代の独身および既婚の子供なし世帯が多め 世帯年収が低め

実務上は、セグメント毎の異なる特徴を確認しつつ、マーケティング戦略の方向性に沿ってターゲットとするセグメント（1つ、もしくは複数）を決定していくことになる。

　セグメント1と4のような、利用状況は芳しくないが、比較的顧客数の多いセグメントの「伸びしろ」を探って伸ばしていく戦略や、セグメント2のような売上に占める規模が最大のセグメントの維持に注力するなど様々な戦略がありうるだろう。

　分類したセグメント毎にさらに詳細な購買状況などのデータも確認しつつ（場合によっては説明変数を追加してモデルを再構成しつつ）、自社のマーケティング戦略との整合性からターゲットを検討していく事になる。その際にはマーケティング戦略を実行することによる財務的

なインパクト（コストとリターンの見通し）に対して示唆を出すことが求められる事が多いだろう。このため、セグメント分析において重要なのは顧客の「反応性」項目についてしっかりとした違いをもったセグメントを見出すことである。この前提が満たされていないセグメントから実務的に有益な示唆を得るのは難しい事が多い。本事例では扱っていないが、過去の販促施策への顧客の反応データが取得できるのであれば、こうしたデータをモデルに組み込むことも効果的なセグメンテーションにつながる事が多い。

「行動性」に対応する記述的な共通変数だけを使ってセグメンテーションを行うケースもあるが（ユーザー像の記述に重点を置く）、最終的にはマーケティング戦略の枠組みでは財務的な指標との関連性を求められる事が多いだろう。5.2 節でもふれたように共通変数だけのセグメンテーションからはユーザーの購買行動の違いが出ないことが多い。

図 5.6 は今回利用したデータの「行動性」に対応する変数部分（年齢、世帯年収、居住商圏、既婚有無、子供有無）だけを使って k-means 法により 4 セグメントの作成を行い、事後的に「反応性」の変数（利用回数と利用金額）を集計した結果を混合回帰の結果と比較したものである[7]。

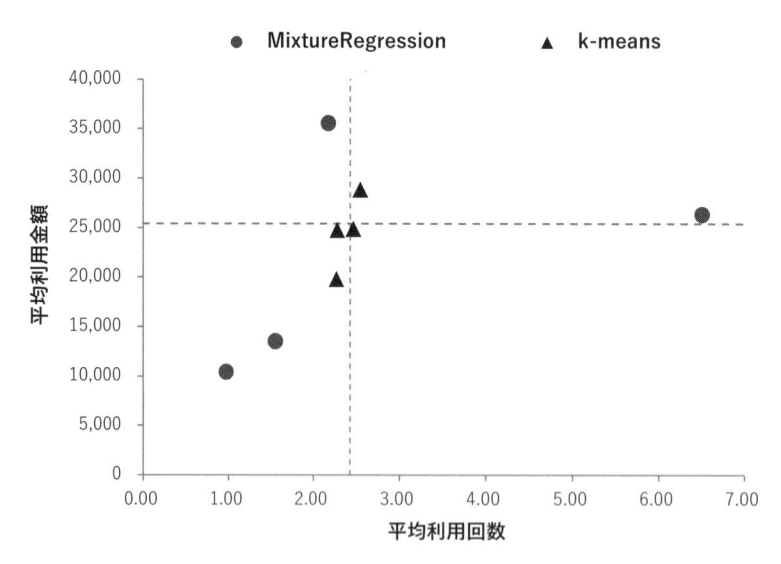

図 5.6　混合回帰と k-means 法の 4 セグメント作成時の反応性変数の違い

---

[7]　図 5.6 のグラフ内の水平・垂直の破線は利用回数と利用金額の全体の平均値を表す。

k-means 法による結果が混合回帰による結果に比べて利用回数、金額ともに全体平均近傍に集中しているのがわかるだろう。「反応性」の変数を分析に組み込んでいないのだから当然なのだが、結果として k-means 法により作成されたセグメントは財務的な指標から見るとどれも似たり寄ったりでターゲティングに利用するには困難が伴う結果となっている。

ここまで見てきた通り、セグメンテーションの実務への応用にあたっては、混合回帰モデルのような「反応性」と「行動性」の変数を同時にモデルに組み込める教師あり手法を使う事を推奨したい。混合回帰モデルは柔軟なモデリングができ、推定結果も解釈のしやすい手法である。実務の要請に応じて利用できる事も多いだろう。本稿が読者の皆さんのマーケティングにおけるデータ分析実務を進めていくうえでのヒントになれば幸いである。

朝野熙彦・後藤太郎

第**6**章

マハラノビスの汎距離

ビジネスでは、複数の変数を評価指標に用いて、自社や競合の製品やサービスを空間にマッピングして評価することがある。自社の製品やサービスがどれほどユニークな存在か、あるいは集団内に埋没しているかを知ることができる。製品やサービスだけでなく人間を対象にした人事評価もデータの構造は同じである。

　このマッピングの結果を解釈する過程で測定変数の相関が影響してくる。たとえばノート PC をマッピングするためにディスプレイサイズ、重量、CPU 速度の 3 変数を選んだとしよう。ディスプレイサイズと重量の相関は高いだろうから、情報を要約すれば、ノート PC はほぼ大きさで分類されることになる。そこで、変数間の相関の影響を除きながら評価対象間の距離が測れないだろうか、という問題意識が生まれる。

　この問題意識はマハラノビスに始まり、しばしばマハラノビスの汎距離というファミリー名のもとで、様々なビジネスにおいて、時には分析の裏方として使われてきた[1]。

6.1　汎距離の全体像

■■■ 多次元空間における距離への着目

　マハラノビス（1930）は多次元空間に 2 つの母集団が存在するという状況の下で 2 つの母集団間の距離を測ることに関心をもった。この関心は 1930 年代の人類学研究に端を発している。遺跡から発掘された頭蓋骨の計測値をもとに、種族を識別する研究が行われた。当然ながら集落内の個人差よりも異なる集落が同一の種族に属するかが研究上の関心事であった。

　しかしながら、1930 年の研究では変数間の共分散については考慮されていなかった。

　マハラノビス（1936）では 2 つの母集団の分布が（6.1）の多変量正規分布に従うと仮定した。母集団の違いは添字の 1、2 で区別する。ここで分散共分散行列 Σ が登場する。

---

[1]　マハラノビスは 1914 年にケンブリッジ大で天才数学者のラマニュジャンと学生時代を送っている。その後マハラノビスは 1931 年にインド統計研究所 Indian Statistical Institute を設立してインドにおける統計学の発展に貢献した。Taguchi & Jugulum（2002）によれば田口玄一も 1954 年に同研究所に招聘されている（6.2, p.109 参照）。

$$x_1 \sim N_p\left(\boldsymbol{\mu}_1, \boldsymbol{\Sigma}\right), \quad x_2 \sim N_p\left(\boldsymbol{\mu}_2, \boldsymbol{\Sigma}\right) \tag{6.1}$$

マハラノビスは 2 つの多変量正規分布は平均ベクトルだけが異なり、分散共分散行列は等しいと仮定した[2]。その上で **2 つの母集団の平均値間の距離**を次のように定義して Δ^2 統計量と名付けた。ここで p は変数の数を示す。

$$\Delta^2 = \frac{1}{p}\left(\boldsymbol{\mu}_1 - \boldsymbol{\mu}_2\right)' \boldsymbol{\Sigma}^{-1}\left(\boldsymbol{\mu}_1 - \boldsymbol{\mu}_2\right) \tag{6.2}$$

$\Delta^2 \geq 0$ である。もしすべての変数の標準偏差が 1 で、しかも無相関だとすれば $\boldsymbol{\Sigma}^{-1} = \boldsymbol{I}$ になるので（6.2）の 2 次形式の項は、平方ユークリッド距離

$$d^2 = \left(\boldsymbol{\mu}_1 - \boldsymbol{\mu}_2\right)'\left(\boldsymbol{\mu}_1 - \boldsymbol{\mu}_2\right)$$

と一致する。Δ^2 がユークリッド距離を特殊な場合として含んだ上位概念であることから、マハラノビスは（6.2）を汎距離（generalized distance）と呼んだ。

なお（6.2）は理論モデルであって、実際に標本データから計算する場合は（6.3）の標本統計量 D^2 で推定するというのがマハラノビスの原案であった。

$$D^2 = \frac{1}{p}\left(\overline{\boldsymbol{x}}_1 - \overline{\boldsymbol{x}}_2\right)' S^{-1}\left(\overline{\boldsymbol{x}}_1 - \overline{\boldsymbol{x}}_2\right) - \frac{2}{n} \tag{6.3}$$

ここで $\overline{\boldsymbol{x}}$ はデータの平均ベクトルで、S はデータから計算した分散共分散行列である。$\overline{n}$ は 2 群のサンプル数 n_1, n_2 の平均値である。$\overline{n}$ が大きくなるほど $\frac{2}{n}$ の項は 0 に近づく。

ここでマハラノビスの原案について少し補足しておこう。まず（6.3）の $\frac{1}{p}$ と $\frac{2}{n}$ の項は、マハラノビス以降の研究と応用では除かれることが多い。次に群間で $\boldsymbol{\Sigma}$ が同一という仮定であるが、マハラノビス（1936）自身が群によって $\boldsymbol{\Sigma}$ を変えれば距離が一般化できるという可能性を指摘した。しかしマハラノビス（1949）の展望では具体的な提案は行われていない。

---

[2] この仮定はフィッシャー（1936）が線形判別分析を導いた際の仮定と等しい。（6.1）の仮定はフィッシャーの仮定と呼ばれることが多い。

■■■ 汎距離の全体像

マハラノビスの提唱を受けて、その後多くの研究者がマハラノビスの汎距離に言及し、また研究の中で利用してきた。

マハラノビスの汎距離の着眼点は「相関を考慮したＡとＢの距離」だった。しかしそのＡとＢが何を意味するか、そして母集団については何を仮定するかによって汎距離の定義は違ってくる。

もちろんマハラノビスの原案を拡張することはごく当然のことだが、定義を変えながらも名称は変えなかった研究が少なくない。そのため混乱と誤解が生じることになった。

朝野（2023）は汎距離の相互関係を整理する必要があることを指摘した。ここではそれに準じて述べよう。

多変量正規分布の母数は期待値ベクトル $\boldsymbol{\mu}$ と分散共分散行列 $\boldsymbol{\Sigma}$ の2つである。しかし本章は測定データから分析を出発する立場をとるので、この先は群平均ベクトルを $\boldsymbol{m}$、標本分散共分散行列を $\boldsymbol{S}$ として記述しよう。

図 6.1 で①～⑥で区別した 6 つの汎距離について計量法を説明する。

【ケース①】1 つの群平均からサンプルまでの距離

$$(\boldsymbol{x} - \boldsymbol{m})' \, \boldsymbol{S}^{-1} (\boldsymbol{x} - \boldsymbol{m})$$

1 つの群平均 $\boldsymbol{m}$ から群内の各サンプルまでがどれだけ離れているかを測る場合である。

なお平均ではなく中心や重心やセントロイドと呼ぶことがある。応用分野によって用語が慣用化しているので、用語を統一するのは困難である。

【ケース②】2 群の平均間の距離

図 6.1 ではこのケースにグレーを入れて他と区別した。これがマハラノビス（1936）が提案した汎距離であった。他のケースとそろえて定義式を書くと次の通り。

$$D^2 = (\boldsymbol{m}_1 - \boldsymbol{m}_2)' \, \boldsymbol{S}^{-1} (\boldsymbol{m}_1 - \boldsymbol{m}_2)$$

すでに述べた通りマハラノビスの原案では $\boldsymbol{S}$ は 2 群間で等しいと仮定している。

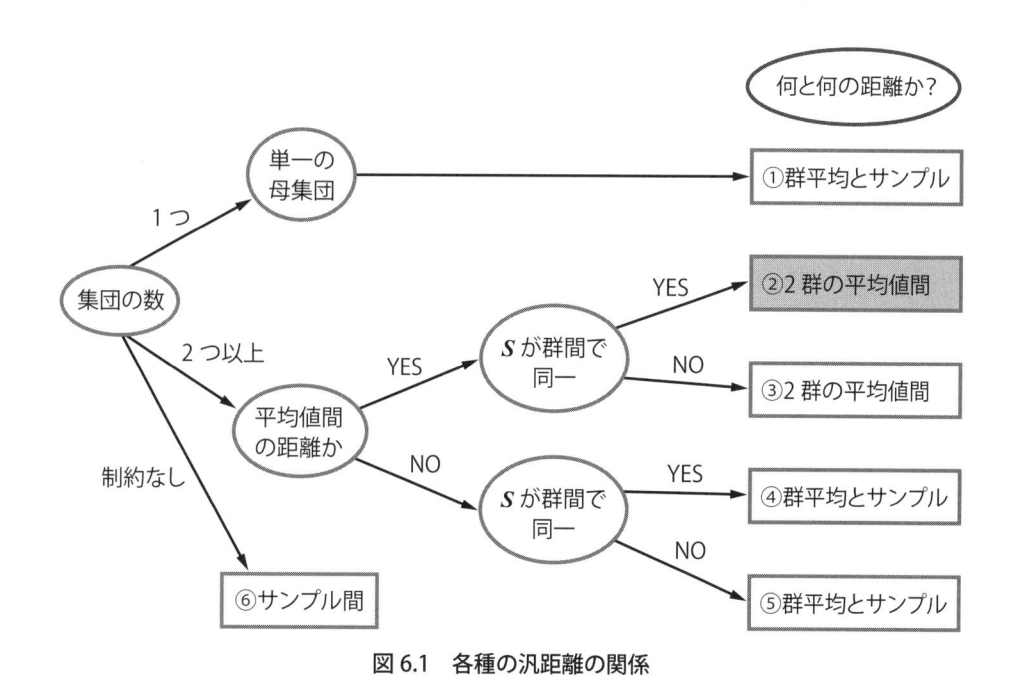

図 6.1　各種の汎距離の関係

【ケース③】群によって S が異なる 2 群の平均間の距離

S が群によって異なる場合である。本章では所属群で条件づけられた次の統計量を提案しよう。群番号を $h \neq g$ として g 群の平均から h 群の平均を測る場合は

$$D^2\left(\boldsymbol{m}_h, \boldsymbol{m}_g \,\middle|\, G = g\right) = \left(\boldsymbol{m}_h - \boldsymbol{m}_g\right)' \boldsymbol{S}_g^{-1}\left(\boldsymbol{m}_h - \boldsymbol{m}_g\right)$$

6.3 節でケース 3 の具体例を示す。

【ケース④】多群の群平均とサンプルとの距離

$$\left(\boldsymbol{x} - \boldsymbol{m}_g\right)' \boldsymbol{S}^{-1}\left(\boldsymbol{x} - \boldsymbol{m}_g\right) \qquad g = 1, 2, \cdots, G \qquad G \geq 3$$

複数の群が存在するがそれらの分散共分散行列は共通とする。各群の平均から個々のサンプルまでの距離をこの定義式で測り、一番距離が小さい群にサンプルを判定するという使い方がある。

$$\left(\boldsymbol{x}-\boldsymbol{m}_g\right)' \boldsymbol{S}_g^{-1}\left(\boldsymbol{x}-\boldsymbol{m}_g\right)$$

ケース④の制約をゆるめた距離になる。平均からの距離が一番近い群にサンプルを判定する方式はケース④と同じである。

【ケース⑥】空間の任意の 2 サンプル間の距離

次の 2 通りの定義が考えられる。

$$D^2\left(\boldsymbol{x}_i, \boldsymbol{x}_j\right)=\left(\boldsymbol{x}_i-\boldsymbol{x}_j\right)' \boldsymbol{S}^{-1}\left(\boldsymbol{x}_i-\boldsymbol{x}_j\right) \tag{6.4}$$

$$D_g{}^2\left(\boldsymbol{x}_i, \boldsymbol{x}_j\right)=\left(\boldsymbol{x}_i-\boldsymbol{x}_j\right)' \boldsymbol{S}_g^{-1}\left(\boldsymbol{x}_i-\boldsymbol{x}_j\right) \tag{6.5}$$

ケース①〜⑤までの汎距離はすべて集団の中心からの距離を測ってきた。そのため多変量正規分布あるいはそれと類似した単峰分布を仮定すれば、汎距離が大きいことは「群に属する可能性が低い」ことを意味した。しかしケース⑥の汎距離は中心からの距離ではなく、サンプル同士の距離である。

では一つの集団内の任意の 2 点間の汎距離である（6.4）は何を意味するのだろうか。

次に集団が複数の集団に分割されている場合には、任意の 2 点間の距離が（6.5）で測れるのだろうか。たとえば日本で任意の 2 人の汎距離を測ることができ、アメリカでも任意の 2 人の汎距離を測ることができたとしよう。では、国の垣根を超えて日米 2 人の人間を選んだ時に、2人の汎距離をどう測ればよいか、という国際比較と同じ問題になる。（6.5）は異なる集団 g, h に含まれる i, j 間の距離の測定法を示していない。

■■■ 文献を比較する

汎距離に言及したいくつかの文献においてケース①からケース⑥までのどの汎距離が出てくるかを調べた。その中でマハラノビスの距離という名称でマハラノビスの原案だけを紹介して終わっていたのは柳井（1994）、Koschnick（1996）、Yonenaga ら（2021）だけだった。

たとえば奥野・他（1971）の「多変量解析法」はよく知られた古典的な名著である。そこではケース①（p.266）、ケース②（p.290）、ケース④（p.302）のすべてをマハラノビスの汎距離

と呼んでいる。また品質管理の分野で田口（1999）がマハラノビスの汎距離と呼んだ距離は図6.1 のケース①であった。

　因果推論で知られた Rubin（1980）のマハラノビスマッチングは、類似した対象者のペアを作って因果効果を分析するために（6.4）式の距離を用いている。ルービンの提案した距離もマハラノビスが提案した距離ではない。

　平方距離を表す 2 次形式を、さらに変数の数で割るか否かについては、多くの文献で変数の数による除算をしていない。

　宮川・永田（2022, p.123）は、現実のデータ解析では D^2 はカイ二乗分布に従わないと指摘している。つまり平方距離を変数の数 p で割って、1 自由度あたりの D^2 に直しても、その D^2 がカイ二乗分布に従わないという意味である。

　そこで本書でも平方距離を p で割らないことにした。なお D^2 は平方汎距離（squared generalized distance）を意味し、D はその平方根を意味する。

母集団の意味

　図 6.1 はデータ解析の立場から汎距離を分類したものだが、理論的な母集団における距離もケース①から⑥までに対応して考えられる。

　たとえば多変量正規分布が一つあると仮定して、期待値と分散共分散行列を与えて期待値から確率変数の実現値 $X=x$ までの距離を測るのがケース①に対応した理論的な汎距離である。この理論的な模型はシミュレーション実験を行う場合に必要になる。

　数理統計学ではこのように母集団と確率分布を同一視するが、社会調査では有権者や地域住民の集団を母集団とみなすことが多い。そしてマーケティングでは消費者集団を母集団とみなすことが多い。同じ母集団といっても、分野によって概念が異なることに注意する必要がある。

■■■ 群に共通した分散共分散行列 S の推定法

　ケース②と④では各群の分散共分散行列が同一であることを仮定している。現実の測定データにおいて各群の S が厳密に一致することはまずないので、合併した行列（pooled covariance matrix）をデータから推定することが行われている。

　具体的にはグループ g 別に求めた S_g を各群のサンプル数で加重平均して S を求める。2 群の場合の計算法は田中・脇本（1983, p.114 ～ 115）では（6.6）のように示されている。

A　プーリングすると負の相関　　　　　B　プーリングすると無相関

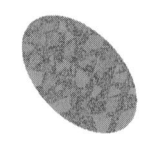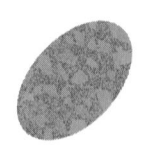

図6.2　全データで計算すれば正の相関

$$S = \frac{1}{n_1 + n_2 - 2}\left\{(n_1 - 1)S_1 + (n_2 - 1)S_2\right\} \tag{6.6}$$

3群の場合には次式になるだろう。

$$S = \frac{1}{n_1 + n_2 + n_3 - 3}\left\{(n_1 - 1)S_1 + (n_2 - 1)S_2 + (n_3 - 1)S_3\right\}$$

　ところで実際には複数の群が存在するにもかかわらず、群の違いを無視してデータ全体で S を計算するとどうなるだろうか。

　部分と全体では異なる結論が導かれることを警告したのがシンプソンズパラドックスであった。図6.2のAは2群とも測定変数間に負の相関がある場合、Bは2群で相関が正負反対になる場合を示している。

　(6.6) のプーリング式を用いればAでは負の相関、Bでは無相関になる。

　しかし群の違いを無視して全データを一括して計算すればA、Bとも正の相関になる。結論として散布図がAのケースでは (6.6) で S_1, S_2 をプーリングして S を求めることに意味がある。一方Bのケースはプーリングの前提が成立しない。

6.2 品質管理で使われる汎距離

1

■■■ MT システムの着想

MT システムは田口玄一が提唱した品質工学の方法論の総称である。MT はマハラノビスとタグチの頭文字だが、MT システムは田口が独自に開発したものである。

田口は米国や日本の製造業でタグチメソッドの普及に貢献した研究者である（田口 1999, p.145）。生産分野には分野固有の課題があり、また入手できるデータも限定的である。田口はアンナ・カレーニナの冒頭の一節から MT システムの着想を得たと言われている[3]。

> 幸福な家庭はすべて互いに似かよったものであり、不幸な家庭はどこもその不幸のおもむきが異なっているものである。

この文意を品質工学の文脈で言い替えれば、次の 2 つの言明を意味するだろう。

1) 順調に製品を生産しているときの検査品の測定データは似ている
2) その一方でトラブルの原因は多様なので、不良品は様々な点で異なる

図 6.3 に「単位空間」と「信号空間」という MT システムの概念を示す。単位空間とは、品質管理の専門家が基準とみなしたプロダクトの集合である。一方、信号空間は良品か否かが不明なプロダクトの集合をさす。単位空間で不良品の識別モデルを作り、信号空間にそれを適用する。

工場製品は、製品検査の段階では合格の判定で出荷しても、製品使用段階で不良であることが発見されることがある。この不確実性に対して従来の品質検査では、第 1 に検査項目を増やすこと、第 2 に合格の許容範囲を厳格化する方向で対処してきた。MT システムはこれとは異

---

[3] この MT システムの着想は田口玄一（1999）「タグチメソッドわが発想法」経済界で自ら紹介している。囲み内の文章は木村浩訳（1972）トルストイ「アンナ・カレーニナ」新潮文庫（1998）の第 1 編から引用した。

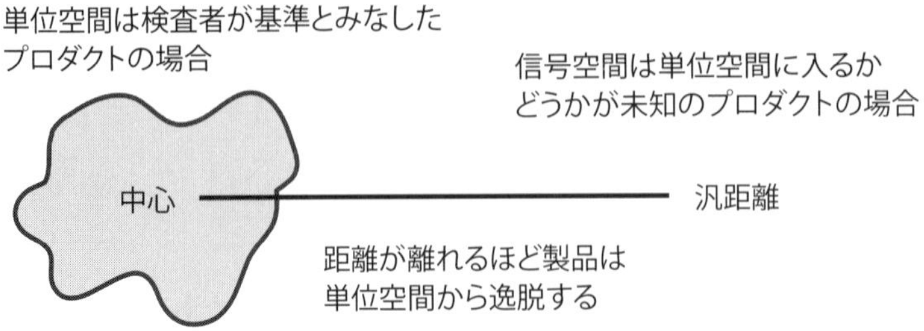

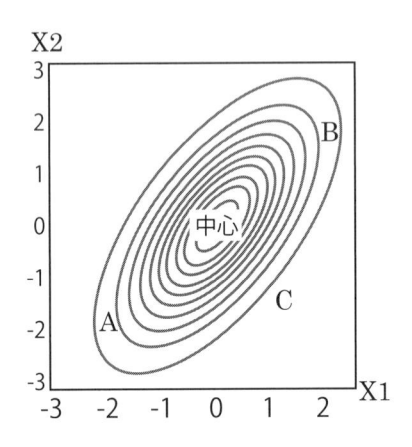

単位空間は検査者が基準とみなした
プロダクトの場合
信号空間は単位空間に入るか
どうかが未知のプロダクトの場合
中心
汎距離
距離が離れるほど製品は
単位空間から逸脱する

図 6.3　品質工学で扱う 2 つの空間

X2
3
2
1
0
-1
-2
-3
-3
-2
-1
0
1
2
X1
B
中心
C
A

図 6.4　同時分布に着目した外れ値の検出

なるアプローチで不良品検出の能力アップを目指したものである。

■■■ 相関を考慮した距離

図 6.4 に MT システムの概念を示す。検査 X1 と検査 X2 に相関がある場合の検査データの同時分布を描いたものである。図の楕円は出現可能性の高さを表し、中心 $(\bar{x}_1, \bar{x}_2)$ の付近ほど多くのプロダクトが出現するはずだと想定している。中心は製品の目標仕様に一致していることが期待される。もちろん $(\bar{x}_1, \bar{x}_2)$ が目標仕様と一致するというのは、検査者側の希望にすぎない。

さて図 6.4 の一番外側の楕円が外れ値を検出するための閾値ラインだとして、MT システムの推論を続けよう。同図に書かれた検査対象は A、B、C だが、検査 X1、X2 のどちらでも {A < C < B} の順の検査結果になっている。実際にユークリッド距離で測れば C は A、B よりも中

心に近い。ところが出荷後トラブルを起こす可能性が高いのは製品Cだろう。平均値を中心にした等高線に着目すれば、製品Cは閾値ラインの外に出るからである。

このように説明変数間の相関を利用した距離がMTシステムでいうところのマハラノビスの汎距離だった。

MTシステムの目的は、中心からの逸脱度を汎距離という単一の尺度で測定して、不良品を検出することにあった。変数間の相関を考慮することによって、検査項目を増やすことなく、従来の判定法よりも高い精度で不良品を検出できる。これが品質検査の分野でMTシステムが成功した理由である。Taguchiら（2002）や田口・兼高（2002）が述べているように、マハラノビスの汎距離は生産管理の分野で成功を収めている。

▨▨■ 市場創造の視点から

MTシステムは品質管理に適した優れた方法であった。しかしながら他部門の人が安易にMTシステムの成功を真似しようとするのは慎重でなければならない。ビジネスの世界はとかく他分野で成功したユースケースを模倣する傾向がある。隣の芝生はきれいに見えるのである。いうまでもなく統計解析は応用場面によって適切なモデルも異なるし使い方も変わってくる。良品か不良品かを分類することと、たとえばマーケティングで市場をセグメンテーションすることは似て非なる行為である。ここでは市場創造という目的で汎距離を利用する際の留意点を指摘しておこう。

①一口に中心から遠いといっても過大と過小ではその後の対応方法は異なる。図6.4でいえばAとBの中心からの汎距離は同じだが、そのポジションは対極にある。そのためAとBでは対応は違ってくるはずだ。

②マーケティングの市場認識では幸福な家庭でさえ同じ集団ではない。トヨタと日産のユーザーを同一集団だと決めつけることはできない。

③マッピング空間で現行品を空間の中心においたとして、そこから遠く離れた製品やサービスを、ただの逸脱と決めつけることはできない。そこから新しい市場が育つかもしれないからだ。

6.3 各種汎距離の解釈

■■■1つの母集団の中心からの汎距離

汎距離の中でも解釈しやすいのがケース①の汎距離である。1つの多変量正規分布は図6.5のような山形でイメージできる。山頂から出発してどれだけ高度を下げたかという高度差で評価したのが汎距離である。下山の場面を考えると、ふもとに降りるほど高度が下がるので、それだけ山から降りたという証拠になる。しかし尾根伝いに歩いていると、なかなか高度は下がらない。

次に傾斜が分かりやすいように p = 1 の場合に距離 D = |x| の密度関数を示したのが図6.6である。距離 D は非負なので $x \geq 0$ の領域だけを描いた。この距離の確率分布は半正規分布あるいは折り返し正規分布と呼ばれる。半正規分布の密度関数は

$$f(D) = \sqrt{\frac{2}{\pi}} \exp\left(-\frac{1}{2}D^2\right)$$

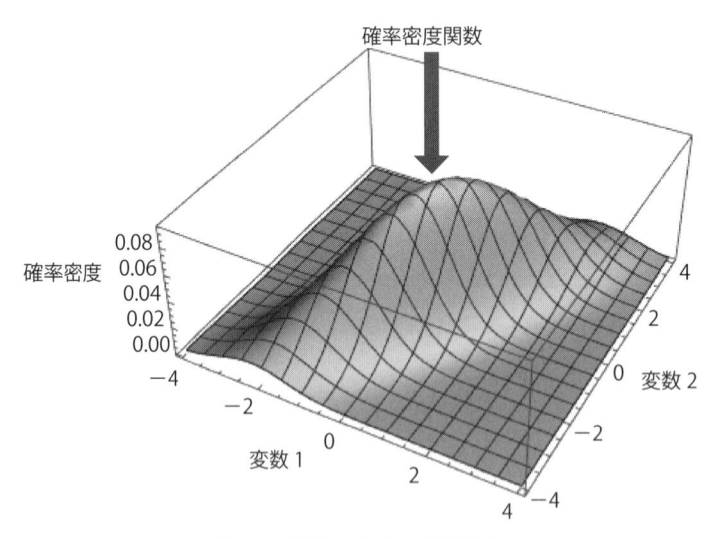

図6.5　単峰の多変量正規分布

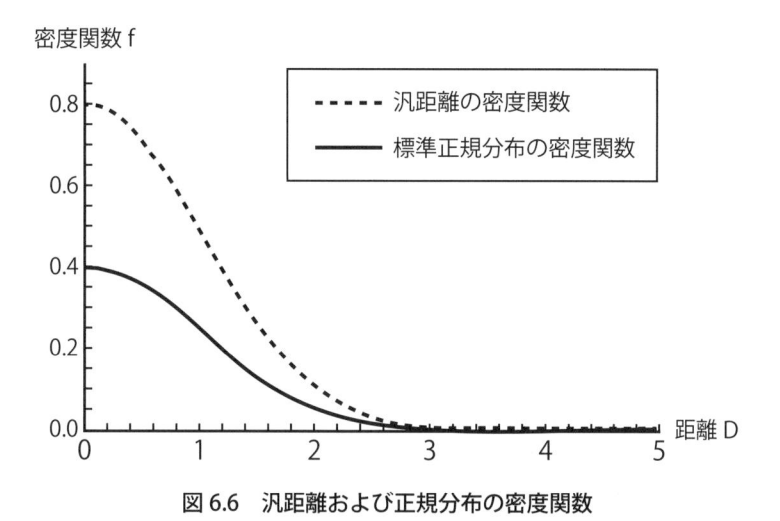

図 6.6　汎距離および正規分布の密度関数

であり標準正規分布 $N(0, 1)$ の 2 倍の高さになる。

　ケース①の汎距離を計算する R のコードを下の囲みに示した。ケース①の場合は原データを規準化する必要はないので、このコードでも規準化の処理はしていない。もし平方しない汎距離が必要ならば D2 の平方根をとればよい。

```r
# n 行 p 列の原データ行列 X から出発して汎距離を計算する
mu <- colMeans(X)      # 平均ベクトル
S <- cov(X)            # 分散共分散行列
# 集団の平均からの平方汎距離
D2 <- vector("double", n)  # 計算結果を格納するベクトル
for(i in seq_len(n)){
# 平均からの差のベクトルと S の逆行列を使って平方汎距離を計算する
  D2[[i]] <-(X[i,]-mu)%*% solve(S)%*%(X[i,]-mu)
}
# データフレーム X_df に汎距離 D2 を出力
X_df <- as.data.frame(X)
X_df$D2 <- D2          # 計算結果を格納
```

```
head(X_df,10)
```

■■■ 複数の母集団の平均間の汎距離

　マハラノビスが提案したのは「2 群の平均値間の距離」だった。では群が 3 つ以上あった場合はどう距離を測ればよいのだろうか。群が $G \geq 3$ の場合に G から 2 をとる組み合わせについて中心間の距離を測ることはできる。どの群とどの群が近いかを知ることは、たんに市場全体が G 個の群に分割されていた、というよりも市場理解が深まるだろう。

　ここで問題になるのは各群の分散共分散行列が異なるケース③の場合である。具体例でみてみよう。

　図 6.7 は 3 種類のアヤメの群平均値（★印）を図示したものである[4]。がくの長さは平均して setosa、versicolor、virginica の順に長くなっている。図中の楕円は汎距離が $D=4$ の等距離線を図示している。多変量正規分布の仮定の下では、密度（densities）が等しい線であるから、等高線と考えて良い。

　アヤメのデータでは分散共分散行列が群間で異なるが、ではどのように平均間の距離を測ればよいのだろうか。ここでは一方の群の平均から、他方の群の平均の位置を一つのサンプルとみなして距離を測定することにする。つまり群番号を $h \neq g$ として所属群で条件づけた次の距離を定義する。

$$D^2\left(\boldsymbol{m}_h, \boldsymbol{m}_g \,\middle|\, G=g\right) = \left(\boldsymbol{m}_h - \boldsymbol{m}_g\right)' S_g^{-1}\left(\boldsymbol{m}_h - \boldsymbol{m}_g\right) \tag{6.7}$$

　これがケース③の汎距離であった。この距離には図 6.7 に見るように対称性がない。例えば、setosa の平均値からみると versicolor の平均値は $D=4$ のラインを超えるが、逆に versicolor から見れば、setosa の平均値は $D=4$ のラインにぎりぎり入る。

---

[4] フィッシャーのアヤメは統計学で最もよく知られたデータである。3 種類のアヤメに関して 50 サンプル×4 変数の測定データが公開されている。フィッシャーのアヤメとはいうものの、実際にデータを収集したのは Anderson だった（Fisher, 1936）。

ユークリッド距離の場合はAとBの距離とBとAの距離の間には

$$d(A,B) = d(B,A)$$

という対称性が成り立った。しかしケース③の汎距離は一般に

$$D^2\left(\boldsymbol{m}_h, \boldsymbol{m}_g \mid G = g\right) \neq D^2\left(\boldsymbol{m}_g, \boldsymbol{m}_h \mid G = h\right)$$

であり2.4節で述べた距離の公理を満たさない。

　しかしマーケティングにおいては、プレーヤー間に非対称な関係が存在することは珍しくない。たとえばサプライチェーンを構成する企業の関係がそうであるし、企業と顧客の間、そして顧客集団の間にも非対称性が起こり得る。平均間の距離になぜ非対称性が生じるかについては、図6.7のようにグラフィカルな説明が可能である。

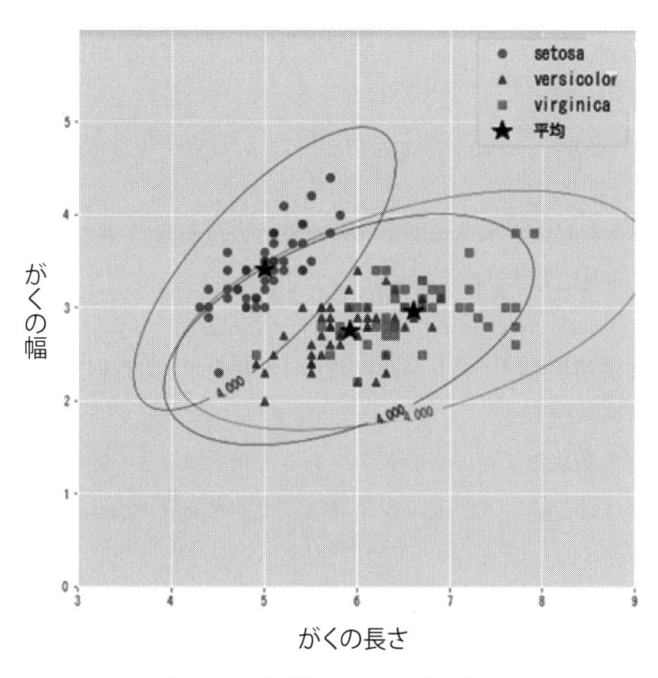

図6.7　3種類のアヤメの等距離線

6.4 データ戦略への応用事例

■■■ 応用事例

　マハラノビスの距離を応用したグループ判別の手法の一つが**判別分析**である。マーケティングでは何らかのラベル付きデータ（ブランドや商品選択などの消費者の選択結果である事が多い）の判別問題が重要になることがある。

　本事例ではケース⑤のマハラノビスの距離を使った判別手法である**二次判別分析（QDA：quadratic discriminant analysis）**を取り上げ、同様の判別分析ができる他の手法との特性の比較を通じて、判別問題の実務を行う上で考慮が必要な分析手法の特性を確認しよう[5]。

　二次判別分析は観測データが多変量正規分布に従うと仮定する統計モデルである。2 群以上の多群判別に利用でき、観測データの各群への所属確率を群別の多変量正規分布の密度比から求める。3 群以上の判別の際は、ベースラインの群 G を設定した密度比から所属確率を求める。

$$Q_1^* = \log \sqrt{\frac{|S_G|}{|S_g|}} + \frac{1}{2}\left\{ D^2\left(\boldsymbol{x}, \boldsymbol{m}_G \,\middle|\, G\right) - D^2\left(\boldsymbol{x}, \boldsymbol{m}_g \,\middle|\, g\right)\right\} + \log \frac{\theta_g}{\theta_G} \tag{6.8}$$

　ベースラインとの比較対象がベースライン自身だった場合は、(6.8) の Q の値は 0 になる。したがって二次判別の判定方法は次の通り。

① G-1 個の対数密度関数比で正のものが複数あった場合は、対数密度関数比が最大の群にそのサンプルを所属させる

② G-1 個の対数密度関数比で正のものが 1 つあった場合は、その群にサンプルを所属させる

③ G-1 個の対数密度関数比がすべて負の場合は、そのサンプルを G 群に所属させる

---

[5]　二次判別分析は JMRA データサイエンス研究会報告書『スパース推定と機械学習』（2024.3）3 章「パターン認識」にも解説されている。
https://www.jmra-net.or.jp / Portals / 0 / committee / innovation / 20240508_001.pdf

本節で比較する手法としては**ランダムフォレスト**（Breiman, 2001）を取り上げる。ランダムフォレストは、ディシジョン・ツリーと呼ばれる機械学習手法のバリエーションの一つである。

　ディシジョン・ツリーは目的変数を最もよく説明できる説明変数（離散化したもの）からデータを逐次的に階層で分割（ツリー構造）しながらグループ判別を行っていく手法である。

　ランダムフォレストは観測データからブートストラップ・サンプリングした多数のサブサンプルを使ってツリー構造を作成、集計して判別を行うアンサンブル手法である。単一のツリーではなく、多数のツリー構造から判別を行う事で、データへの過学習を防ぎ、汎化性能を高めることが期待できる手法である。

1. 事例の設定

　判別分析の応用例として、データの分類問題を取り上げる。ある消費財の 5 つのブランドについて、それぞれブランドを愛用するユーザーから取得した、ブランドへの態度指標 9 項目からなる多変量データを使う（詳細は後述）。5 つのブランドそれぞれについて 500 名ずつ、総数 2,500 の回答データがあるものとする。愛用するブランドをクラスラベルとし、態度指標 9 項目を説明変数としたクラス判別問題を QDA とランダムフォレストで解いていく。

　本事例のデータはリサーチデータであるため、サンプル数は比較的少ないデータである。近年は web やアプリログ、ID-POS データ等のセンサーデータの取得が容易になり、多くのデータ分析の場面で大規模なデータを分析するケースがあるだろう。近年求められるデータ分析は、このようなビッグデータが分析の主流であるが、一方で実務の現場では、リサーチデータやパネルデータ、集計データ等、サンプル数が数百～数千件のスモールデータに対する分析の必要性も依然として残っている。

　QDA は長い歴史を持つオーソドックスな多変量解析の分析手法で、比較的サンプル数や次元数の少ないスモールデータ向きの手法である。一方ランダムフォレストは 2000 年代になって発表された手法であり、サンプル数が多く、高次元なビッグデータ向きの手法であると言われている。

　特性が全く異なる両手法を今回の 1 ブランド 500 件、総数 2,500 件のデータに適用して判別精度を確認しつつ、さらに 1 ブランドあたりの回答数をランダムサンプリングにより絞り込ん

で減少させたデータにも適用して精度の変化を確認していく。ブランドあたりの回答数を 500 件から始めて 400 件、300 件〜 100 件まで絞り込んでいったときに、両手法の判別精度がどう変化するのか確認し、手法ごとの特性の違いを明らかにしていこう。

2. データの説明

　今回利用するデータの一部を確認しよう。

　表 6.1 のデータはリサーチデータを模して作成したシミュレーションデータの抜粋であり、10 項目からなるテーブルデータの形式をとる。各項目の内容を説明する。

表 6.1　ブランド態度指標データの抜粋

ブランド	ブランド態度指標1	ブランド態度指標2	ブランド態度指標3	ブランド態度指標4	ブランド態度指標5	ブランド態度指標6	ブランド態度指標7	ブランド態度指標8	ブランド態度指標9
A	0.502	0.443	0.663	0.336	0.520	0.417	0.448	0.314	0.559
A	0.551	0.443	0.686	0.278	0.502	0.405	0.476	0.323	0.509
A	0.617	0.402	0.673	0.285	0.574	0.402	0.473	0.307	0.305
B	0.478	0.342	0.731	0.357	0.558	0.413	0.430	0.327	0.514
B	0.626	0.369	0.543	0.307	0.548	0.397	0.555	0.372	0.649
B	0.483	0.497	0.794	0.429	0.373	0.441	0.343	0.375	0.754
C	0.508	0.439	0.709	0.272	0.531	0.402	0.448	0.313	0.434
C	0.556	0.533	0.678	0.344	0.461	0.407	0.450	0.320	0.625
C	0.507	0.510	0.687	0.343	0.537	0.400	0.441	0.310	0.477
D	0.430	0.221	0.337	0.510	0.576	0.615	0.510	0.245	0.303
D	0.583	0.166	0.458	0.456	0.678	0.449	0.562	0.293	0.595
D	0.651	0.204	0.420	0.467	0.571	0.461	0.578	0.379	0.594
E	0.493	0.657	0.461	0.629	0.444	0.459	0.347	0.528	0.410
E	0.722	0.492	0.603	0.490	0.285	0.519	0.375	0.568	0.397
E	0.610	0.444	0.583	0.367	0.529	0.471	0.417	0.426	0.404

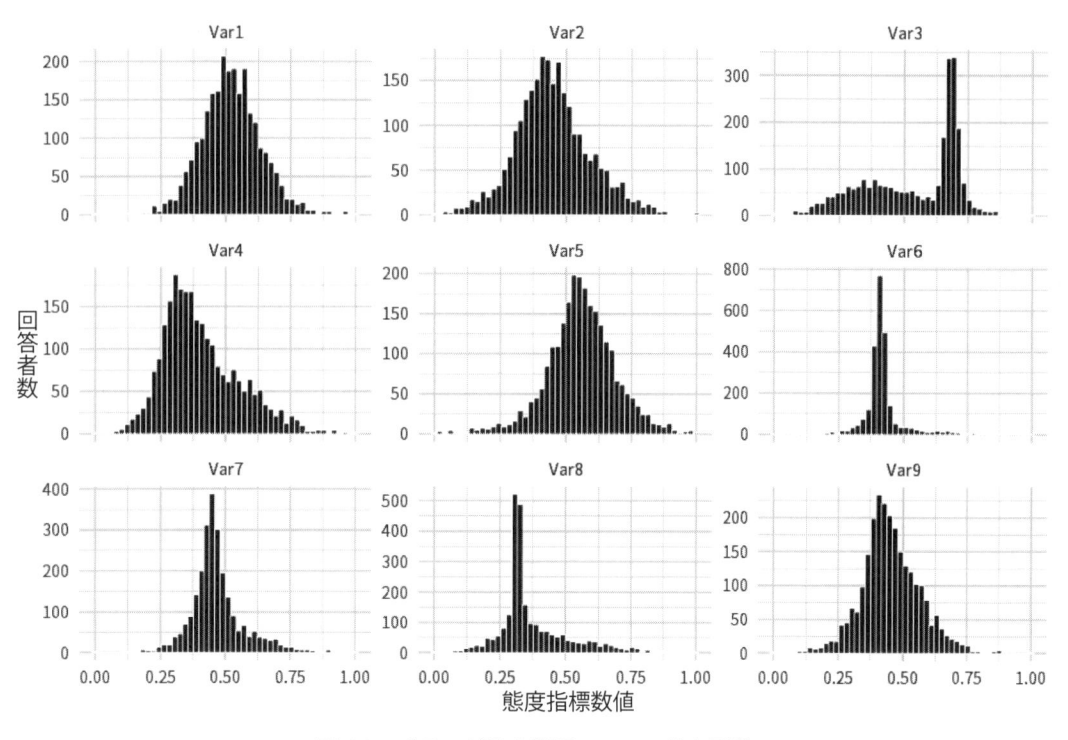

図 6.8　ブランド態度指標 1 〜 9 の分布形状

ブランド：回答者が愛着を持つ商品 A 〜 E までの 5 ブランドが入力されたカテゴリカルデータであり、この項目がクラスラベルとして目的変数になる。1 ブランドあたりの回答数は 500 であり、総数 2,500 サンプルとなる。

ブランド態度指標 1 〜 9：回答者のブランドに対する様々な態度を指標化した変数群である。数値は 0 〜 1 の間で基準化された実数値とした。データの分布形状はそれぞれの回答項目ごとに異なる形状をしている（図 6.8）。連続量の分布であるが、比較的正規分布に近い形状のものから、かなり歪んだ形状のものまで様々な形状のものが含まれている。

3. テスト方法

　前述のデータを、1 ブランドあたり 500 件の元データに加えて、サンプリングによって 400

表 6.2　判別手法別 データセットサイズ別の精度（1,000 回試行の平均）

判別手法	データセットサイズ				
	n500	n400	n300	n200	n100
QDA	0.970	0.973	0.970	0.971	0.966
ランダムフォレスト	0.905	0.897	0.893	0.878	0.844

件〜100件までデータを絞り込んだ4つのデータセットを作成する。この合計5つのデータセットに対して QDA とランダムフォレストの2つの分析手法で判別精度を測定、比較する。

　分析の際にはデータセットをランダムに訓練データとテストデータの2つに50％ずつの比率で分割し、訓練データでパラメータの推定を行い、テストデータで判別精度を測定する。データ分割と分析手法の適用をそれぞれの手法ごとに 1,000 回試行し、平均の判別精度で比較を行う事とする。精度の確認は各クラスへ正しく判別できた確率である Accuracy[6] を使って行う。

4. 結果

　5つのサイズの異なるデータに対してランダムな訓練／テストデータのサンプリングを 1,000 回試行して QDA とランダムフォレストの2つの判別手法で判別精度を測定した。表 6.2 は 1,000 回の試行の平均値をまとめた表である。

　元データである1ブランドあたり 500 件のデータセットに対して、QDA は 97％、ランダムフォレストは 90.5％の精度であった。

　1ブランドあたりの件数を減らしたデータセットに対しての精度指標は、両手法で対照的な結果を示している。QDA の判別精度は 500 件から 200 件までほぼ変わらない。100 件で精度がわずかに落ちている。一方のランダムフォレストは 400 件、300 件と精度が少しずつ低下し、200 件、100 件で大きく精度が低下している。

　もともと QDA はスモールデータ、ランダムフォレストはビッグデータに向いた手法である点は指摘した。この結果は、想定通りの特性の違いが出ているように見える。

---

[6]　テストデータを使ったブランドラベル毎の予測結果が実測値と同じだった場合（正解）の件数が、サンプルの総件数に占める割合

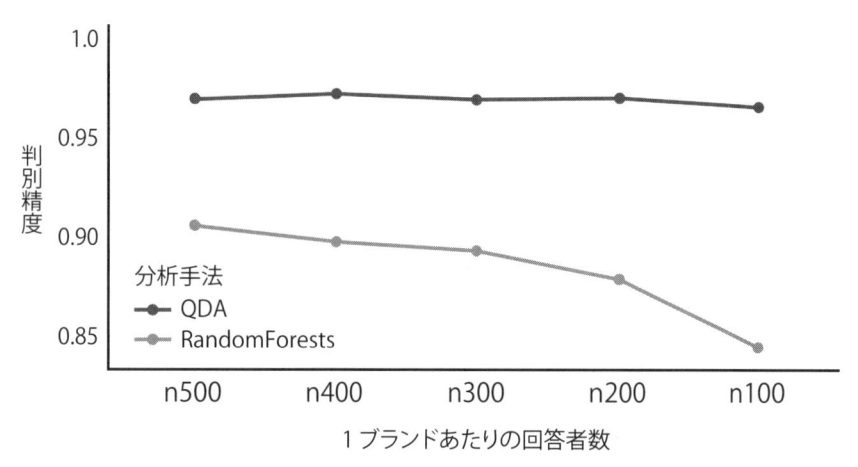

図 6.9　判別手法別 データセットサイズ別の精度（1,000 回試行平均)

5.　判別境界の違い

両手法の特性の違いが分かりやすいのが、**判別境界**の形状の違いである。今回の分析では 9 変数のデータで判別を行っているため、判別境界の可視化をすることはできないが、分析に使用した変数のうち 2 変数を取り出して両手法の判別境界がどのように異なるのか確認してみよう。

ブランド態度指標 2 と 3 の 2 次元データに対して、それぞれブランドあたりのサンプル数が 500 個の場合と 100 個の場合で QDA とランダムフォレストの判別境界がどのように異なるのか、テストデータにあてはめた結果を確認する（図 6.10、図 6.11）。

図 6.10 はブランドあたりのサンプルが 500 個の場合の判別境界を示している。QDA による判別境界は滑らかな曲線形状で構成されているのに対し、ランダムフォレストのものは階段状に判別線が作られているのが特徴である。

図 6.11 はサンプルが 100 個の場合の判別境界である。データの分布が 500 個の場合に比べると疎なデータになるが、QDA の境界線が 500 個の場合と類似した形状の判別境界なのに対し、ランダムフォレストのものは判別線の数や場所が 500 個のものと比べて大きく変わっているのが見て取れる。

このような両手法の特性の違いが、特に小サンプルデータに対する精度低下の有無に影響を与えていると考えられる。

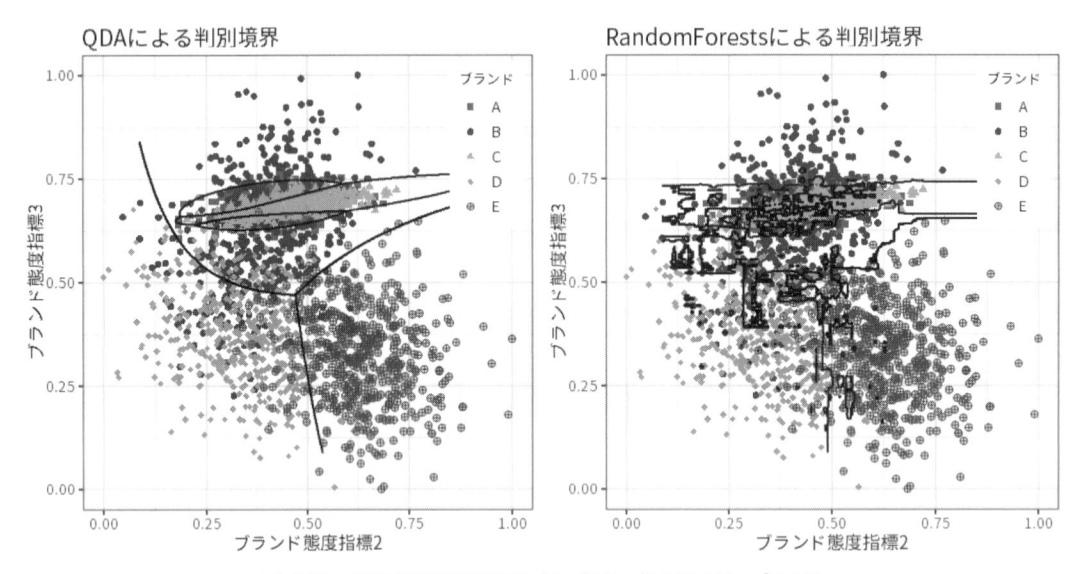

図 6.10　手法別の判別境界（1 ブランド 500 サンプル時）

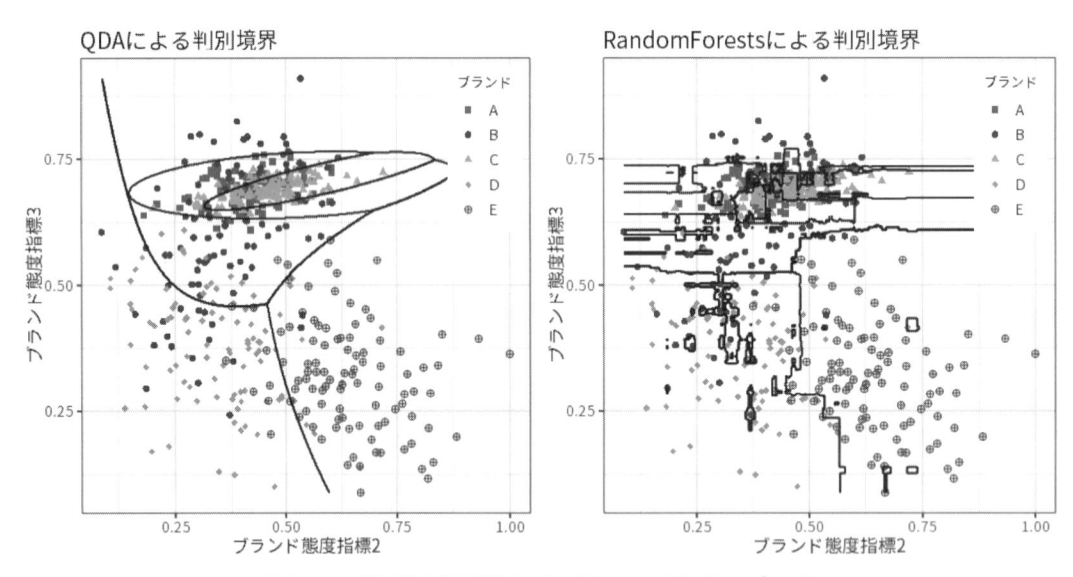

図 6.11　手法別の判別境界（1 ブランド 100 サンプル時）

■■■ まとめ

本章で明らかになったポイントは次の4点にある。

①マハラノビスの汎距離は定義が異なったまま使われてきた

マハラノビスの汎距離の定義は研究者の間で必ずしも一致していない。6.1節では汎距離を6種類に分けてそれぞれの定義式を示した。本章ではマハラノビスが提唱した汎距離だけをマハラノビスの汎距離と呼び、その後派生した距離はたんに汎距離と呼ぶことにした。

②データを正規直交化することの限界

マッピング分析の実務では、あらかじめ因子分析をしてから因子得点をクラスター分析にかける処理がなかば慣習化していた。しかし市場が異質な集団から成っている場合は、各集団ごとに因子得点の相関は異なり、無相関にはならない。したがって因子分析したからといってユークリッド距離が正しいということにはならない。

③汎距離の応用のタイプ

品質管理のタグチメソッドでは汎距離を前面に出して実務に応用している。しかし6.4節の二次判別分析や7章のクラスター分析のように様々なデータサイエンスの手法のパーツとして汎距離が応用されていることも多い。後者はいわば裏方として汎距離が活躍している使い方といえる。伝統的な分析法に汎距離を組み込むことで、より優秀な分析法に改訂できることもある。本書7章がその例といえる。

④汎距離を組み入れることの価値

二次判別分析（QDA）は群による分散共分散行列が異なる判別問題に応用できる。ここで汎距離が使われている。近年ではビッグデータで判別分析を行う場合にはランダムフォレスト等のディシジョン・ツリー系の手法を利用することが多い。しかし中小規模のデータで比較した結果、QDAの方が精度が優れていることが確かめられた。また当然の性質ながらQDAの判別境界は楕円形でランダムフォレストは折れ線になった。

QDAは多変量正規分布にある程度近似した連続量のデータに対してはおおむね良い判別精

度を出すようである。サンプル数と変数の量が小さなスモールデータには強力な方法である。

　一方で、大規模で高次元のデータや、変数に離散分布やカテゴリカル変数などを含んだデータセットには、機械学習系の手法が適しているといえよう。ランダムフォレストを含むディシジョン・ツリー系の手法は、その際の有力な方法になるだろう。

梅山貴彦

第**7**章

新しい非階層型クラスター分析

7

クラスター分析は、マーケティングの分野では、重要な多変量解析の1つである。顧客のセグメンテーションや商品のレコメンデーション、新規市場の探索など、その用途は多岐にわたる。

　例えばクラスター分析を使うことによって顧客を精緻にセグメント化する。そして異なる購買パターンや行動を示す顧客グループを特定し、ターゲットを絞ったマーケティング戦略を立てる、などの活用場面がある。

　クラスター分析は、大きく二つに分けられる。まず、類似したサンプル同士を段階的に併合し、大きなクラスターにまとめる「階層クラスター分析」がある。そして、N 個のサンプルを K 個のクラスターに分割する「非階層クラスター分析」がある。本章では、特に大規模データの分析でよく用いられる非階層型クラスター分析に焦点を当てよう。

　まず 7.1 節では、非階層型クラスター分析の代表的な手法である k-means++ 法の欠点を指摘する。次に、7.2 節でその欠点に対応した k-umeyama 法を提案する。さらに、7.3 節では消費者のライフスタイルクラスターについての最適性基準を比較する。最後に 7.4 節でクラスター分析の画像修復への応用例を示す。

7.1　k-means 法の欠点

■■■ 従来のクラスター分析

　まず非階層クラスター分析の概要について述べよう。k-means 法は非階層クラスター分析の中でよく用いられてきた方法である。k-means 法については表 7.1 に示す複数のバリエーションが提案されてきた。まず、マックイーン（1967）による原案がある。この方法は変数間の相関の高い変数群に影響されてクラスター所属が決まるという欠点があった。

　セリオリ（2005）は、各クラスターの分散共分散を考慮した汎距離を導入した。汎距離への着眼は我々と共通するが、セリオリは初期シードの問題については解決策を示さなかった。最

表 7.1　従来の非階層型 k-means 法

発表	名称	初期シードの選択	クラスター中心とサンプルの距離	各クラスターの分散共分散の利用
マックイーン (1967)	k-means	乱数で一括選択／ユーザー指定	ユークリッド距離	利用せず
ダン (1974)	FuzzyC-Means	乱数で一括選択／ユーザー指定	ユークリッド距離の逆数をメンバーシップ値に	利用せず
セリオリ (2005)	修正 k-means	提案なし	汎距離	異なる Sg
アーサーら (2007)	k-means++	距離の 2 乗に比例した逐次選択	ユークリッド距離	利用せず

後に、アーサーら（2007）は k-means++ 法で初期シードを逐次選択するという改善策を提案した。しかし彼らの方法にも欠点があることを本節で指摘しよう。

■■■ k-means 法の欠点

k-means 法にはいくつかの欠点がある。第 1 に、クラスターの最初の核となる初期シードの選択方法に問題があった。デフォルトの選択である一括選択法は、ランダムにサンプルを選んでシードにする方法である。しかし、ランダムであるがために、多次元空間の一部の領域にシードが集中する可能性も排除できない。結果的にシードによっては局所的な最適値に収束する危険がある。

実際に乱数を変えて一括選択法を実験してみると、クラスタリングの再現性が低いことが確認できる。図 7.1 の左図で見るように、近接したデータを初期シードに選んでしまうと、クラスターがうまく分離できないケースが出てくる。

第 2 の欠点は、k-means 法に適したデータの分布が限られている点である。セリオリは、k-means 法はデータが球状に分布し、各クラスターのサイズがほぼ等しいことを前提にしていると指摘する。

つまり、図 7.1 の右図のようにクラスターが非球状に分布し、しかもサイズが異なるデータ

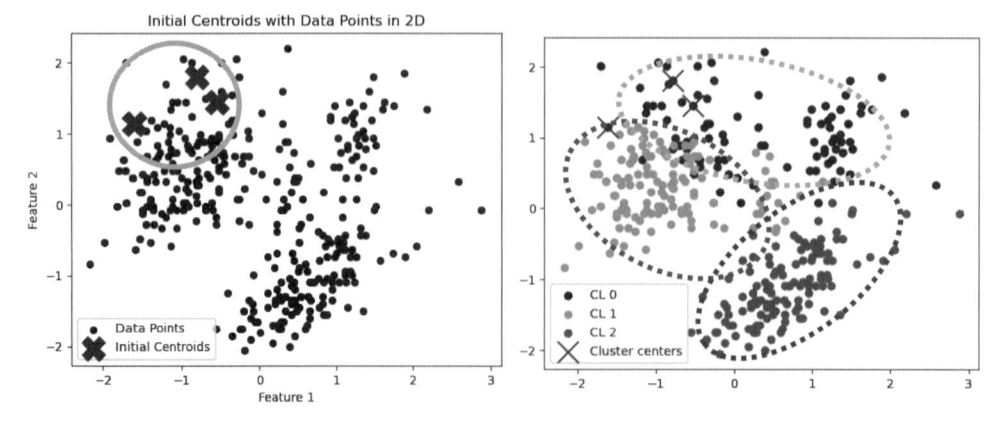

図 7.1　k-means 法シードの一括選択（左）と球状でないクラスター（右）

には k-means 法は適さないということである。このような市場はマーケティングにおいてよく見られるので、k-means 法の利用には注意が必要である。

COLUMN
**大規模データで
階層型クラスター
が使われない理由**

　階層クラスター分析は、データポイントを一つのクラスターとして開始し、似たもの同士を結合していく手法である。このプロセスを繰り返すことで、最終的にすべてのデータが一つのクラスターにまとまる。この方法は、クラスターの形成過程を視覚的に示すデンドログラム（図 7.2）を生成し、データの階層構造を把握するのに非常に有用である。しかし、大規模なデータに対しては、大きな問題がある。

　デンドログラムの解釈が非常に難しくなる。データポイントが増えると、デンドログラムが複雑化し、図 7.2 の下のデンドログラムのようにどの部分でクラスターを分割すべきか判断しにくくなる。これにより、クラスターの数や構造を適切に選定するのが困難になる。特に、数百や数千のデータポイントを含む場合、デンドログラムは非常に密集してしまい、視覚的にクラスターを区別することがほぼ不可能になる。

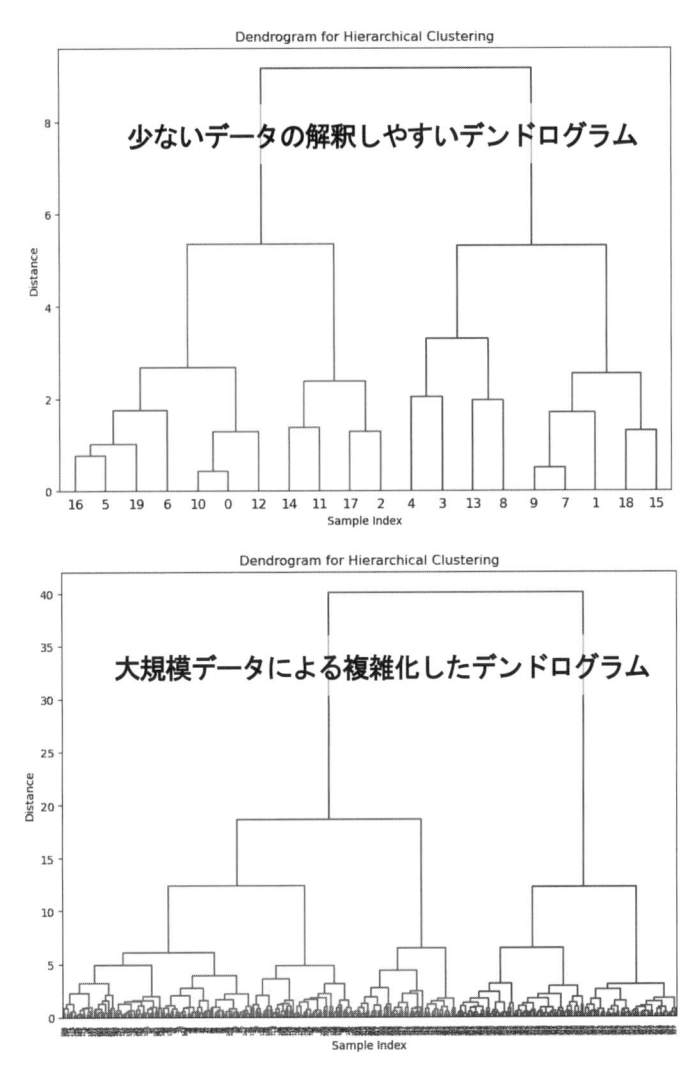

図 7.2　階層クラスター分析のデンドログラム

■■■ 初期シードに関する先行提案

　アーサーらは、最初の１つのシードを乱数で選び、２つ目のシードは、第１シードからの距離の二乗に比例した確率で選び、それ以降も逐次的に次のシードを確率抽出することを提案し

た。シードとデータの距離はユークリッド距離で測定している。

k-means++法のシーディングでは各サンプルと既存のシードとの距離 $d(x)$ を測る必要がある。シードが1つしかない段階では、そのシードとの距離が $d(x)$ である。シードが複数になると、既存の各シードとサンプルの距離を測って最短距離を $d(x)$ に使う。そして（7.1）のウェイトに比例させて次のシードを確率抽出する。

$$w_i = \frac{d\left(x_i\right)^2}{\sum_{i=1}^{n} d\left(x_i\right)^2} \tag{7.1}$$

k-means++法では、遠く離れたサンプルほど距離の二乗に比例して選ばれやすくなる。そのため最遠点の外れ値をシードに選ぶ危険性が高くなる。外れ値の近くにはデータポイントがほとんどないかもしれない。図7.3にアーサーらの提案の欠点を示した。

k-means++法の具体例を図7.4に示した。ここでは左上の円で囲まれた領域をクラスターの初期シードに選んでいる。しかし左上は外れ値のようだ。一方、右上の点線で囲まれた部分にはデータポイントがたくさんあるが、こちらは初期クラスターに選ばれない。

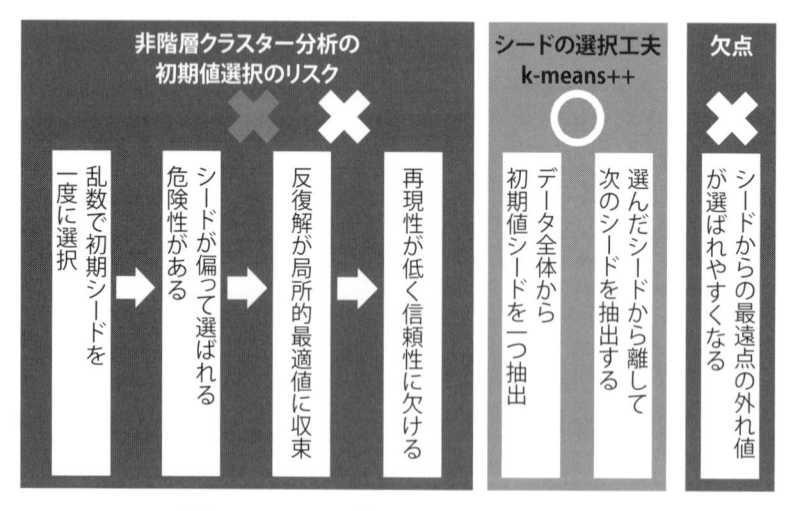

図7.3　k-means法とk-means++法の欠点

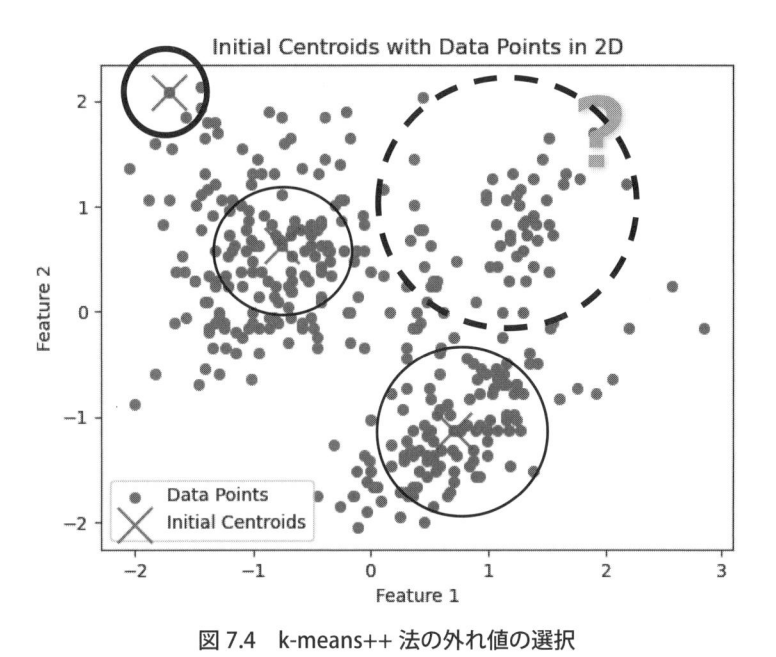

図 7.4　k-means++ 法の外れ値の選択

　このように k-means++ 法は外れ値を選択する場合がある。この欠点を解決するために k-umeyama 法を提案する。

7.2　k-umeyama 法の開発

■■■ k-umeyama 法によるシード選択法

　k-umeyama 法は、一番目のシードはランダムに選択するものの、その後はシグモイド関数を使い、クラスターの初期シードを逐次選択する方法である。

　k-means++ 法と k-umeyama 法で、シード選択がどう変わるかを図示したのが図 7.5 である。図 7.5 の左のグラフが示すように、k-means++ 法は 2 次曲線に比例するので、遠くの 11 番を選

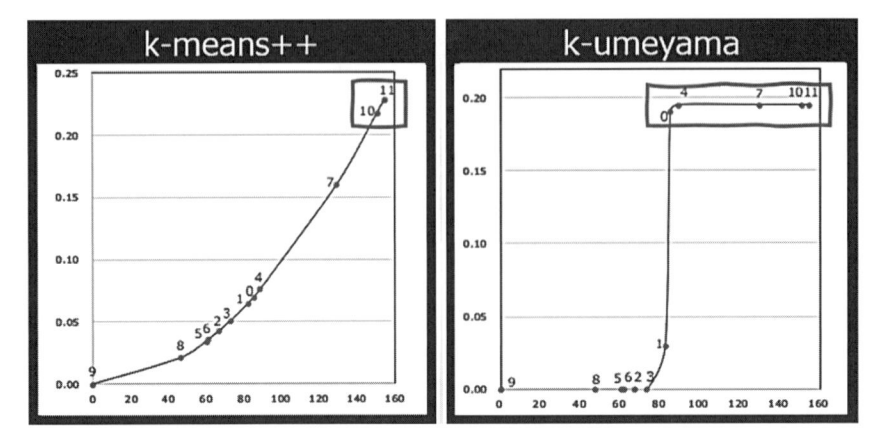

図 7.5 次のシードに選択されやすいサンプルの所在

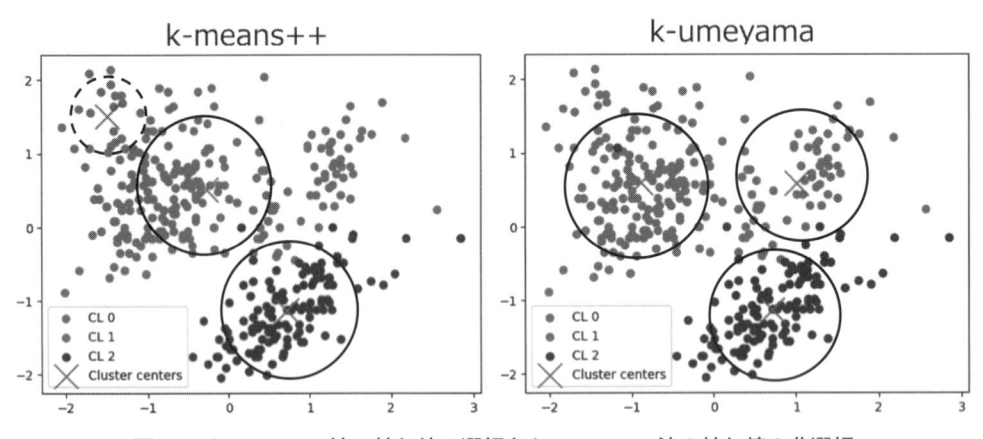

図 7.6 k-means++ 法の外れ値の選択と k-umeyama 法の外れ値の非選択

択しやすい。ところが図 7.5 右の k-umeyama 法なら 11 番目のサンプルが選ばれる可能性は 4、7、10 番と同等になる。それは k-umeyama 法ではシグモイド曲線を用いるので右端の曲線がフラットになるからである。そのため最遠点を選択する確率を k-means++ 法よりも抑制することができる。

たとえば図 7.6 では、左の k-means++ 法のグラフでは左上の外れ値を初期クラスターと分類しているが、k-umeyama 法はこの外れ値を選択していない。

■■■ k-umeyama の計算手順

　最初のシードはランダムに抽出する。次に第 i サンプルと最近隣のシード（一つしかシードがなければそれが最近隣のシード）までの距離 d_i を求める。$i = 1, 2, \cdots, N$ 個のサンプルについて距離計算を繰り返す。その上で全サンプルについて距離の平均値 $\overline{d}$ を求める。その後 d_i をシグモイド関数で変換する。

$$y_i = \frac{1}{1 + \exp\left\{-a\left(d_i - \overline{d}\right)\right\}} \tag{7.2}$$

　上式は項目反応理論における 1 母数ロジスティックモデルであり a は曲線の傾きを調整するパラメータである。a が大きくなるほど関数はステップ関数（階段関数）に近づく[1]。最後に (7.3) に比例した確率で新たなシードを抽出する。

$$w_i = \frac{y_i}{\displaystyle\sum_{j=1}^{n} y_j} \tag{7.3}$$

　ユーザーが指定したクラスター数 K に達するまで、以上の手順を繰り返して K 個の初期シードを決める。

　この計算手順によって k-umeyama 法は k-means 法と比べて、より注意深いシード選択 (careful seeding) を目指している。

■■■ 相関性を考慮する必要性

　マーケティング・リサーチの実務では、従来は消費者をセグメントする際に、まず原データを因子分析あるいは主成分分析にかけてからクラスター分析を行うことがよく行われてきた。因子分析とは、データの中から共通の特徴（因子）を見つけ出す方法であり、主成分分析はデータを要約して重要な特徴を抽出する方法である。これらの方法で得られる因子や主成分は互いに直交（独立）しているため、ユークリッド距離（直線距離）で点間距離を測ることが正当化されると思われてきた。

---

[1]　この a はチューニング・パラメータである。7.3 節の応用事例では $a = 6$ として分析を行った。

しかし、データを正規直交化[2]すれば変数間の相関が無くなるというのは、データがただ一つの母集団から発生する場合に限られる。

マーケティングでは、市場は複数の異なる集団から成り立っており、それぞれの集団は異なる性質をもっていると想定するのが一般的である。この場合、各クラスターは平均値だけでなく、分散共分散行列（データの分散と共分散を示す行列）もクラスターによって異なるはずである。

例えば、世の中には低価格志向の人も、高価格志向の人もいるだろうから価格と選好の相関関係は集団によって逆になるはずである。すべてのクラスターが同一の相関関係を持つと仮定する方が無理がある。

つまり因子分析や主成分分析を行えば変数間の相関がゼロになると思うのは誤解である。データ全体を直交化したとしても、それぞれのクラスターに所属するサンプル（個々の点）までも無相関（独立）になるわけではないからである。マーケティングでは、消費者行動の多様性を認識して、顧客に応じて適切なデータ戦略を選ぶことが重要である。

図7.7の散布図を見れば、因子分析を行ってもデータが集団ごとに球状（spherical）に分布するように変換されるわけではないことが明らかである。因子得点は、クラスターによって違った相関を持つことが確認できる。本来、クラスター分析は異なる特徴を持つ集団（異質集団）の存在を想定した概念であった。しかし、マーケティング実務の伝統的な分析法は、この想定を無視している。次の項では、複数のクラスターの中心からサンプルまでの汎距離を測りながら、クラスタリングを進める新しい方法を提案する。この方法により、異質集団を異質集団として分析することが可能になる。

■■■ 距離計算の拡張

汎距離を測り始めるのは1回目のクラスターが作られてから、以降の繰り返し段階である。サンプル x_i と第 g クラスターの平均ベクトル m_g との汎距離は (7.4) の式で測定する[3]。二乗し

---

[2] 互いに無相関になるような新しい次元を作り、その次元では平均と分散を一定にそろえることを正規直交化という。平均を0、分散を1にするのが普通だが、ノルムを1にすることを正規化と呼ぶこともある。

[3] (7.4) 式の距離モデルは6.1節で解説した汎距離のケース⑤である。

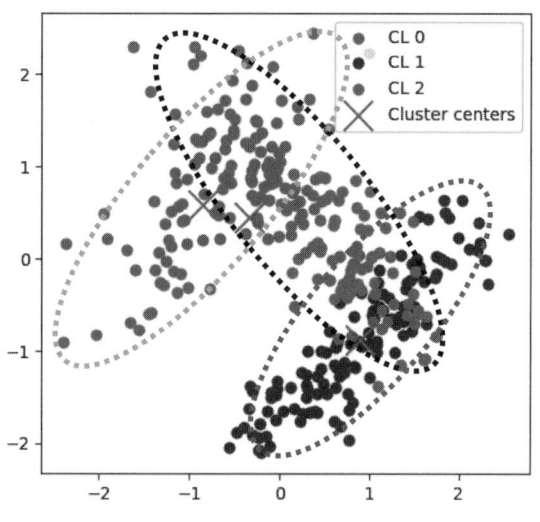

図 7.7　因子得点の散布図（因子分析・直交化）

表 7.2　k-umeyama 法の計算手続き

分析のフロー	分析内容
①ランダムに1シードを選択	・ランダムにシードを1つ選択 ・シードとサンプル i の最短距離 d_i を求める ・全サンプルについて距離の平均値 $\overline{d}$
②シグモイド関数で変換	$$y_i = \frac{1}{1 + \exp\left\{-a\left(d_i - \overline{d}\right)\right\}}$$
③次のシードを抽出する確率のウェイト付け	$$w_i = \frac{y_i}{\displaystyle\sum_{j=1}^{n} y_j}$$
④クラスターの特性を計算	・初回だけユークリッド距離を測って近いサンプルをクラスターに所属させる ・クラスターごとに平均と分散共分散行列 ・その逆行列
⑤平均からの汎距離を測ってクラスター所属を更新⇒④	$$D^2\left(x_i, m_k\right) = \left(x_i - m_k\right)' S_k^{-1}\left(x_i - m_k\right)$$
⑥収束判定・更新・終了	クラスターの平均値が変化しなくなったら更新を終了

てもしなくても遠近の順序は変わらないので、平方汎距離のまま測定する。

$$D^2\left(\boldsymbol{x}_i, \boldsymbol{m}_g\right) = \left(\boldsymbol{x}_i - \boldsymbol{m}_g\right)' S_g^{-1}\left(\boldsymbol{x}_i - \boldsymbol{m}_g\right) \tag{7.4}$$

　クラスターによって多様性があることを分散共分散行列 S_g の添字 g が表している。クラスターによってデータが正の相関、負の相関など違った方向を向いた楕円状に分布する場合でも、素直に分析できる。クラスターによる相違を認めるところに、従来からのクラスター分析との違いがある。

■■■ チャフを用いたロバストネスのテスト

　今回は分析データに 5% の量のチャフを加えて、チャフというトラップに対してクラスタリングがロバスト[4]かを検証した。

COLUMN
チャフ

　チャフ（英：chaff、独：Düppel）は、電波を反射する物体を空中に撒布することでレーダーによる探知を妨害するもの。図 7.8 は 2010 年 2 月 24 日、テキサス州ダイエス空軍基地の第 28 爆撃飛行隊に所属する米空軍 B-1B ランサーの 2 機編隊が、訓練ミッション中にニューメキシコ上空で機動しながらチャフとフレアを放出した写真。

図 7.8　チャフとフレアの放出

チャフ画像（Photo by US Navy Naval Research Laboratory.）
米空軍 B-1B 画像（U.S. Air Force photo by Master Sgt. Kevin J. Gruenwald）

---

[4]　ロバストネスとは頑健性のこと。外れ値に左右されずに安定した分析結果が得られることをさす。

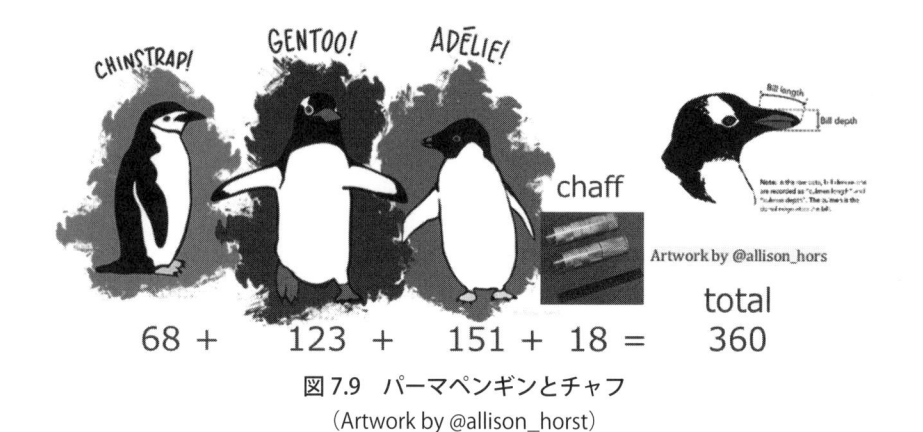

図7.9　パーマペンギンとチャフ
（Artwork by @allison_horst）

表7.3　チャフの発生法
正規乱数で18サンプルを発生

チャフ	嘴の長さ (mm)	嘴の深さ (mm)	フリッパーの長さ (mm)	体重 (g)
平均	35.0	20.4	224.8	6,061
標準偏差	1.5	0.7	2.7	152

　ロバストネスをテストするために、公開されているパーマペンギンのデータセット（n = 342）を用いた。このデータは3種類のペンギン、Chinstrap（ヒゲペンギン68匹）、Gentoo（ジェンツーペンギン123匹）、Adelie（アデリーペンギン151匹）に関する4種類の測定データからなる。それに18個（5%）のチャフデータを加えてk-means++法とk-umeyama法でクラスター分析をそれぞれ100回実施した。

　嘴の長さ（mm）、嘴の深さ（mm）、フリッパーの長さ（mm）、体重（g）の4変数について、表7.3の平均と分散を仮定して18サンプルの正規乱数を発生させた。図7.10の左図は、k-means++法でチャフがクラスター分類されてしまい、トラップにかかったデータの散布図である。

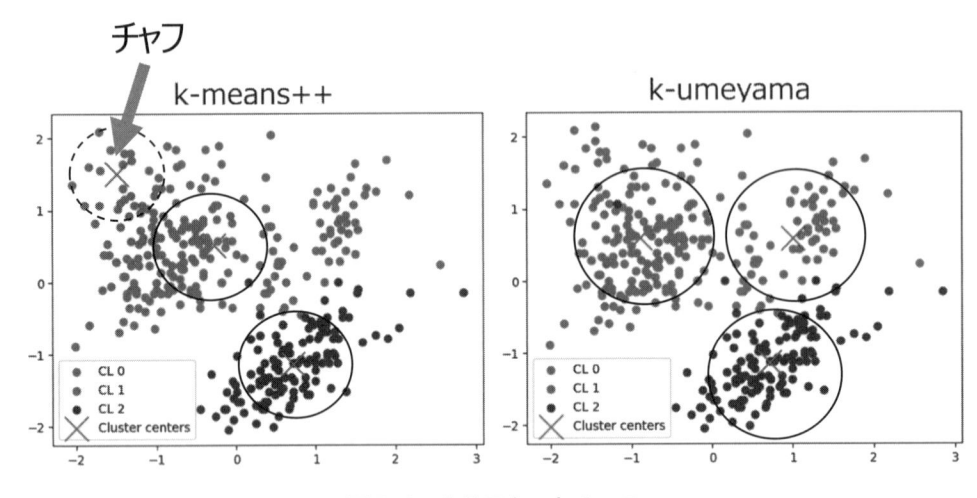

図7.10　クラスターとチャフ

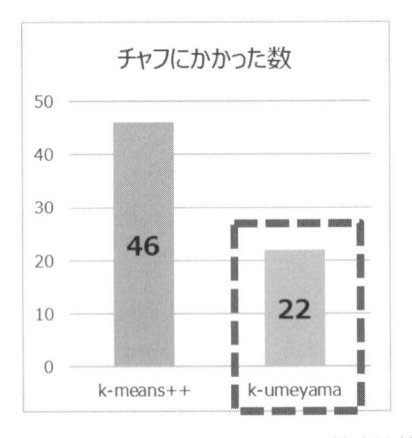

図7.11　チャフによるクラスター精度比較

　実験結果は、k-means++ 法は 46 回 / 100 回、k-umeyama 法は 22 回 / 100 回トラップにかかった。k-umeyama 法の方が外れ値に強いことが確かめられた。

■■■ ジニ係数によるクラスター分類評価

　ジニ係数は、国際比較の経済学でよく使われる指標である。オリジナルは、イタリアの統計学者コラド・ジニ（Corrado Gini）によって考案された指標で、富の偏在を数値化したもので

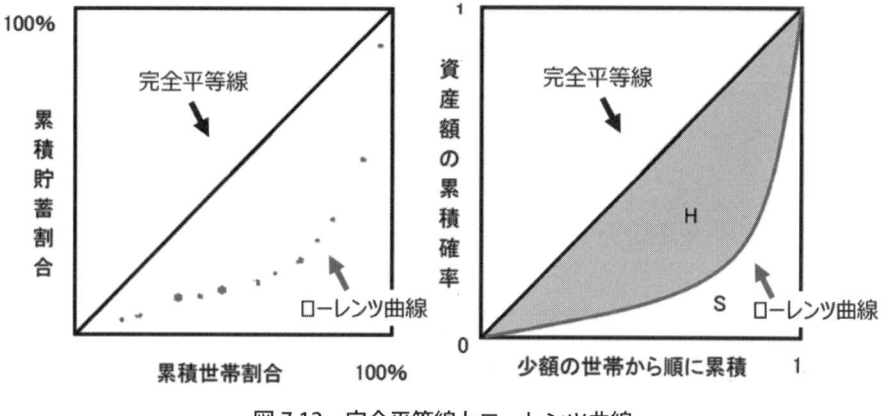

図 7.12　完全平等線とローレンツ曲線

表 7.4　分割表 F の数値例

分割	アデリー	ヒゲペンギン	ジェンツー	外れ値
クラスター1	81	42	123	18
クラスター2	27	26	0	0
クラスター3	43	0	0	0

ある。完全平等なら 0、完全独占なら 1 となる。

　図 7.12 では、横軸が総世帯数、縦軸が総資産で、完全平等線とローレンツ曲線に囲まれた面積 H が大きいほど富の偏在が大きいことを示している。

　本節では、各クラスター内のデータの偏りを測定するために、ベリーとリノフ（1997, 2004）に準拠したジニ係数を用いる。機械学習とデータマイニングの分野では、分割表用のジニ係数が早くから用いられてきた。たとえばブリーマン（1984）の CART（Classification and Regression Trees）では、決定木を生成する基準としてジニ係数が登場する。CART が公開される前の 1970 年代から、ブリーマンたちは分割表用のジニ係数を使い始めていた。

　ジニ係数によるクラスター分類評価においてもパーマペンギンのデータを使用しよう。表7.4

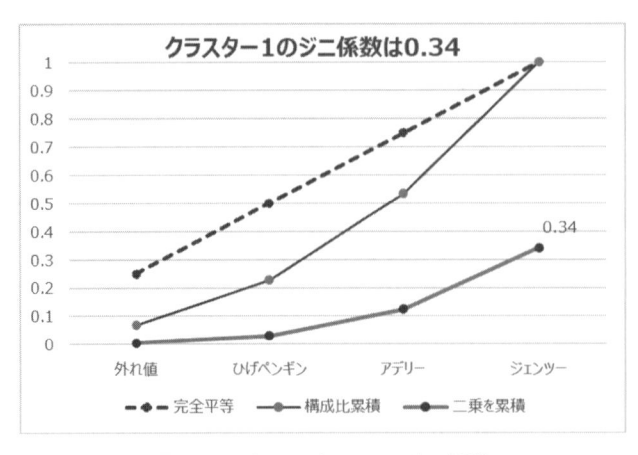

図 7.13　クラスター1のジニ係数

の分割表の表頭・表側は名義尺度のカテゴリーであるから、順序をどう入れ替えても、持っている情報は変わらないことに注意してほしい。

　ペンギンの種類は貯蓄金額のような数量ではないので、実数の関数であるローレンツ曲線は使えない。そこで分割表用のジニ係数を使用するのである。

　例えば、表 7.4 のクラスター1のグラフ（図 7.13）では、一番下の折れ線は、ペンギンの順番を変えれば形状が変わるが、最終的な右端の高さは変わらない。コラムの計算法にしたがって構成比の二乗和をとるとクラスター1のケースで 0.34 となる。これがクラスター1のジニ係数である。

　図 7.14 のクラスター3はアデリーペンギンが独占しているため、ジニ係数は最大の1になる。最大は1で決まっているがジニ係数の下限は0にはならないことに注意したい。コラム（p.142）を参照のこと。

　同じベクトルの内積で評価する以上、ベクトルの要素を並べ替えても内積の値は不変である。これは、カテゴリーの配列を変えてもジニ係数が変わらないことを意味する。図 7.13 と図 7.14 ではペンギンの順番が異なるが、順番の違いはジニ係数に影響しない。

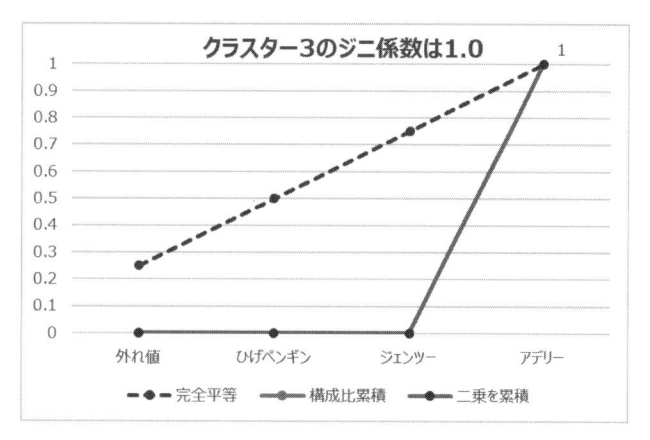

図7.14　クラスター3のジニ係数

　最後に、3つのクラスターのジニ係数の平均を出すために、クラスターサイズを重みにして加重平均を計算する。表7.4の全体のジニ係数は0.44である。ジニ係数が高いほど特定のペンギンの純度が高くなるのでクラスターは解釈しやすくなる。

　ここでは、k-means法、k-means++法、k-umeyama法をそれぞれ100回実施して、各ジニ係数を求め、クラスター分析間での勝ち負けをジニ係数の高低で比較した。

　その結果、k-means法に対してk-umeyama法では100/100回勝ち、k-means++法に対しては60/100回勝ち（ドロー19回、負け21回）であった。従来のクラスター分析と比べて、k-umeyama法が優れた結果を示した。

COLUMN
ジニ係数の計算
方法

　2元分類の頻度表 $F = (f_{ij})$ から $Gini$ 係数を計算する式を示す。分析から得られるクラスターを $i = 1, 2, \cdots, k$、教師データであるカテゴリーを $j = 1, 2, \cdots, g$ とする。データ総数は N となる。表7.4の数値例では $k = 3$, $g = 4$, $N = 360$ である。F の行和を r_i とする。以上の準備の下に次のステップでジニ係数を計算する。

1）F の各行を r_i で割って、各行を確率ベクトル p_i に変換する
2）ベクトルの内積 (p_i, p_i) でクラスターごとのジニ係数を出す
3）分割表全体でのジニ係数は、クラスターのサイズを重みにして3）の平均を求める。

$$Gini = \frac{1}{N} \sum_{i=1}^{k} r_i \left(p_i, p_i \right)$$

F の各行に教師データのカテゴリーが均等に配分された場合が最も公平であり、確率ベクトルは $p = \left(\frac{1}{g}\right)$ になる。

したがって $(\boldsymbol{p}_i, \boldsymbol{p}_i) = \frac{1}{g^2}\,g = \frac{1}{g}$, $\boldsymbol{h} = \frac{1}{g}\,\mathbf{1}_k$,

ただし、$N = r_1 + r_2 + \cdots + r_k$, $\mathbf{1}_k$ は 1 を要素とした k 次のベクトルとしてジニ係数は

$$Gini = \frac{1}{N}(\boldsymbol{r}, \boldsymbol{h}) = \frac{1}{gN}(r_1, r_2, \cdots, r_k)\,\boldsymbol{1}_k = \frac{1}{g}\,\frac{N}{N} = \frac{1}{g}$$

これがジニ係数の下限になる。図 7.4 の例ではジニ係数の範囲は $0.25 \leq Gini \leq 1$ である。

7.3　消費者のライフスタイルクラスター

ライフスタイルに関する自主調査の実データを使って、k-means 法と k-umeyama 法を比較した。表 7.5 の生活者総合ライフスタイル調査のなかの質問「生活分野への力の入れ方」につい

表 7.5　調査概要

調査地域	首都圏 40 km 圏			
調査対象とサンプル数	有効回収：3,000 サンプル ※「国勢調査」人口構成比によって性×年代別サンプル数を割付 ※分析対象条件：同居子供ありかつ社会人有職者（1,050/3,000）サンプル			
	Total	18〜39歳	40〜49歳	50〜79歳
	1050	247	396	407
	男性	132	211	232
	女性	115	185	175
サンプリング手法	市町村人工に基づく確率比例抽出で 200 地点を抽出し、住宅地図を用いてエリアサンプリング			
調査手法	訪問・郵送併用の自記入式留置調査			
調査時期	2022 年 10 月			

（出典：生活者総合ライフスタイル調査 **CORE** （株）クロス・マーケティング）

表 7.6　k-means と k-umeyama の分析フロー

k-means	k-umeyama
・使用データ 　ライフスタイル調査：生活分野への力の入れ具合 14 変数、1050 サンプル	
・ライフスタイル 14 変数（1 〜 5 段階）の因子分析 　（主因子解、バリマックス回転）	—
・3 因子での因子得点を算出	—
・3 因子の因子得点を使って k-means 法で非階層クラスター分析	・ライフスタイル調査の 14 変数（1 〜 5 段階）の原データのまま、k-umeyama 法で分析
・最適性基準比較	
・ライフスタイル調査の 14 変数のクロス集計表	

てクラスター分析を行った。

14 種類の生活分野：

1）住まい、2）家事、3）育児・子供の教育、4）家族のふれあい・団らん、5）生活、6）レジャー活動、7）自分の学習、8）趣味・教養のための活動、9）人との交際、10）ボランティア活動、11）自分の仕事、12）衣服や化粧、13）貯蓄や将来への備え、14）健康の維持

5 段階：

5）非常に力をいれている、4）やや力をいれている、3）どちらともいえない、2）あまり力をいれていない、1）全く力をいれていない

具体的な分析フローは、表 7.6 の通りである。

■■■ k-umeyama 法の精度検証

図 7.15 の結果を見てみると、クラスタリング手法の評価において k-umeyama 法が k-means 法よりも優れていることが明らかである。

クラスタリングの精度を評価するために、いくつかの統計的な指標が使用される。ここでは、フリードマン・ルービン（1967）の基準、ウィルクス（1932）のラムダ、ピライ（1955）のト

	k-means		k-umeyama	
フリードマン・ルービン基準				
フリードマン・ルービン	5.27	1.34	7.05	値は大きい方が良い
多変量分散分析（MANOVA）				
ウィルクスのラムダ	0.19	0.75	0.14	値が小さいほど、群間の差が大きく優位
ピライのトレース	1.16	1.19	1.38	値が大きいほど、独立変数（特徴量14変数）が従属変数（4クラスタ）に対してクラスタをよく説明し、より正確に分類している
ホテリング・ローリーのトレース	2.63	1.13	2.96	

図 7.15　クラスターの最適性基準

レース、ホテリング・ローリー（1951）のトレースについて説明し、それぞれの結果を比較する。

　フリードマン・ルービンの基準は、クラスタリングの評価に使用される望大指標（大きいほど良い指標）である。この基準は、クラスタリング結果の内部均一性とクラスター間の分離度を測定する。数値が大きいほど、クラスタリングの精度が高いことを示す。図7.15ではk-means法のスコアは5.27、k-umeyama法のスコアは7.05であり、k-umeyama法の方が優れていることが分かる。

　ウィルクスのラムダは、クラスタリングの有効性を評価する指標である。この指標は、クラスター内の分散とクラスター間の分散を比較する。数値が小さいほど、クラスタリングが効果的であることを示す。k-means法のスコアは0.19、k-umeyama法のスコアは0.14であり、k-umeyama法の方が効果的であることが示されている。

　ピライのトレースは、多変量解析における統計的検定の一つであり、クラスタリングの評価にも使用される。クラスター間とクラスター内の変動を評価する指標。数値が大きいほど、クラスター間の差が大きいことを示す。k-means法のスコアは1.16、k-umeyama法のスコアは1.38であり、k-umeyama法の方が優れていることが分かる。

ホテリング・ローリーのトレースも、多変量解析における評価指標である。クラスター間の差異を測定し、数値が大きいほど、クラスタリングの精度が高いことを示す。k-means 法のスコアは 2.63、k-umeyama 法のスコアは 2.96 であり、k-umeyama 法の方が良い結果を示している。

以上の指標を総合的に比較すると、k-umeyama 法は、k-means 法よりもクラスタリングの精度が高いことが確認できる。特に、フリードマン・ルービンの基準やウィルクスのラムダなどの指標で、k-umeyama 法の方が優れた結果を示している。この分析事例から、k-umeyama 法は k-means 法よりもクラスタリングの精度が高く、データの分割やグループ化において有効であることが明らかとなった。

7.4　画像修復への応用

■■■ 欠損画像修復への応用例

データサイエンスの分野において、近年注目されているのが画像認識である。ブラックホールのスパース主成分分析による 3 次元化（図 7.16 右）やメディカル分野での病理に関する画像のパターン認識など活用が進んでいる。その応用として、k-umeyama 法を適応した。

国宝高松塚古墳壁画の画像データを取り込み k-umeyama 法でクラスター分析を行い、画像修復をデジタル処理した。適用した例を図 7.17 に示す。
この左の図が欠損のある画像で、右が K = 1,024 で k-umeyama 法で修復した結果である。

分析の手順としては、高松塚古墳壁画画像の画像のチャンネルから 8×8 ピクセルを図 7.18 のようにパッチを抽出し、それをベクトル化した。高松塚古墳壁画画像の画像データは、幅 170 ピクセル、高さ 169 ピクセルとなり、水平・垂直の解像度は 144 dpi となっている。
画像修復の具体的なフローは次の通り。

①画像の分割：画像から $m \times n$ サイズのパッチを抽出し、これをベクトル化する。今回は 8×

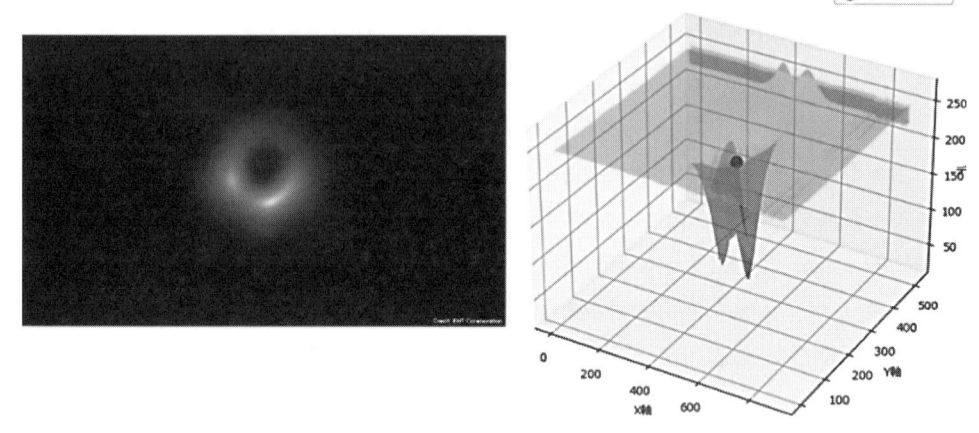

図 7.16　ブラックホールのスパース主成分分析
（左図は The Event Horizon Telescope Collaboration et al., Astro. J. Letters, 2019。右図は筆者作成）

図 7.17　画像修復への応用例
（高松塚古墳壁画　西壁女子群像. 奈良文化財研究所撮影, 2006）国（文部科学省所管）

8サイズのパッチを取り出したので画像のピクセルは 64 ピクセルとなる。i 番目のパッチのデータをベクトル x_i で表現する。図 7.17 は、k = 1,024 個にクラスター数を設定して、分析を行ったものである。

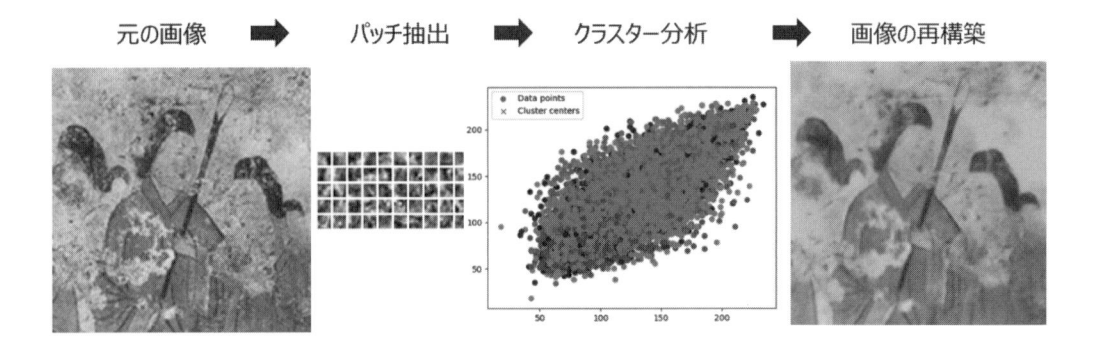

図 7.18　分析のフロー

（高松塚古墳壁画　西壁女子群像．奈良文化財研究所撮影，2006）国（文部科学省所管）

②シーディング：k-umeyama 法に従って逐次的にパッチを選んでシードを選択する。

③クラスタリング：画像の特徴が属性と扱われて汎距離でクラスタリングする。各パッチ x_i に最も近いクラスター中心 m_g を、汎距離を用いて割り当てる。6.1 節の整理でいえば、汎距離ケース⑤である。

$$D^2(x_i, m_g) = (x_i - m_g)' S_g^{-1}(x_i - m_g) \qquad (7.5)$$

その後、クラスター中心を更新し、共分散行列を再計算していく。画像の再構築は、クラスター中心を基にして、パッチを再構築する。

　画像再構築：クラスターの平均値が動かなくなったところで反復を終了。最終的に、パッチ x_i を、それが属するクラスター中心 m_g で置き換える。すべてのパッチがそれぞれのクラスター中心に置き換えられた後、これらの更新されたパッチを元の画像の格子状の配置に従って再配置し、再構築された画像を形成する。この再構築された画像は、元の画像と比較して重要な視覚情報や特徴を維持することになる。

　分析のフローのイメージは、図 7.18 のようになる。

　図 7.19 は 64 個のクラスター分析のデータポイントを 3 次元グラフでズームアップしたものである。大規模データが、クローズアップすると複雑にデータポイントがクラスタリングされているのが分かる。

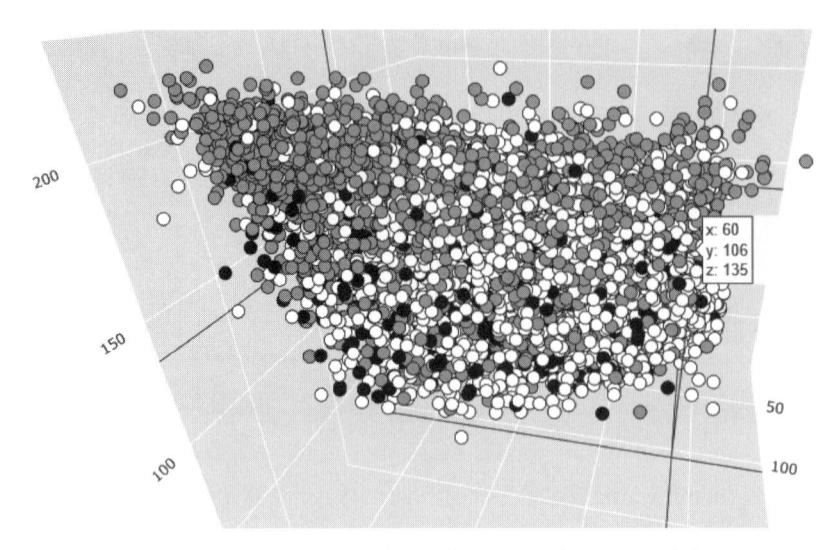

図7.19　クラスター分析のデータポイントのズームアップグラフ

　画像クラスタリングの進め方は、まず画像から 64 ピクセルのパッチを抽出し、それをデータ
としてクラスタリングを行う。この方法により、画像の類似した特徴ベクトルをクラスタリン
グでき、クラスターごとに画像の特徴パターンを持つことになる。

　このクラスターの特徴パターンを、画像パッチとして再構築する。再構築された画像は、ク
ラスタリングによって特徴パターンが際立っているため、欠損部分を類似の画像特徴パターン
で埋めることで、元の画像に近づく。

　この技術を用いることで、画像の分類、物体検出、セグメンテーションなどに応用すること
が可能となる。特に、大規模な画像データセットに対して効率的な分類が求められる場合に有
用と考えられる。

■■■ クラスタリングの課題

　非階層クラスタリングにおける重要な課題は、「最適クラスター数の統計学的決定」と「効率
的な大規模データの処理」の 2 つである。最適クラスター数の統計学的決定は、クラスタリン
グの質に直接影響する。現在の手法ではクラスター数を設定するために試行錯誤が必要であり、
これは時間とリソースを消費する。信頼性の高い統計学的な決定法の開発は、クラスタリング

の精度向上と作業効率の改善に直結する。

データサイズが増加している現代において、効率的に大規模データを処理できるクラスタリングアルゴリズムの開発は非常に重要である。ビッグデータ解析のニーズが高まる中、スケーラビリティを確保することは、リアルタイム解析や大量のデータを扱うアプリケーションにとって必須である。これら2つの課題が解決されることで、非階層クラスタリングの適用範囲が広がり、より多くのデータ解析で効果的に利用できるようになると考えられる。

クラスター数の決定に関してはティブシラニ（Tibshirani）ら（2001）が新しい提案を行っている。これまでのさまざまな提案をコディナリヤ（Kodinariya）ら（2013）が展望している。以下のコラムに書いたエルボー法は中でも良く知られた方法である。因子分析で因子の打ち切りを決めるためのスクリープロットも、エルボー法と同じアイデアを利用している。

COLUMN
エルボー法によるクラスター数の決定

エルボー法は、クラスタリング分析においてクラスター数を決定するもっとも歴史のある手法である（ソーンダイク（Thorndike）, 1953）。まず各クラスター内のデータ点とクラスター中心との距離の総和である二乗和誤差、（SSE：Sum of Squared Errors）を計算し、その値をプロットする。（7.4）の記法を利用して SSE を書けば次式で表される。

$$SSE = \sum_{k=1}^{K} \sum_{xi \in C_k} \left(\boldsymbol{x}_i - \boldsymbol{m}_k \right)' \left(\boldsymbol{x}_i - \boldsymbol{m}_k \right)$$

ここで、C_k はクラスター k を表しデータ点 x_i の和をとっている。汎距離ではなくユークリッドの平方距離の和であることが分かる。

エルボー法の基本的な考え方は、クラスター数を増やすと誤差（SSE）は減少するが、あるポイントから減少の度合いが小さくなるかもしれない、という点に着目している。この減少が鈍化するポイントがプロット上で「肘」（エルボー）として視覚的に認識できる箇所であり、これを最適クラスター数としている。ただし、エルボー法には限界がある。例えば、データが明確に分かれていない場合や、クラスターが密接している場合には、「肘」が明確に現れないことがある。

図 7.20 は、クラスター数 K を 1 から 2、2 から 3 へと増加させると、$SSE(k)$ は急速に減少する。$K = 3$ でエルボーに達し、それ以降は減少が緩やかになる。このことから、パーマペンギンのデータセットにおいて適切なクラスター数は 3 であると判断できる。

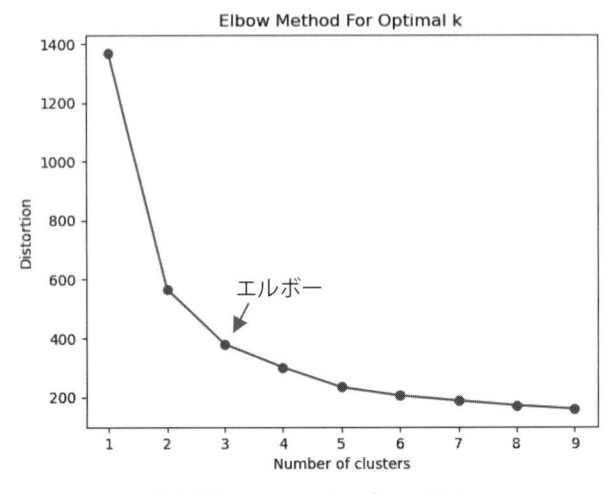

図 7.20　エルボー法プロット図

松波成行

第**8**章
CNN と生成モデル

機械学習はデータからパターンを見つけ出し、予測や分類を行う技術の総称である。機械学習の一つである深層学習は、多層のニューラルネットワークを使って、より複雑なデータの処理や特徴の抽出を行うことができる。

　畳み込みニューラルネットワーク（CNN）は深層学習の教師あり学習の手法の一つであり、特に画像の認識や分類に優れている。ラベル付きのトレーニングデータを使って、特徴の抽出とクラス分類を同時に行う。

　変分オートエンコーダ（VAE）は深層学習の教師なし学習の手法の一つで、データの構造を理解し、潜在変数の確率分布を使って学習データに含まれていない画像の生成や再構築を行う。VAE は代表的な生成モデルである。

　VAE は、画像データを使って顧客の属性や行動パターンを理解したり、不正取引の異常を検知することができるので、マーケティングなどのビジネス分野での応用が期待される。

8.1　ディープラーニング　—人口知能に関する歴史—

■■■ 人工知能について

　人工知能（AI：Artificial Intelligence）とは、コンピュータや機械がデータを通じて「学習」を行い、人間の知能を模倣して「推論」、「判断」、「意思決定」、「問題解決」などを遂行する技術を指す。機械学習、深層学習、または強化学習は人工知能の主要なアプローチであり、それぞれが予測モデルや機能の手段として広く開発が進められている。

　「人工知能」という用語が初めて使われたのは、1956 年にダートマス大学で開催された「ダートマス会議」における提案書による（McCarthy et al., 1955）。その後、人工知能の研究は大きく二つの系譜で進展する。一つは、人間の知的活動を神経モデルで表現することを基盤とする「ニューラルネットワーク」の研究であり、もう一つは、専門家の知識をコンピュータに移植し、人間に代わる知的判断を行えるようにする「エキスパートシステム」の研究と実用化である。それぞれの小史やその後の系譜については、朝野（2021）による「機械による学習のはじまり」を参照されたい。

■■■ 畳み込みニューラルネットワーク（CNN）と深層学習

　機械学習は、データからパターンを見つけ出し、予測や分類を行う手法を指す。深層学習は、特に多層のニューラルネットワークを用いて、より複雑なデータ処理や特徴抽出を可能にする。これらの技術は、人工知能の発展と実用化において重要な役割を果たしているといえよう。

　本章で取り上げる**畳み込みニューラルネットワーク**（CNN：Convolutional Neural Network）や**変分オートエンコーダ**（VAE：Variational Auto-Encoder）は代表的な深層学習の手法であり、特に画像認識やパターン認識などにおいて優れた性能を示す。

　これらはコンピュータやデジタルシステムが画像やビデオを通じて視覚情報を取得し、それを分析・解釈するコンピュータービジョンの研究分野と深い関わりがある。その先駆的な研究は、1980 年に福島邦彦による自己組織化ニューロンネットワークモデルであるネオコグニトロンが挙げられる（Fukushima, 1980）。これは、視覚神経科学における単純細胞と複雑細胞という 2 種類のニューロンで構成されているモデルに着想を得たもので、単純細胞は局所的な特徴を抽出し、複雑細胞はそれらの特徴を統合する役割をもつ。このモデルにより、手書き文字認識が可能となることが示された。

COLUMN
福島の
ネオコグニトロン

　ネオコグニトロンは、自己組織化学習と呼ばれる手法を用いており、これにより学習の過程で視覚パターンの認識能力が向上する。具体的には、単純細胞層（S 層）と複雑細胞層（C 層）の繰り返し構造をもち、S 層は入力画像からエッジや線分などの基本的な特徴を抽出し、C 層はこれらの特徴を位置不変の形で統合する。各層はさらに複数のサブレイヤーに分かれ、それぞれが異なるスケールや方向で特徴を捉える。

　ネオコグニトロンは、当時としては画期的な手書き文字認識システムとして注目され、後のディープラーニングや畳み込みニューラルネットワークの発展にも大きな影響を与えた。特に、畳み込みニューラルネットワークにおける畳み込み層とプーリング層の概念は、ネオコグニトロンの S 層と C 層に類似しており、視覚情報処理の階層的アプローチの有効性を示すものとなった。

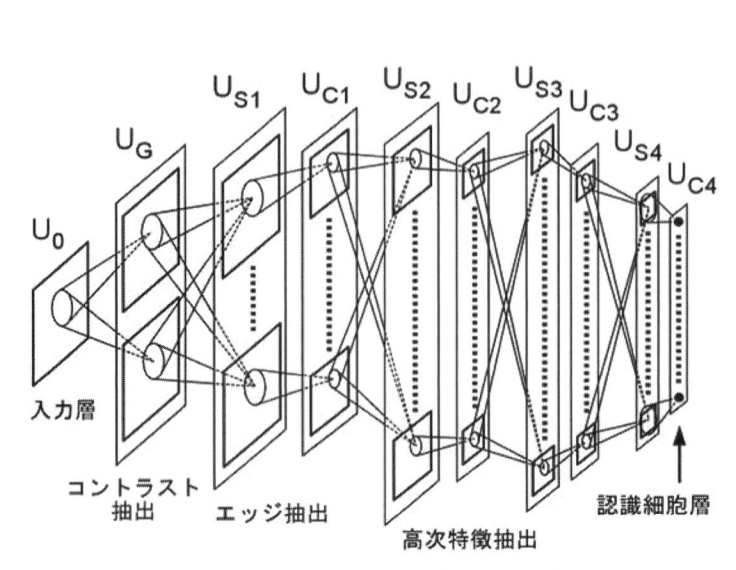

図8.1 福島によって提案された視覚的パターン認識のための神経回路ネットワークモデル
（福島（2019）による総説に再掲された）

1990年にLeCunらは、手書き数字の低解像度画像を分類するためにバックプロパゲーションで訓練された畳み込みニューラルネットワークに関する技術を発表した。この研究は、画像のピクセル数が多いために全結合ニューラルネットワークでは計算コストが高くなる問題を解決するため、畳み込み層とプーリング層を用いて効率的に特徴を抽出し、パターン認識の精度を向上させることを目指した。

1998年に同じくLeCunらは、これらの研究成果をさらに発展させ、勾配に基づく学習を文書認識に応用する手法を発表した。この研究では、手書き文字認識だけでなく、完全な文書処理システムの構築についても述べられている。

畳み込みニューラルネットワークは、福島のネオコグニトロンの構成と類似しているが、いくつかの重要な違いがある。その一つに教師あり学習のアルゴリズムである誤差逆伝播法（バックプロパゲーション）を導入し、ネットワークの重みを効果的に学習する点に特徴がある。このアプローチにより、ネットワークは入力データに対して最適なフィルターを自動的に学習し、

画像認識の精度を大幅に向上させることが可能となった。

■■■ 生成 AI

　畳み込みニューラルネットワークが注目されるようになったのは、2010 年代に AI の実用化が進む中で、「音声認識」、「画像認識」、「画像生成」、「自然言語処理」などの分野で著しい発展が見られるようになってからのことにある。

　近年では、生成 AI（Generative AI）が特に注目されている。生成 AI は、特定のパターンや特徴を学習し、新しいデータを生成することを目的とした AI の一分野で、これにより、画像、動画、音楽、文章、音声など、新しいデータやコンテンツの生成が可能となった。

　生成 AI の代表的な技術として、変分オートエンコーダと敵対的生成ネットワーク（GAN：Generative Adversarial Network）が挙げられる。VAE は、データの潜在表現を学習し、それをもとに新しいデータを生成する手法であり、GAN は、生成器と識別器の 2 つのネットワークが競い合うことで、リアルなデータを生成する技術である。

　VAE は教師なし機械学習の手法で、データ内の潜在的な構造を明示的にラベル付けすることなく捉えることができる。エンコーディングと呼ばれる手続きの中で、データの構造を抽出す

COLUMN
CNN

畳み込みニューラルネットワークがすぐに注目されたわけではない。LeCun は『ディープラーニング 学習する機械』（LeCun, 2019）の中で次のように述べている。

『1995 年から、新たな暗黒時代に突入した。畳み込みニューラルネットワークというわれわれの考え方は、もはや顧みられることもなく、また、別の分野への応用もされなくなった。（中略）ニューラルネットワークはふたたびタブーも同然となった。畳み込みニューラルネットワークはジョークのネタにされた。』

このように回顧するほど、畳み込みニューラルネットワークは全く注目されない年月が 15 年ほど続いた。また、2004 年に G. E. Hinton、Y. Bengio とともにニューラルネットワークに対する関心を科学コミュニティに蘇らせることを目的として、「ディープラーニング」という新語をひねり出したことも述べている。

る際に CNN の手法を用いて特徴を圧縮し、潜在変数を確率分布化することでその特徴を規定する。この潜在変数の確率分布から、画像の類似性や近接性をクラスタリングすることが可能となる。また、任意の確率変数を与えることで、学習データには含まれていない画像の生成や再構築もデコーディングと呼ばれる手続きを通じて行える。

　生成 AI の技術は、画像認識の基礎となる畳み込みニューラルネットワーク（CNN）の進化と密接に関連している。CNN は、画像の特徴抽出に優れたネットワーク構造を持ち、その技術は VAE や GAN のような生成モデルにおいても重要な役割を果たしている。

8.2　畳み込みニューラルネットワーク

■■■ 畳み込みニューラルネットワーク（CNN）のアーキテクチャ

　1998 年に提案された畳み込みニューラルネットワーク（CNN）のアーキテクチャは図 8.2 にある LeNet-5 と呼ばれるもので当時の手書き数字認識のためのベンチマークデータセットである MNIST を対象として設計された。ここでは、LeNet-5 のアーキテクチャに基づきながら、CNN の代表的な技術や機能を説明する。

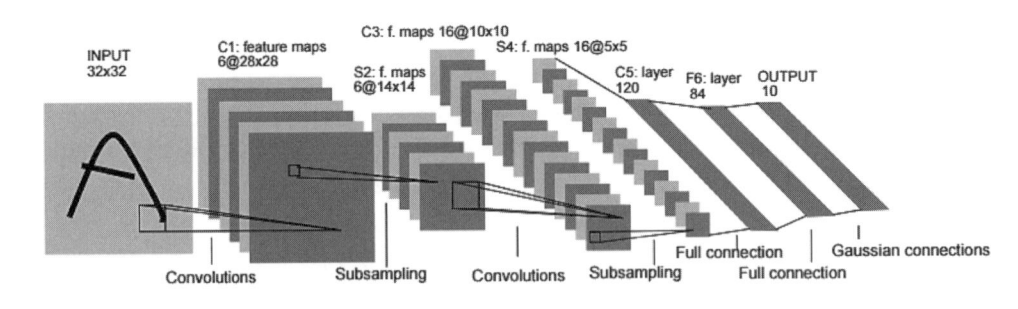

図 8.2　Y. LeCun らによって発表された畳み込みニューラルネットワークのアーキテクチャ（LeNet-5）
(LeCun Y, et al, 1998)

①**入力層（Input Layer）**：LeNet-5 は、32×32 ピクセルのグレースケール画像を入力として受け取る。この層は、画像データをネットワークに取り込む役割をもち、最初の畳み込み層（C1層）への入力データとする。手書き数字認識の場合、MNIST データセットの 28×28 ピクセル画像が使用されることが多い。

②**畳み込み層（Convolutional Layer）**：畳み込み層は、入力画像にフィルター（カーネルとも呼ばれる）を適用して、特徴マップを生成する層を指す。このフィルターは画像全体をスライドしながら、局所的な特徴（エッジ、テクスチャ、形状など）を抽出する。

　最初の畳み込み層（C1）は、6つの 5×5 フィルターを使用して、入力画像に畳み込み演算を適用する。これにより、6つの 28×28 ピクセルの特徴マップが生成される。畳み込み層の役割は、入力画像からエッジや線分などの低レベルの特徴を抽出することにあり、各フィルターは異なる特徴を捉えるため、複数の特徴マップが得られる。

③**サブサンプリング層（Subsampling Layer）**：一般にはプーリング層（Pooling Layer）と呼ばれる層であるが、LeCun らが発表した原論文ではサブサンプリング層と表記されている。プーリング層は、特徴マップの空間サイズを縮小し、計算量を減らす役割がある。その方法としてマックスプーリング（Max Pooling）と平均プーリング（Average Pooling）の手法があり、一般にはマックスプーリングが使用されることが多いが、LeNet-5 では平均プーリングが用いられている。

④**2番目の畳み込み層とサブサンプリング層**：次の畳み込み層（C3）は、16 個の 5×5 フィルターを使用して、再度の畳み込み演算を行う。続くサブサンプリング層（S4）は、再び 2×2 のプーリングを使用して、5×5 ピクセルの特徴マップを生成する。これにより、さらなる特徴抽出と計算量の削減が行われることになる。

⑤**全結合層（Fully Connected Layer）**：全結合層（C5）は、サブサンプリング層（S4）の 16 個の 5×5 ピクセルの特徴マップを 1 次元ベクトルへフラット化し、ここでは 120 個のノードに接続する。この層は、畳み込み層とプーリング層（サブサンプリング層）から抽出された特徴を結合し、高次元の特徴を学習する。続くもう一つの全結合層（F6）は、84 個のノードをもち、前の層からの出力を受け取り、最後に、10 個のノードをもつ出力層で 0 から 9 までの 10 個のクラスに対応する確率を出力する。

■■■ Python による CNN の精度検証（サンプルコード 8.1）

Python で LuNet-5 の精度を確かめてみよう。サンプルコード 8.1 の実行結果にもとづく学習データ（破線）および検証データ（実線）の損失値および精度のエポックに対する依存性を図 8.3 に示す。これにより、学習データからはおおよそ 5 回目のイテレーションで精度は 99％に達し、その後も漸増的に精度が向上していることがわかる。一方で検証データでは同じく 5 回目のイテレーションで 99％の精度に達するが、それ以上はイテレーションを回しても精度向上は見てとれない。このことは損失値でも同様の傾向にある。これらのことから、LuNet-5 では約 5 回のイテレーションで 99％以上の高い分類精度を確保する性能が得られることが確かめられた。

検証データ 10,000 枚の識別能力を図 8.4 に示す。誤認識が多いパターンについて画像を個別に確認すると、「9」の画像が「4」と誤って識別されるケースが 7 件あった。次いで、4 件の誤判定があったのは「2」を「7」と誤るケース、「4」を「9」と誤るケース、「6」を「0」と誤るケース、「7」を「2」と誤るケースの 4 パターンがみとめられた。しかし、これ以外の誤判別は数枚のレベルにとどまっていることがわかる。このように、LeNet-5 の基本構造だけでも優れた画像の認識と識別が行えることが見て取れよう。

このように CNN は学習データによるモデル構築・最適化を行う教師あり機械学習の一形態であり、分類タスクにおいてはラベル付きのトレーニングデータを用いて特徴抽出とクラス分

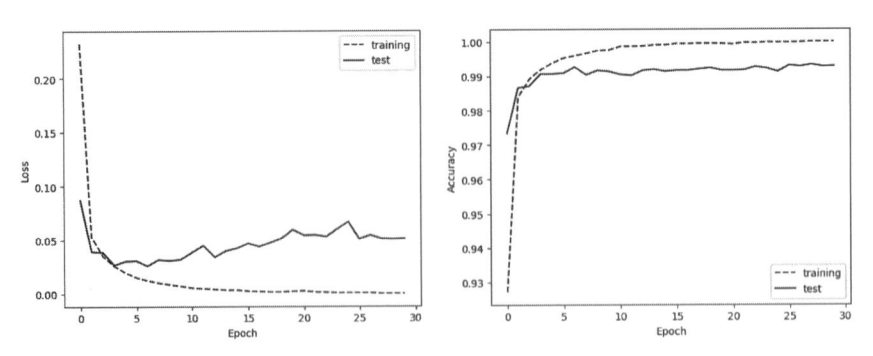

図 8.3　LuNet-5 の損失値（左）および精度（右）のエポック数の依存性

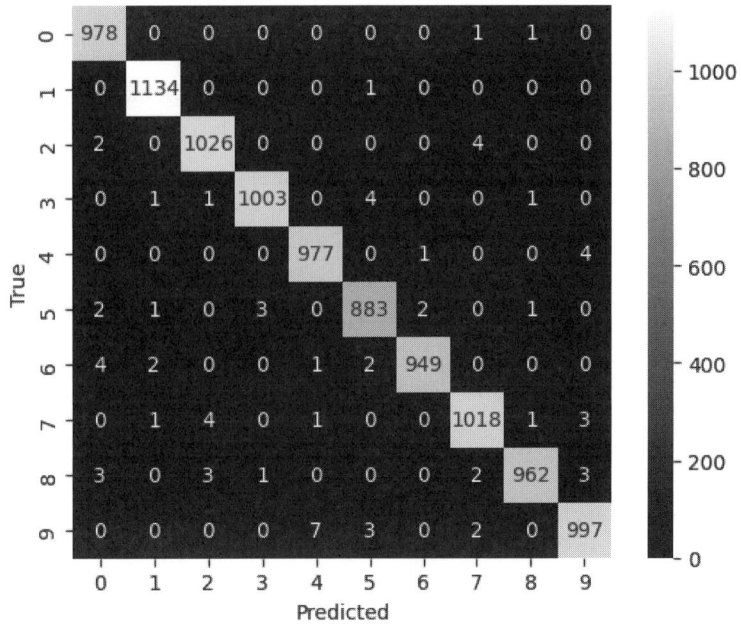

図 8.4　LuNet-5 による MNIST の識別能力

類を同時に行うことができる。

　しかしながら、ラベル付きデータの入手は一般的に困難であるため、データのラベリングに関連するコストが課題となる。また、CNN は学習データに含まれていない新たな画像の生成は行えない。

8.3　オートエンコーダ

■■■ オートエンコーダ（AE）のアーキテクチャ

　2006年に Hinton らは、ニューラルネットワークを用いた非線形の次元削減の方法としてオートエンコーダ（AE）の手法を提案した（Hinton et al., 2006）。この手法は、従来の線形次元削

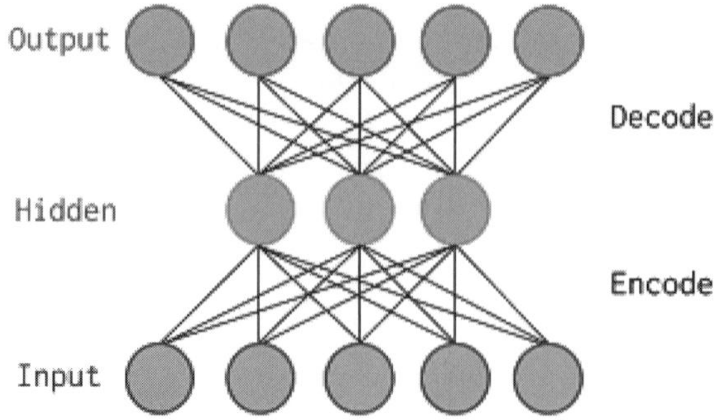

図8.5　オートエンコーダの模式図
(CC BY-SAのもと Wikipedia より参照. https://jp.wikipedia.
org/wiki/オートエンコーダ)

減手法である主成分分析（PCA）などに比べて、より複雑なデータ構造を効果的に捉えること
ができる。

　AE は入力データを圧縮して低次元の潜在表現に変換し、その後に元のデータを再構築する
ニューラルネットワークである。基本的な AE は、図8.5 にあるようなエンコーダ（Encoder）
とデコーダ（Decoder）の2つの部分から構成される。

COLUMN
AE

オートエンコーダは、深層学習における代表的な砂時計型モデルである。Hinton は
オートエンコーダを、主成分分析（PCA）の非線形次元削減の一般化を目指して提案
した。彼の論文の冒頭では、次のように述べている。

『高次元データの分類、可視化、情報伝達、保存を容易にする手法が次元削減である。
その中でも広く使われている手法の一つが主成分分析（PCA）である。PCA はデータ
セット内の分散が最も大きい方向を見つけ、各データポイントをそれらの各方向に
沿った座標で表現する。今回、私たちは PCA の非線形一般化を提案する。この手法で
は、多層の適応型「エンコーダ」ネットワークを使用して高次元データを低次元のコー
ドに変換し、同様の「デコーダ」ネットワークでコードからデータを復元する。』(Hinton
et al., 2006)

①エンコーダ（Encoder）：エンコーダは複数の層からなるニューラルネットワークで構成され、入力データの高次元の特徴を学習して隠れ層（Hinton らの論文では Code 層と呼んでいる）の低次元の潜在表現として変換する。

②デコーダ（Decoder）：デコーダも複数の層からなるニューラルネットワークで構成され、エンコーダで圧縮された隠れ層（潜在表現）から元のデータに近い高次元化へ再構築する。

これにより、入力データを潜在空間と呼ばれる低次元の隠れ層（中間層）に圧縮し、重要な特徴を保持することができる。さらに、デコーダを使って潜在空間からデータを再構築することで、非線形の次元圧縮情報であってもデータを復元できることが示された。特に画像データでは、主成分分析（PCA）と比較しても高い再現性があることが確認された。

■■■ Python による AN の次元削減検証（サンプルコード 8.2）

サンプルコード 8.2 を実行し、オートエンコーダ（AE）と主成分分析（PCA）の出力結果を実際に比較してみよう。

図 8.6 には、MNIST データセットに対して、PCA と AE を使って次元削減と再構築を行った画像が示されている。PCA では、全体的に画像がぼんやりしており、「0」や「1」といった数字の特徴はかろうじて捉えられているが、他の数字はうまく復元できていない。一方、AE を使用した場合、多くの数字の輪郭がはっきりと再現されており、元の画像の数字とも高い精度で一致していることがわかる。これらの結果から、AE は PCA に比べてより正確にデータを復元できる能力があり、潜在表現の学習においても優れた性能を持つことが示される。

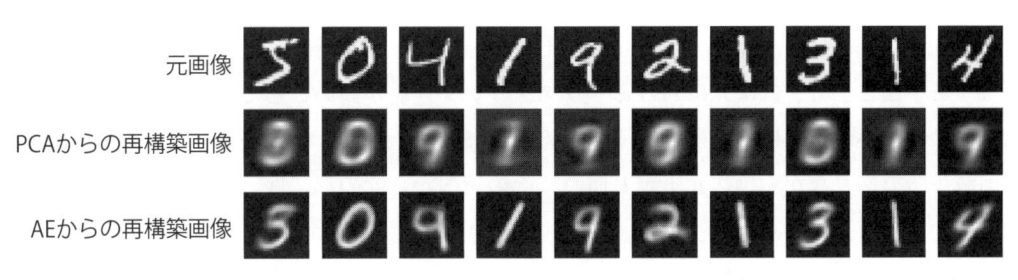

図 8.6 MNIST の主成分分析（PCA）による二次元の次元削減を経て再構築された場合、およびオートエンコーダによる二次元の潜在表現（Z）を経て複号化で再構築された場合の画像

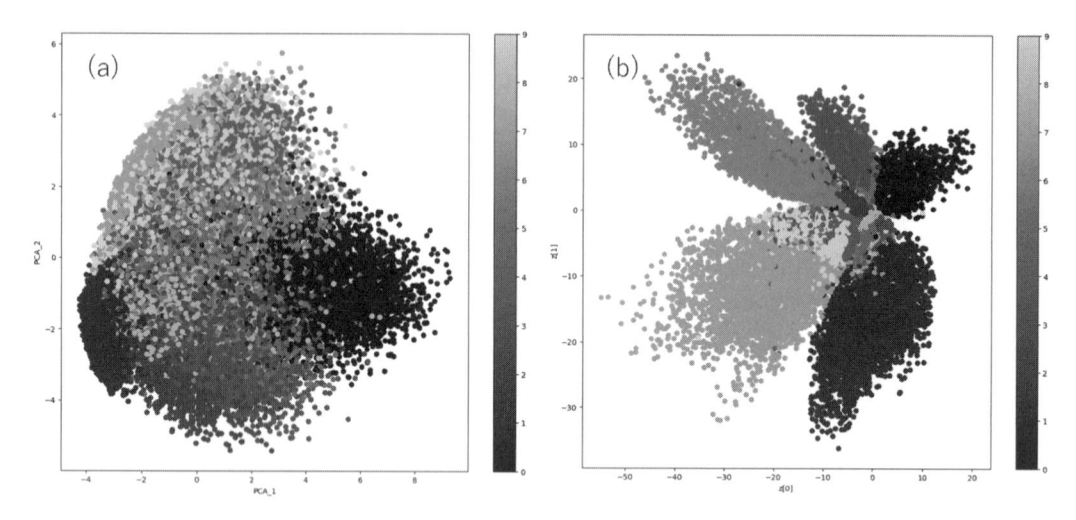

図 8.7　(a) MNIST の主成分分析（PCA）、および（b）オートエンコーダによる潜在表現（Z）

　図 8.7 には、(a) PCA を使った二次元の次元削減結果と、(b) AE を使った二次元の潜在表現のマッピングが示されている。PCA では、各数字のクラスターが重なってしまい、明確に分類することが難しい。一方、AE を使った次元削減では、各クラスターの境界がよりはっきりとしており、分類性能が向上していることがわかる。この結果から、AE は PCA に比べて情報を圧縮し、元のデータを復元する能力に優れていることが確認できる。

　一般に知られているように、非線形次元削減手法は情報損失を伴うことが多く、一度次元削減された情報を元の形に復元することは困難である。例えば、代表的な t-SNE（t-distributed Stochastic Neighbor Embedding）（Hinton et al, 2002）　や UMAP（Uniform Manifold Approximation and Projection）（McInnes et al, 2018）は、高次元データを低次元に非線形的に削減する手法として、低次元におけるクラスタリング性能が高いことで知られているが、元の高次元の情報への復元は不可能である。この点において、オートエンコーダ（AE）は非線形次元削減手法でありながら、次元圧縮と同時にその情報から元の形に近い復元を可能にする点で優れていると言えよう。

　オートエンコーダの強みは、次元削減後の情報を元の形に近づけて再構築できる点にある。

これは、AE がデータの非線形な特徴を捉える能力に起因し、データの重要な構造を保持しながら次元削減を行うことが可能であるためである。AE は、データの本質的な構造を維持しつつ効率的に次元削減を行い、その後の復元も高精度で行えるため、次元削減と情報の圧縮・復元を一体的に行いたい場合に非常に有効な手法と言える。

8.4 変分オートエンコーダ

■■■ 変分オートエンコーダ（VAE）のアーキテクチャ

オートエンコーダは非線形の次元削減の手法でありながら、次元圧縮と同時に、その情報から元の情報に近い形で復元を可能にする手法として画期的であったが、その潜在空間の意味付けは、特に画像のようなデータを入力データとした場合にはその解釈が困難となる課題が認められた。2013 年に発表された変分オートエンコーダ（VAE）（Kingma et al, 2013）は、これらの課題を克服する。VAE は、エンコーダの出力層に平均（μ）と分散（σ）のベクトル値を出力して中間層（潜在空間）（z）に保持する。続いて画像再現においては、これらの潜在空間に保持されている確率分布のパラメータからサンプリングを行い、デコーダにおいて元のデータを再構築する。一般に、その確率分布はガウス分布を仮定し、平均 0 を中心とした標準正規分布に付置する。

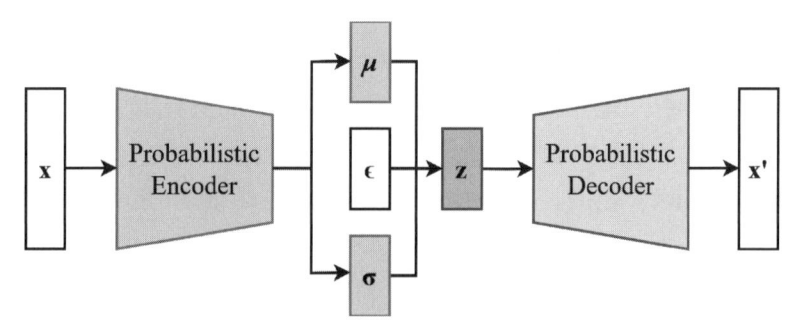

図 8.8　変分オートエンコーダの模式図
（図は CC BY-SA のもと Wikipedia より参照. https://en.wikipedia.org/wiki/Variational_autoencoder）

表 8.1　オートエンコーダと変分オートエンコーダの比較

	AE	VAE
潜在空間の モデリング 方法	潜在空間の分布を明示的にモデル化しない。エンコーダは入力データを潜在表現に変換し、デコーダはその潜在表現を元のデータにデコードするが、潜在空間の構造や分布については何も仮定しない。	潜在空間の分布を明示的にモデル化する。エンコーダは入力データを潜在空間の確率分布 $(\mu,\ \sigma)$ のパラメータに変換し、デコーダはその確率分布からサンプリングされた潜在変数を使用してデータを生成する。
損失関数の 構成	再構築誤差（入力とデコードされた出力の差）を最小化するように学習する。	再構築誤差に加えて、KL（Kullback-Leibler）情報量も損失関数に含む。この項は、エンコーダの出力する潜在空間の分布と事前分布（通常はガウス分布）との間の一致の度合いを測る。

　VAE の主な利点は、潜在変数に確率分布を導入することで、潜在空間の連続性や解釈性を向上させることが可能になることにある。また、潜在空間内での操作によって入力データにはない新しい画像を生成することが可能であることが示されている。オートエンコーダ (AE) と変分オートエンコーダ VAE は、データの次元削減と復元というプロセスにおいて共通しているが、潜在空間におけるモデリングや、モデル評価（損失関数）においては以下のような差異がある。

■■■ Python による VCA の画像生成検証（サンプルコード 8.3）

　サンプルコード 8.3 を実行し、MNIST データセットを VAE により次元圧縮した。図 8.9 は、その潜在空間の表現を示している。非線形の次元削減手法であるため、横軸や縦軸には主成分分析のような明確な意味をもたせることはできない。

　MNIST の 0 から 9 までの数字に関する分布は、カラーバーを用いて可視化されている。0 から 9 の数字の分布は必ずしも 10 個の明確なクラスターに分かれているわけではないが、例えば「0」の特徴は左下の領域に集中し、「1」のクラスターは右上の領域に集中していることが観察される。他の数字のパターンについても、「0」のように環を描く数字は左下の「0」側に近い分布を示し、一方で環を描かない数字は右上の「1」側にシフトするように配置されている。このような分布から、VAE による次元圧縮が数字の形状に基づく潜在空間を形成していることが理解できる。

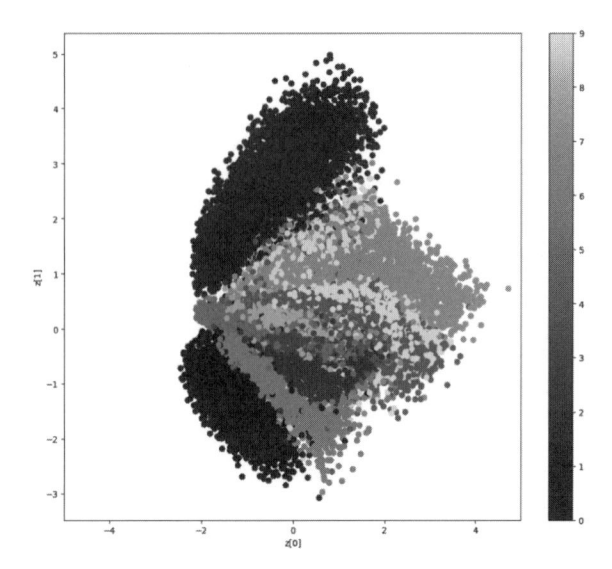

図 8.9　MNIST の VCA によって次元圧縮された潜在空間の表現

　図 8.10 は上記の分布を 30×30 のグリッドで分割したときの画像を可視化している。左下からy 軸に沿って移動すると、「0」→「6」→「5」→「8」→「7」→「1」と画像が遷移していることが観察される。なお、この図に示されている 900 枚の画像は MNIST の画像そのものではないことに留意されたい。これらの画像は、MNIST の入力データを潜在空間の確率分布 (μ, σ) のパラメータに変換し、デコーダはその確率分布から 30×30 の代表点でサンプリングされた潜在変数を使用して「生成」された手描き風の画像データとなっている。潜在変数の値を変化させることで生成されるデータも滑らかに変化していることが、この例からも理解できるであろう。

　このように VAE は、入力データを潜在変数にエンコードし、その潜在変数から再び元のデータにデコードするオートエンコーダの一種であり、確率的な生成モデルとして機能することが理解できたであろう。これにより、データの生成過程に不確実性を導入し、多様な生成データを得ることが可能となる。

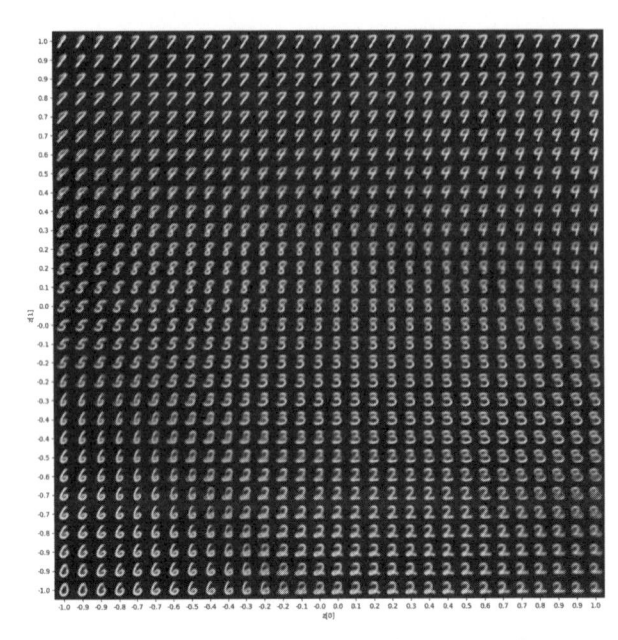

図 8.10　図 8.9 の分布を 30×30 のグリッドで分割した画像の可視化図

8.5　マーケティングへの応用

■■■ 商品画像への生成 AI の適用

　最後に、VAE のマーケティングにおける活用を意識して、MNIST のデータセットに代わり、Fashion-MNIST（Xiao et al, 2017）のデータセットを使って同様のサンプルコード 8.3 を実行した結果について示す。Fashion-MNIST は、MNIST の手描き風の画像に代わり、ファッションの商品イメージに類した画像集となっている。Fashion-MNIST のデータ構造も MNIST でのコードがそのまま使えるように 10 種類の商品からなるラベルが付されていることのほか、6 万枚のトレーニングデータと 1 万枚のテストデータとすることでも MNIST とデータセットの規模を同じくしている。なお、ラベルと商品は次のように設定されている。

1. T-shirt/top（T シャツ/トップス）
2. Trouser（ズボン）
3. Pullover（プルオーバー）
4. Dress（ドレス）
5. Coat（コート）
6. Sandal（サンダル）
7. Shirt（シャツ）
8. Sneaker（スニーカー）
9. Bag（バッグ）
10. Ankle boot（アンクルブーツ）

　図 8.11 は、Fashion-MNIST を VAE で最適化した 15×15 のグリッドで配置した潜在空間の画像分布を示している。コードの構成はグリッドの配置を変えた以外は、上記の MNIST と全

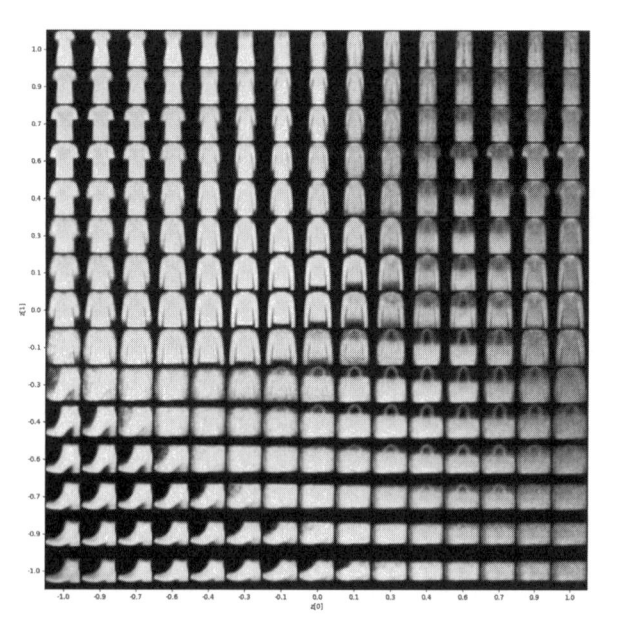

図 8.11　Fashion-MNIST の VAE による画像分布を 15×15 のグリッドで分割した画像の可視化図

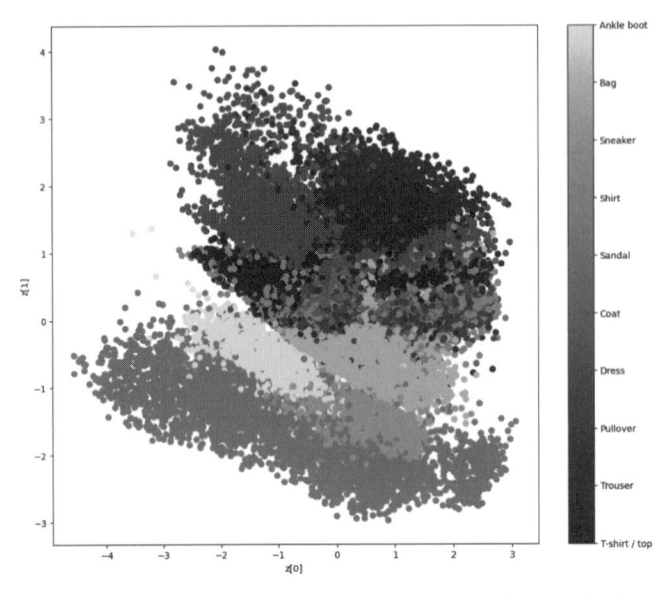

図 8.12　Fashon-MNIST の VCA によって次元圧縮された潜在空間の表現

く同一とした。左下には「Ankle boot（アンクルブーツ）」が配置され、y 軸に沿って移動すると、「Coat（コート）」から「T-shirt/top（T シャツ/トップス）」、「Dress（ドレス）」に近い画像へと遷移する様子が見てとれる。

　図 8.12 は、Fashion-MNIST の VAE によって次元圧縮された潜在空間の表現を示している。カラーバーのコントラストは商品と対応するように色付けされている。ここでも MNIST と同様に明確に 10 個の商品クラスターに分かれているわけではないが、靴系の商品は下半分に、トップス系の商品は上半分に分布していることがわかる。

■■■ マーケティングへの応用

　変分オートエンコーダ（VAE）は、画像データを潜在空間に圧縮し、その空間から画像を再構築する強力なツールであることがみてとれよう。潜在空間は、元の高次元データ（例：画像）の重要な特徴を低次元形式で表現するものであるが、Fashion-MNIST データセットの例からも

わかるように、10 種類の商品の画像における潜在空間の情報縮約、類似商品のマッピング、および商品の再構成が示されている。

　画像を活用したマーケティング分野においては、この豊富な画像情報を基に、画像の分類や生成にとどまらず、マーケティング戦略や顧客属性の分析に応用できることが理解される。以下に、VAE の具体的な応用例を 5 つ挙げる。

①顧客セグメンテーション：VAE によって生成された潜在空間に、顧客の画像データをマッピングすることで、顧客の行動パターンや属性を詳細に分析できる。ファッションアイテムの購入履歴や好みのスタイルを潜在空間にマッピングすることで、類似した嗜好をもつ顧客群を特定し、効果的にセグメント化できる。

②ターゲット広告：顧客の潜在ベクトルを基に、個々の顧客に最適化された広告を表示できるようになる。特定の潜在空間の領域に属する顧客には、共通の特徴をもつ新商品やプロモーションを提供できる。

③リコメンデーションシステム：潜在空間上で近接している商品を推薦するシステムを、購買履歴の関係性ではなく、潜在空間における近接性の観点から構築できる。顧客の潜在ベクトルに基づいて、最も関連性の高い商品を提案することで、購買意欲を高めることが期待される。

④新商品のプロトタイプ：潜在空間を利用して新商品のデザインを戦略的に行うことができる。例えば、特定の潜在空間に基づいて新しいファッションアイテムのプロトタイプを生成し、そのデザインをテストできる。

⑤市場テスト：新商品の潜在ベクトルを基に、顧客に仮想的な商品を提示し、その反応を分析することで、市場投入前にフィードバックを得ることができる。これにより、リスクを最小限に抑えた商品開発が可能になる。

　VAE を用いた潜在空間の分析は、マーケティングにおいて多様な応用が期待される。顧客の属性と画像データをマッピングすることで、顧客セグメンテーション、パーソナライズド・リコメンデーション、需要予測、新商品開発など、さまざまな領域で効果的な戦略を展開できるであろう。

松本　健

第**9**章

アップリフトモデルを用いた
インセンティブ最適化

CRM 戦略の基本は、**新規集客、既存顧客の育成、既存顧客の離反防止**である。近年、アップリフトモデルというアイデアを使ったインセンティブ最適化に着目が集まっている。

セグメントで市場を扱うよりも One to One にすることで、個々の顧客に対しては効率が良くなるが、その反面アップリフト効果を測定することが難しくなっている。

この分野では統計モデルや機械学習など様々な方法が提唱されている。本章では機械学習系ではツリー分析と SVM（サポートベクターマシーン）の応用法を紹介する。さらに顧客の異質性を考慮した階層ベイズモデルによるアップリフトモデルを紹介する。

9.1 アップリフトモデルとは何か

■■■ CRM の 3 つの戦略

近年、インターネット経由で商品を購入する消費者数は増加傾向となっており、サイト間の競合状態は熾烈である。マーケティングを効率化するための戦略として CRM（Customer Relationship Management）が脚光を浴びている。

CRM では、①**新規顧客獲得**、②**既存顧客のランクアップ**、および、③**優良顧客維持**、それぞれに戦略を立てなければならない。これら 3 つの戦略でも既存顧客（②既存顧客と③優良顧客維持）に関連する戦略が費用対効果の側面から優先度が高いと言われている。一方、サービスのスタートアップ段階では、①新規顧客獲得も重要な戦略となっている。新規獲得を狙いとした戦略としては、リスティング広告（外部集客）を用いることが多い。リスティング広告は、キーワード単位の入札金額とそのキーワードの品質によって順位が決定するが、基本的には、入札金額を高く設定すれば、検索結果の上部に自社広告を表示できる。また、消費者の多くは上位に表示された広告から順番にクリックする傾向にあるため、競合他社よりも上位に表示することが重要な戦略となる。しかし、どの競合サイトもリスティング広告に莫大なコストをかけてきており、より売上を伸ばす施策としては頭打ちの傾向にある。新しい集客施策の案として既存会員向けの施策開発（内部集客）が強く求められている。

②優良顧客維持、③既存顧客のランクアップを実現する具体的な戦略としては、電子メール、SNS、クーポンやポイント施策などが考えられる。しかし、施策の効果を計量的に評価するこ

とは一般的に難易度が高く、AB テストを利用した施策評価を行っている事例は多いものの、One to One レベルで正確に施策効果を評価できている事例は少ない。既存顧客に関するインセンティブ最適化と知見獲得についてのアプローチを紹介したい。

■■■ インターネットマーケティングの特徴

インターネットマーケティングにより、CRM の考え方は大きな影響を受けた。インターネットマーケティングは、オンラインマーケティングやデジタルマーケティングとも呼ばれ、E メールや SNS といったデジタルチャネルを通じて行われるマーケティングのことである。インターネット広告市場は、2022 年において 3 兆円を超えており、流通業全体の 2.6% となっている。一方、マスコミ四媒体（新聞、雑誌、ラジオ、テレビ）広告費の合計は 2 兆 3,985 億円。2021 年にはインターネット広告費が初めてマスコミ四媒体広告費用を超えた。急速なデジタル化が進む中、インターネットマーケティング全体が流通業に与える影響はますます増加していくと予想される。

インターネットマーケティングの特徴は、次の 4 つである。

【特徴その 1】消費者の行動のプロセスをトレースできるという点

インターネット上では、行動ログデータを利用することにより、消費者が購入した商品だけでなく、閲覧し購入した商品、閲覧したが購入に至らなかった商品、閲覧しなかった商品を把握することができる。この点は、スーパーマーケットなどでの消費者の購買行動の結果を示す ID 付き POS データと大きく異なっている。ID 付き POS データでは、来店した、購買したということはデータとして獲得できているが、他の店舗への来店や、どの商品を比較対象にしたのかといったことはトレースできない。その意味で、インターネット上のマーケティングは、消費者行動をより精緻に捉えられるという利点を有しているのである。

【特徴その 2】マーケティング実施までのスピード感の高さという点

インターネットマーケティングは言うまでもなく、ウェブ上の消費者を対象としたマーケティングである。ウェブサイトの変更は容易であり、例えば通常の小売店頭のような場と比較すると、マーケティング戦略を想定し、実現するまでの時間が短縮できる。企業は、AB テスト（複数の画面を消費者ごとに出し分け戦略の効果を探る手法）を実施し、その結果に基づき

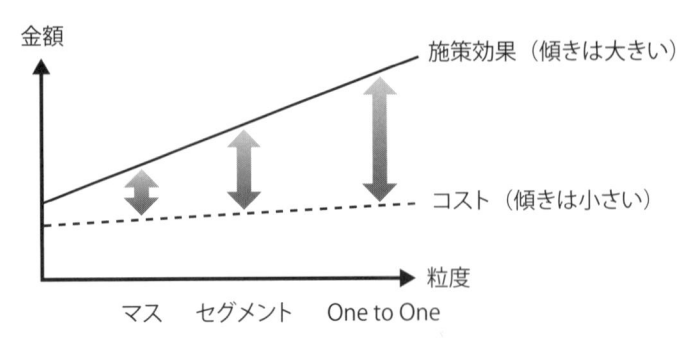

図 9.1　施策粒度と期待される効果の関係

戦略を実現するといったアプローチを多用し、成果を上げている。

　一方、ウェブサイトのユーザビリティなど良いアイデアを発見し、一時的に競合との差別化ができたとしても、競合他社にすぐに模倣されてしまう。そのため、ウェブサイトの機能による差別化をすることは難しいといった負の側面も生じている。

【特徴その3】マーケティングに要するコストを低減できる点

　ウェブ以外で展開される業種のマーケティングでは、消費者に対し何かの施策を行う場合、マスからセグメント、さらに One To One と粒度を細かくしていくと、それにともなってマーケティングコストが増大する。一方、インターネットマーケティングでは、図 9.1 に示すように粒度を細かくしても、コストはそれほど増えないのが大きな利点となる。

【特徴その4】個別対応のマーケティングが容易に実現できる点

　インターネットマーケティングでは、一点目に指摘したように消費者一人ひとりの様々な行動をトレースできている。そもそも一人ひとりの違いを踏まえた施策を実現しうる仕組みになっているのである。そのため、上記の利点にも関連することであるが、一人ひとりの行動を精緻に捉えることができれば、従来の手法よりもコスト効率のよい効果的なマーケティング活動が実現できるのである。

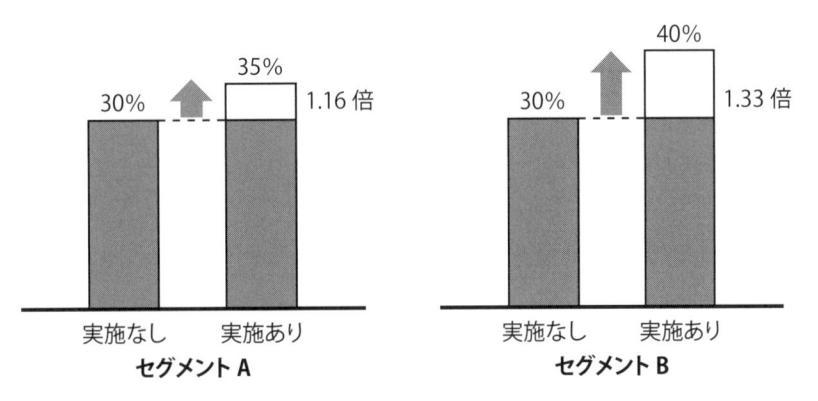

図 9.2　アップリフト効果の定義

■■■ アップリフト効果の定義

図 9.2 に示すように、施策の効果は、その実施時と非実施時の成果変数の差として評価することになる。

アップリフト効果の測定には、本質的に解決困難な問題が内在している。理屈上、アップリフト効果は、同じ消費者に対して施策を実施した場合と実施しなかった場合の成果をそれぞれ測定し、その差として評価しなければならない。しかし、ある個人に施策を打てば、施策を打たなかった時の成果を測定することはできず、その逆もまた同様である。実務における解析では、上記課題に対応する手段として、いくつかの顧客セグメントを構成し、そのセグメントごとにアップリフト効果を評価する。

具体的には、何らかの基準で顧客をセグメント化し、構成したセグメントごとに施策実施群（例えばクーポン付与）と施策非実施群（例えばクーポン非付与）に分ける。その上で実際に施策を実施し、セグメントごとに上記のアップリフト効果を評価する。

最終的に最もアップリフト効果の大きいセグメントを見出し、以降の施策に用いる。

実際に、このアプローチで実施した施策は効果がある。今後、より施策効果を高めるために、より粒度の細かいセグメントを構成することも考えられるが、1 セグメントあたりの対象者数が少なくなってしまい、単純なアプローチではクーポンによるアップリフト効果を正しく評価できない。細かい粒度の顧客セグメントでも精度高くアップリフト効果を評価するには、解析技術の高度化が必須である。One to One に近い状態で精緻な評価さえ実現できれば、**より施策**

が有効に機能する顧客を把握でき、結果マーケティング効率を高めることができる。アップリフトモデルについて様々な考えやモデリング方法が提唱されている。それぞれのモデリング手法の特徴について解説したい。

9.2 アップリフト効果の検証法

■■■ AB テストを用いた効果検証の限界

AB テストとは、統計的に言えば治験などで用いられるランダム化比較試験（RCT：Randomized Controlled Trial）と同等のものであり、研究対象者をランダムに 2 つのグループに分け（ランダム化）、一方には評価したい成果変数を高めるための介入を行い（介入群）、もう一方には介入群とは異なる施策（何もしないも含む）を行う。その上で、一定期間経過後そのグループ間で成果変数に違いがあるかどうかを検証するのである。規模の大きいセグメント間を比較するのであれば、AB テストがある程度機能することは経験的にわかっている。しかし、問題点がいくつか存在する。より精緻に消費者の行動を反映したセグメンテーションを実施するためには、より多次元の変数を用いる必要がある。

1）性別や年齢といった単純なセグメントで実験する場合、同じセグメントに入っている消費者の効果は同じであると扱ってしまう。そこから得られるマーケティングの知見には限界がある。より効率の良いクーポン配布を目指す場合、多くの変数を用い、セグメント数を増やす必要がある。
2）性別、年齢に加え、Recency、Frequency、さらに、細かい行動履歴とクーポン付与の有無といった変数をクロスし、セグメントを構成することをイメージして欲しい（図 9.3 右図の複雑なセグメント）。
   セグメントを細かく切りすぎたことで人数が少ないセグメントが多発してしまい、結果 AB テストはきちんとワークしない。表 9.1 ではクーポンを付与しない方がクーポンを付与するよりも CVR が高くなっているが、これは統計的な誤差の範囲である。
3）この問題を解決するために Recency、Frequency といった変数と購入効果の関係を考える

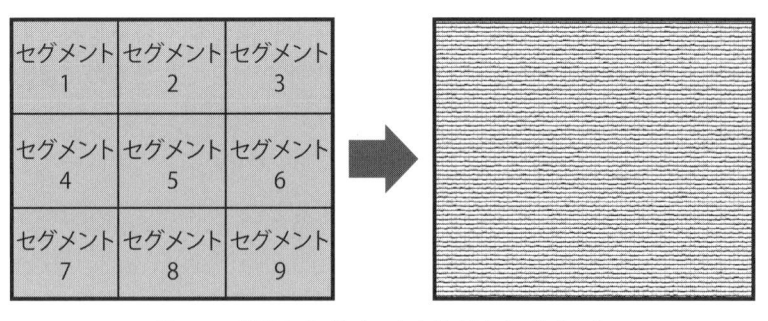

図 9.3　単純なセグメントと複雑なセグメント

表 9.1　クーポン付与と未付与の CVR 比較

	未付与者の CVR	付与者の CVR
セグメント A	27%	20%

11 人中の
3 人

10 人中の
2 人

際に、そこに効果の単調性を考えることが自然である。例えば、Recency が大きくなるにつれ、購入効用は小さくなる（もしくは大きくなる）といった仮説が考えられるが、単純な AB テストでは隣のセグメント間の関係は考慮できないし、マーケティング施策の知見の獲得は難しい。

9.3　データサイエンスの適用

■■■ ルールベースからデータサイエンスによるアップリフトへの拡張

　施策担当者が自分でセグメントを考え、クーポン施策を運用するには限界がある。AB テストによるリフト計算はセグメントが細かくなると、正しく施策効果を測定できないという問題があった。そこで、統計モデルや機械学習モデルを用い、クーポンを付与した時の購買確率とクーポンを付与しない時の購買確率を計算することで、個人ごとにアップリフトのスコアを測

定することを考える。現在では、さまざまなアイデアが提案されているが、それぞれ長所と短所が存在する。各手法の特性を理解しないと大きな失敗を犯してしまうので注意が必要だ。

▧▩■ 本章で扱うサンプルデータの説明

サンプルデータとして、表 9.2 の形式のデータを用意した。

アップリフト効果は Frequency に依存し、Recency には依存しない擬似データを作成した。Frequency が小さいほどアップリフト効果は大きくなっている。そして、Frequency が 6 以上においては、アップリフトの効果が 0 になるように設定している。

図 9.4 は、Frequency 別にクーポン付与を付与したグループ（TG）とクーポンを付与しなかったグループ（CTL）の購入確率とその差分（アップリフト）を計算したものである。データ発生の定義通り、Frequency が小さいほどアップリフト効果は大きく、Frequency が 6 以上においてアップリフトの効果は見られない。

表 9.2　本章で扱うサンプルデータ

F	R	P	y
1	2	1	1
3	3	0	0
7	6	1	0
2	5	0	0
4	10	0	0
2	2	1	0
4	4	0	0
2	4	1	1
1	2	0	0
1	3	1	0

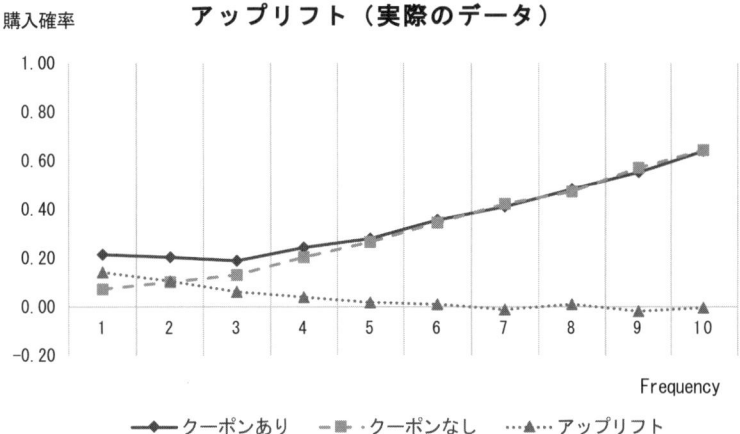

図9.4 Frequency別のアップリフト効果

■■■ ロジスティック回帰分析のアプローチ（1モデルアプローチ）

個人ごとのアップリフト効果（施策効果）は以下で計算できる。

- クーポンを送った時の確率：$p(y|p=1)$
- クーポンを送らなかった時の確率：$p(y|p=0)$
- アップリフト効果：$p(y|p=1) - p(y|p=0)$

1モデルアプローチ（Single Model Approach）

ロジスティック回帰モデルを1つ作成し、トリートメント効果を直接予測する方法を紹介する。特徴量に施策効果を入れて、ロジスティック回帰モデルを作るやり方である。問題を簡単にするため、説明変数としてRecency (r), Frequency (f)、クーポン付与 (p) を用い、商品を買ったかどうか (y) を予測する問題を考える。

$$logit(y) = \beta_0 + \beta_1 r + \beta_2 f + \beta_3 p + \varepsilon$$

クーポン付与の説明変数をモデルに入れることで、クーポンをもらった時ともらわなかった時の確率の差分（アップリフト効果）が計算できる。

```
glm(formula = y ~ F + R + P, family = binomial(link = "logit"),
    data = dat_train)
Coefficients:
             Estimate Std. Error z value Pr(>|z|)
(Intercept) -0.403955   0.052590   -7.681 1.58e-14 ***
F            0.423572   0.007836   54.053  < 2e-16 ***
R           -0.696312   0.009685  -71.893  < 2e-16 ***
P            0.305381   0.037860    8.066 7.26e-16 ***
```

このモデルから、Frequency（F）が 1 増えるとオッズ比が 0.423 増え、Recency（R）が 1 増えるとオッズ比が − 0.696 増え、クーポン（P）をもらうとオッズ比が 0.305 増える。具体的には、Frequency が増えると購入する確率が増え、Recency が増えると購入する確率が減り、クーポンをもらうと購入する確率が増えるということを示している。このことは感覚的にも自然な結果である。

作成したモデルから顧客ごとにクーポンを付与した時の確率とクーポンを付与しなかった時の確率の差分を計算することで、顧客ごとのアップリフトモデルを計算することができる。モデル学習用のデータでモデルを作成し、作成したモデルを別の新しいテストデータに適用し精度、AUC[1]、ROC 曲線を計算した。精度は 84.0%、AUC は、0.899 となった。

今回作成したロジスティック回帰モデルの混同行列の結果を表 9.3 に、ROC 曲線を図 9.5 に示す。

表 9.3　ロジスティック回帰モデルの混同行列

		実測	
		0	1
予測	0	16301	2449
	1	1557	4693

---

[1] 図 9.5 のような ROC 曲線を作ったときに曲線から下の面積を AUC（Area Under Curve）という。AUC が 1 に近いほど分類能力が高いことを示す。

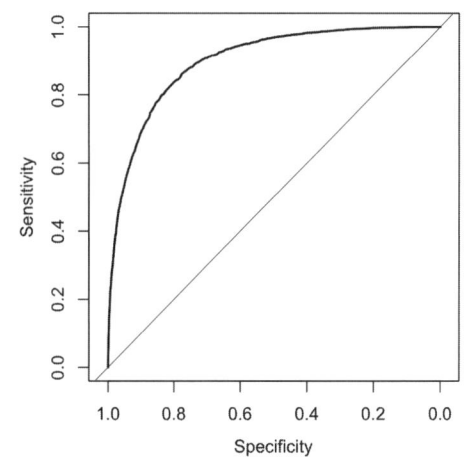

図9.5 ロジスティック回帰モデルの ROC 曲線

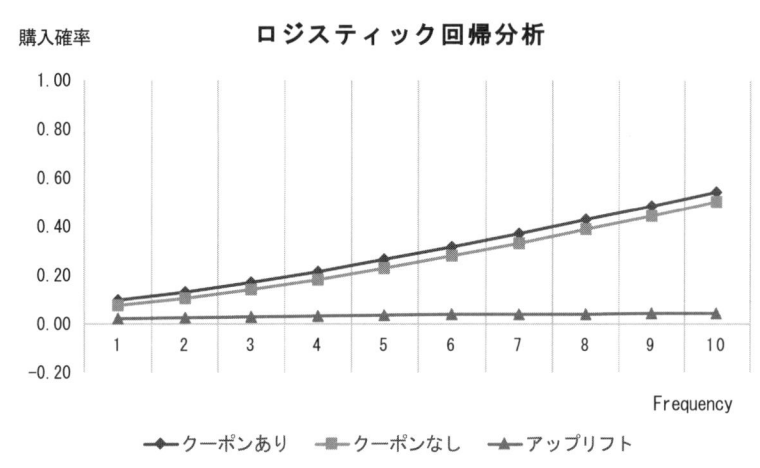

図9.6 ロジスティック回帰分析の感度分析

　モデルの精度、AUC などを確認すると、上手くモデリングができている様に思えるかもしれない。では、実際にどのように予測しているか感度分析を行った結果が図 9.6 である。

　図 9.4 に示した実際のアップリフト効果と比較をすると、随分と結果が異なっているのが分かる。このあたりがアップリフトモデルの難しいところであり、怖いところでもある。本来、アップリフトモデルというのは、企業側が施策効果の効率が良いと思われる顧客を抽出し、そ

こにクーポンやポイントの付与を行う。全体の精度よりもクーポンをもらった時ともらわなかった時の差分を正しく測定することが重要なのである。

なぜ、今回のモデルでは、アップリフトを表現できなかったのか？　今回のロジスティック回帰モデルでは、

$$logit(y) = \beta_0 + \beta_1 r + \beta_2 f + \beta_3 p + \varepsilon$$

クーポン効果を一律に $\beta_3 p$ として表現してしまっていることが問題である。元々のアップリフトモデルの思想としては、人によって広告の感度が違うため、その人の異質性（クーポン感度の違い）をモデル化することであった。しかし、このモデルでは、全員同じパラメータ β_3 で表現している。この様に、シンプルなロジスティック回帰モデルを作成するだけでは、顧客ごとの広告の効果を正しく測定することはできない。

■■■ 交互作用項を含むロジスティック回帰のアプローチ（1 モデルアプローチ）

単純なロジスティック回帰モデルは、クーポン効果の異質性を表現することができなかった。そこで、交互作用項を含むモデルを作れば良いのではないかという発想になる。交互作用項を含むロジスティック回帰とは、説明変数の中に交互作用項を加えたロジスティック回帰のことである。

前回のモデルからのアップデートとして、下記のモデルを考える。

$$logit(y) = \beta_0 + \beta_1 r + \beta_2 f + \beta_3 p + \beta_4 rp + \beta_5 fp + \varepsilon$$
$$= \beta_0 + \beta_1 r + \beta_2 f + (\beta_3 + \beta_4 r + \beta_5 f)p + \varepsilon$$

上記の数式では、$\beta_4 rp + \beta_5 fp$ が交互作用項になる。クーポン効果として、全員一律の効果ではなく、Frequency や Recency によってクーポンの効果（クーポン感度）が異なるという工夫を入れている。

モデルの推定結果は以下である。

```
glm(formula = y ~ F + R + P + F * P + R * P,
  family = binomial(link = "logit"), data = dat_train)
```

```
Coefficients:
            Estimate Std. Error z value Pr(>|z|)
(Intercept) -0.888893  0.073553 -12.085  <2e-16 ***
F            0.502625  0.012106  41.519  <2e-16 ***
R           -0.697830  0.014223 -49.063  <2e-16 ***
P            1.201374  0.099566  12.066  <2e-16 ***
F:P         -0.145662  0.015935  -9.141  <2e-16 ***
R:P         -0.002091  0.019483  -0.107   0.915
```

　交互作用なしと、交互作用ありのロジスティックモデルの回帰係数を表 9.4 に示した。係数の絶対値は異なるが、傾向は前回同様と似た傾向になっていることがわかる。つまり、Frequency が増えると購入する確率が増え、Recency が増えると購入する確率が減り、クーポンをもらうと購入する確率が増える。また、クーポンの効果だが、Frequency が増えるとクーポンの効果は小さくなり、Recency とクーポンの効果は関係があるとはいえない（有意でない）。実際に、今回のシミュレーションデータにおいては、Frequency が小さいほどアップリフト効果は大きく、Frequency が 6 以上においては、アップリフトの効果は、0 と設定している。

　表 9.5 は二つのモデルの AUC と精度を比較した。交互作用ありの方が AUC、精度共にわずかに良く見える。では、交互作用ありのモデルがどの様に予測をしているかを前回同様に感度

表 9.4　回帰係数の比較

	交互作用なし	交互作用あり
F	0.423572	0.502625
R	-0.696312	-0.697830
P	0.305381	1.201374
F:P	X	-0.145662
R:P	X	-0.002091 （有意でない）

表 9.5　AUC と精度の比較

	AUC	精度
交互作用なし	0.899	84.0%
交互作用あり	0.901	84.1%

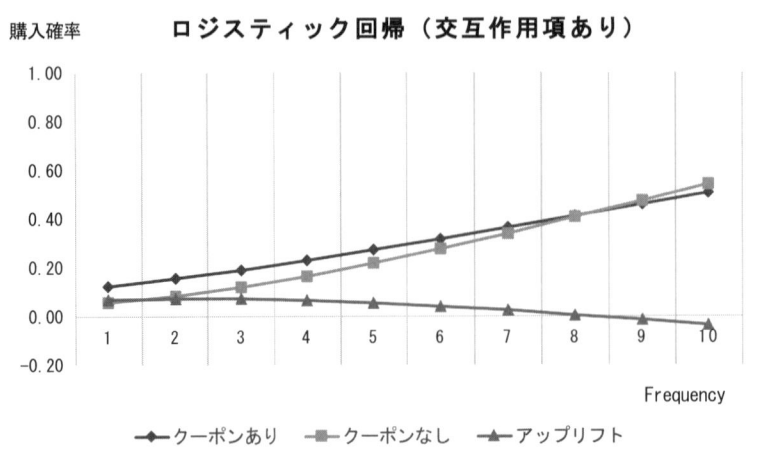

図9.7　ロジスティック回帰分析の感度分析

分析（図9.7）で確認をする。単純なロジスティック回帰では、クーポンの異質性は入っていなかったが、交互作用項を追加することで、Frequencyによってクーポン感度が変化しているのが理解できる。擬似データでは、Frequencyが大きくなるにつれアップリフト効果は小さくなり、Frequencyが6以上においてアップリフトの効果は0となる様に設定している。しかし、今回の感度分析では、Frequencyが6においてクーポン効果は残っており、さらに、Frequencyが増えるとクーポン効果が逆転している現象が確認できる。つまり、Frequencyが9と10では、クーポンをもらうことで購入確率が逆に下がってしまうという天邪鬼な顧客となってしまっていることが分かる。

　アップリフトモデルを紹介しているサイトや書籍の中には、表9.6の様に分類をしているものが多い。

　これまでの説明の通り、狙うセグメントは、説得可能な顧客である。果たして天邪鬼な顧客は存在するのだろうか。もちろんクーポンが来たから、あえて買わないという可能性は否定できない。実際は、交互作用項ありのロジスティック回帰モデルの例の様に、たまたまアップリフト効果がマイナスに計算された顧客（クーポンをもらうことで購買確率が下がるように見える顧客）がいて、それを天邪鬼と名付けているだけではないだろうか。クーポン付与により、

表 9.6　アップリフトの 4 つのセグメント

セグメント	$y, p = 0$	$y, p = 1$	$uplift$	説明
鉄板	1	1	0	クーポンの有無によらず購入
説得可能	0	1	1	クーポンがあると購入
天邪鬼	1	0	-1	クーポンがあると買わない
無関心	0	0	0	クーポン関係なく買わない

$$uplift = P(y = 1|p = 1) - P(y = 1|p = 0)$$

p はクーポン付与の有無を示している

本当に購買意欲が下がるのではなく、単に予測モデルの作り方が間違えている可能性が高い。

■■■ ロジスティック回帰分析のアプローチ（2 モデルアプローチ）

2 モデルアプローチでは、クーポン付与グループ（TG グループ）とクーポン非付与グループ（CTL グループ）のそれぞれに対して別々のモデルを構築し、予測確率の差をモデル作成後に計算するというやり方である。こちらも、1 モデルアプローチ同様によく見かけるアプローチ方法である。

ステップ 1

ロジスティック回帰を TG グループと CTL グループに対してそれぞれモデル作成を作成する。

$$\text{TG グループ}\quad : logit(y) = \beta_{0,1} + \beta_{1,1} r + \beta_{2,1} f + \varepsilon_1$$
$$\text{CTL グループ}: logit(y) = \beta_{0,0} + \beta_{1,0} r + \beta_{2,0} f + \varepsilon_0$$

ステップ 2

TG グループの予測確率 − CTL グループの予測を行い、その差分をアップリフトスコア、つまり、クーポン付与の効果と考える。

交互作用項を含むロジスティック回帰モデルと 2 モデルアプローチのロジスティック回帰モデルの回帰係数を比較（表 9.7）すると、実は同じモデルであることが確認できる。

表 9.7　回帰係数の比較

	交互作用項を含む ロジスティック回帰	2 モデルアプローチ	
		TG	CTL
切片	-0.88889 （A）	0.31248 （G）	-0.88889 （J）
F	0.50263 （B）	0.35696 （H）	0.50263 （K）
R	-0.69783 （C）	-0.69992 （I）	-0.69783 （L）
P	1.20137 （D）	X	X
F：P	-0.14566 （E）	X	X
R：P	-0.00209 （F） （有意でない）	X	X

[TG グループ]

交互作用項を含むロジスティック回帰：$p = 1$ より

切片 = (A) + (D) = (G)

F = (B) + (E) = (H)

R = (C) + (F) = (I)

[CTL グループ]

交互作用項を含むロジスティック回帰：$p = 0$ より

切片 = (A) = (J)

F = (B) = (K)

R = (C) = (L)

　交互作用項を含むロジスティック回帰（1 モデルアプローチ）とロジスティック回帰分析（2 モデルアプローチ）の AUC と精度を比較した結果を表 9.8 に示す。こちらの数値も同じ結果になっていることが確認できる。

　これまでいろいろな工夫を考えたアプローチの例を紹介した。一見、頭の中では上手くいきそうだと思っても、実際にモデルを作成すると、細かい部分で実際のデータとは異なる予測をしていることが分かる。ロジスティック回帰（統計モデル）のアプローチが上手く行かないの

表9.8　各モデル別の AUC と精度の比較

	AUC	精度
交互作用なし	0.899	84.0%
交互作用あり	0.901	84.1%
2モデルアプローチ	0.901	84.1%

表9.9　カーネル別の AUC と精度の比較

カーネル	AUC	精度
線形	0.899	83.8%
RBF	0.878	83.9%
多項式	0.794	75.3%
Sigmoid	0.898	83.4%

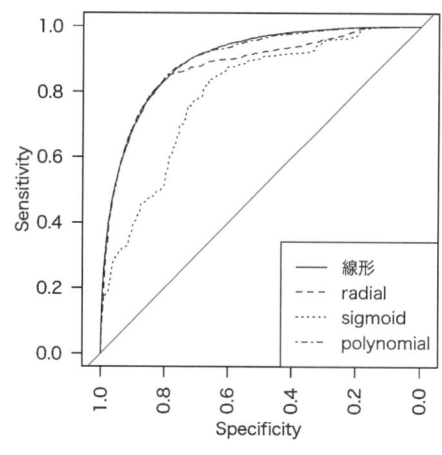

図 9.8　SVM、カーネル別の ROC 曲線

であれば、SVM や決定木といった機械学習系のアプローチはどうかといった発想になる。次に、機械学習系のアプローチを考えていく。

■■■ 機械学習を用いたアプローチ―SVM

　サポートベクターマシン（SVM：support vector machine）は、カーネルタイプにより、大きく判別結果が異なる。SVM では「マージン最大化」という方法で判別を行う。境界からもっとも近いベクトルとの距離を計算することで、パラメータを推定するのが特徴で、統計モデルと違い判別する境界以外に存在するデータの密度は考慮しないアルゴリズムである。カーネルタイプは、線形、RBF、多項式、Sigmoid（シグモイド）がある。この4種類のカーネルを使い、AUC と精度を計算し、結果を表9.9にまとめた。また、図9.8はカーネル別の ROC 曲線を示す。

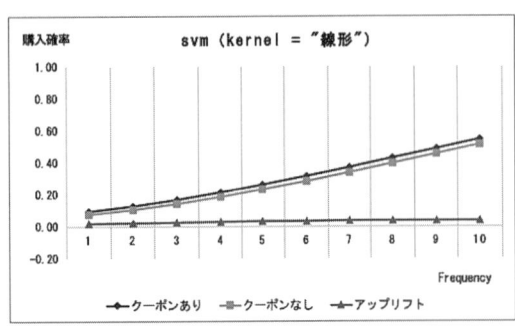
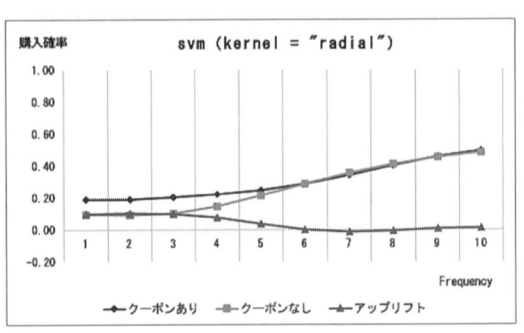
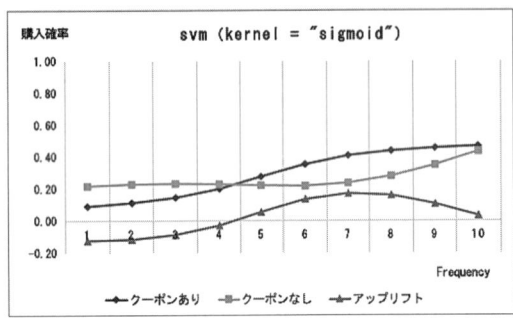
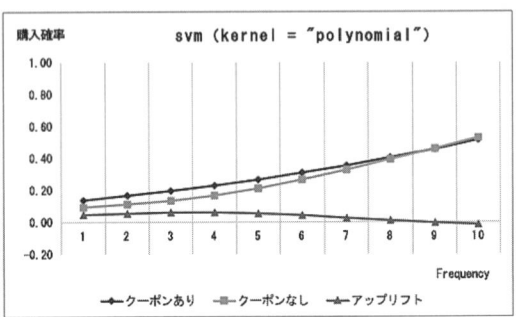

図 9.9　SVM の感度分析

　AUC では線形と Sigmoid が良さそうに見えるが、精度では RBF が良さそうである。多項式は AUC、精度の両方で他よりも劣る。

　次に、4 つの SVM モデルに対し感度分析を実行した。カーネル別の感度分析（図 9.9）を見ると、結果は複雑である。繰り返しになるが、擬似データに近い傾向を示していたものは、カーネルが RBF だけである。しかし、多項式以外の線形、RBF、Sigmoid の精度は 83％～ 84％程度であった。つまり、いずれのモデルも 16％～ 17％は間違えるということである。しかし、間違える箇所は、モデルごとに全く異なることが分かるだろう。

　アップリフトモデルは、効果があると思われる顧客（セグメント）にコストをかけて介入を行う施策である。そのため、SVM の AUC や精度だけを信じて施策を行なってしまうと、施策により購入確率が伸びる顧客は相手をせず、逆に、施策を実施しなくても購入する確率が高い人に施策を行うというリスクが常に潜んでいる。今回は変数も数が少ないため、予測結果の確

認が容易であった。しかし、通常は、数百〜数千の特徴量を用い、予測モデルを作ることが多い。SVM の様な機械学習モデルを使うことで、非線形の効果を上手く表現できる可能性があるものの、大きな失敗を犯してしまうリスクが潜んでいることを忘れてはならない。

■■■ 機械学習を用いたアプローチ─決定木

決定木のアルゴリズムは、アウトプットが視覚的に分かりやすく古くからある機械学習アルゴリズムの一つである。近年は、たくさんの決定木（弱い学習器）を集めて使う LightGBM というアルゴリズムが人気である。多くの特徴量があるデータや複雑な問題に対しても高速に、また、高い精度で予測することができるため、まずは LightGBM を適用するというデータサイエンティストも多いのではないだろうか。今回は、特徴量が F、R、P と少なく、可読性を高めるため往来の決定木を使い、これまでと同様に AUC と精度を計算し、感度分析を実行した。

実際のデータでは、Frequency が 4、5 でもアップリフト効果が存在する。しかし、決定木の感度分析の結果では、Frequency が 4、5 付近においてアップリフト効果が少ないためアップリフト効果は 0 となっている。筆者の経験として、クーポンの魅力が低く、クーポンがほとんど使われないケースの場合、同様の結果になるケースが見られる。一方で、モデルの構造を複雑にしていくと、本来差がない部分に対しても差があると認識してしまう。繰り返しになるが、アップリフトモデルの場合は全体の精度よりも、クーポン効果という変数に対する精度の方が大切である。

決定木は、機械学習アルゴリズムの中でも頑健性が強く、視覚的にも理解しやすい。決定木の使い方として、最初に決定木を使い、何が起こっているのかを大枠で把握する。その後で、より少し精度の高い予測モデルを使用する、というアプローチが良いと思われる。

■■■ 階層ベイズモデルを用いたアプローチ

最後に紹介したいのが階層ベイズモデルである。こちらも、統計モデルの一種である。ロジスティック回帰の様な単純な線形結合のモデルでは、複雑なクーポン効果を表現することは難しかった。しかし、階層ベイズモデルを用いることで、人によってクーポンの感度が異なるという、異質性を表現することができる。

9 章の冒頭で紹介したロジスティック回帰モデルは下記である。

表 9.10　決定木の AUC と精度の比較

	AUC	精度
決定木	0.867	84.2%

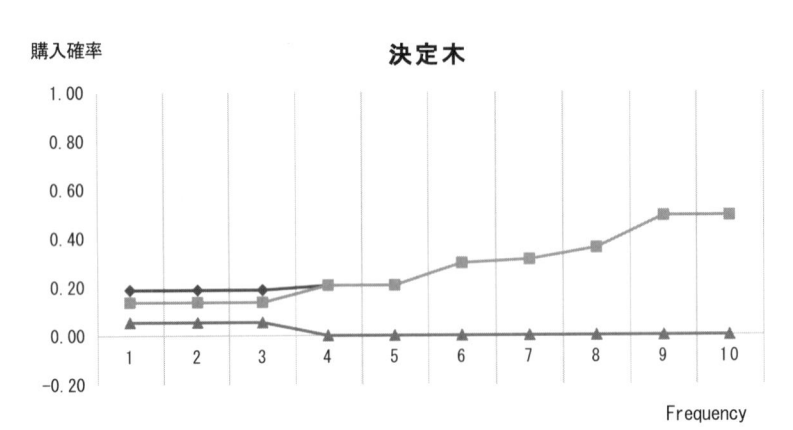

図 9.10　決定木の感度分析

$$logit(y) = \beta_0 + \beta_1 r + \beta_2 f + \beta_3 p + \varepsilon$$

階層ベイズロジットモデルでは、下記で表現できる。

$$logit(y_i) = \beta_{0i} + \beta_{1i} r_i + \beta_{2i} f_i + \beta_{3i} p_i + \varepsilon_i$$

　通常のロジスティック回帰分析では、クーポン付与に対する回帰係数は β_3 であるが、階層ベイズモデルに拡張すると β_{3i} となっている。通常のロジスティック回帰モデルにおいて β_3 の意味は、クーポンをもらった時の効果は全ての顧客で同じであるということだ。しかし、A さんはクーポンをもらうことで購入確率が高くなるが、B さんはクーポンをもらってもほとんど購入確率が変わらない、といったように、それぞれの顧客に対して、クーポンの感度は異なると考えるのが自然である。β_3 が平均的なクーポン効果であり、β_{3i} は顧客ごとのクーポン効果を表現している。

　伝統的な統計モデルの世界において、データが生成される確率分布のパラメータは点である

と考える。つまり、β_3 のようなパラメータは定数で、データは確率分布と考える。一方、ベイズモデルの世界では、データは定数で、パラメータは確率分布であると考える。β_{3i} は、定数ではなく、確率文である。伝統的な統計モデルにおいて、パラメータの推定方法は最尤法を用いる。一方、ベイズモデルのパラメータ推定には、複雑な関数の積分が含まれる。解析的に解くことが困難になるため、数値積分利用する代わりに MCMC 法（Markov Chain Monte Carlo method）を使って推論することができる。

階層ベイズロジットモデルの観測モデルは

$$logit(y_i) = \beta_{0i} + \beta_{1i}r_i + \beta_{2i}f_i + \beta_{3i}p_i + \varepsilon_i$$

個人ごとのクーポン効果である回帰係数 β_{3i} を目的変数とし、r_i と f_i を説明変数とする観測モデルを

$$\beta_{3i} = \alpha_0 + \alpha_1 r_i + \alpha_2 f_i + \eta_i$$

とする。ベイズ統計モデルを構築・推定した後は、サンプリングしたデータを使い様々な事後分析をすることができる。例えば、観測モデルのパラメータ分布を図 9.11 に示す。

作成した階層ベイズモデルも他のモデルと同様に AUC と精度を計算できる。通常のロジスティック回帰モデルから階層ベイズロジットモデルに拡張することで、AUC 精度とも僅かに向

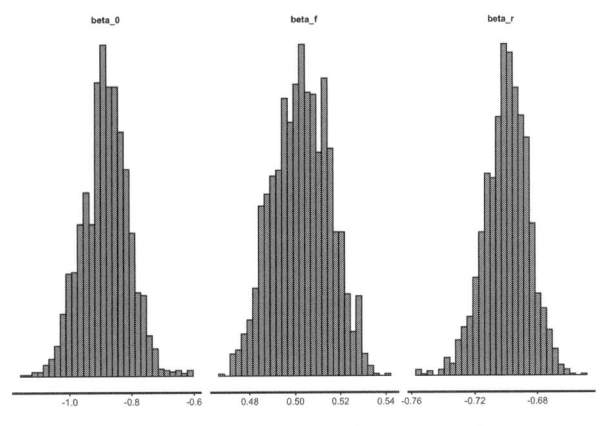

図 9.11　観測モデルのパラメータ分布

表 9.11　決定木の AUC と精度の比較

	AUC	精度
ロジスティック回帰	0.901	84.1%
階層ベイズモデル	0.902	84.3%

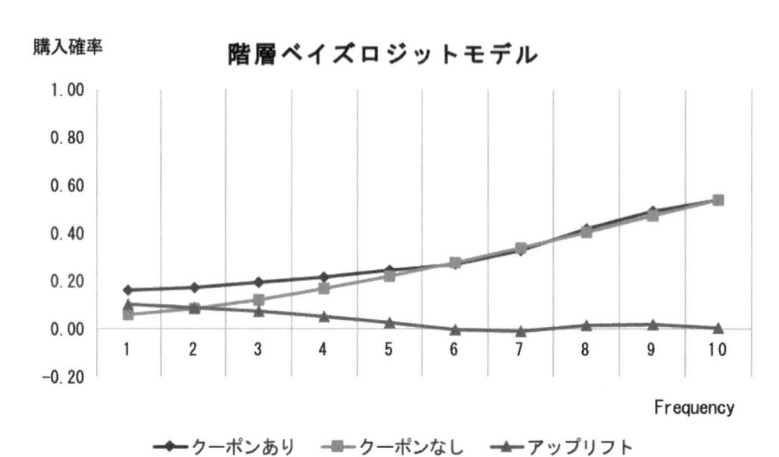

図 9.12　階層ベイズモデルの感度分析

上していることが分かる。

　通常のロジスティック回帰モデルの精度は悪くなかったが、感度分析の結果（図 9.6 と図 9.7）は、実際のアップリフトの効果とは少し異なる結果になっていた。階層ベイズモデルも同様に感度分析を行った。結果を比較すると、実際のデータとかなり近いことが確認できる（図 9.12）。

　階層ベイズモデルの特徴をまとめると、**個人ごとの異質性を柔軟に表現でき、可読性も高い**。また、うまくモデリングをすることで、機械学習に近い精度になる。一方、階層ベイズモデルの欠点として、パラメータを推定するためのシミュレーションに時間がかかる。推定するモデルが複雑であったり、パラメータ数やレコード数が多かったりすると、推定に 1 日以上時間がかかる場合がある。

　最後にこれまで作成したモデルの推定結果を表 9.12 にまとめる。

表 9.12　モデルごとの AUC と精度の比較

		AUC	精度
ロジスティック回帰	交互作用なし	0.899	84.0%
	交互作用あり	0.901	84.1%
SVM	線形	0.899	83.8%
	RBF	0.878	83.9%
	多項式	0.794	75.3%
	Sigmoid	0.898	83.4%
決定木		0.867	84.2%
階層ベイズモデル		0.902	84.3%

9.4　ビジネスへの活用

　企業が成長するためにアップリフトモデルは有効な手段である。精緻に顧客のリフトを計算することができれば、コスト効率が良く総量を稼げる新しい武器（施策）となるだろう。アップリフトモデルを導入する際の手順として、いきなり複雑な One to One を導入すると、導入までの時間がかかり、思った以上に効果が出ないという失敗を犯してしまう。まずは、**簡単なセグメントで実験を行い、成功体験を得る**。その上でより複雑なモデルやより細かいセグメントに少しずつ拡張していくのが良いだろう。後で拡張をすることを見据えたシステムの設計が重要となってくる。

　アップリフト効果を評価するために、機械学習を用いるケースが多い。実際に、モデルの予測能力だけで評価すれば、機械学習の精度は高いことが多い。しかし、機械学習によって作られたモデルは、構造が複雑になっているため、なぜそういった予測になるのか理由を説明することが難しい。

　機械学習を用いれば誰が購入予約をするかを、精度を高く予測することができる。しかし、なぜその人が購入するのかは明らかにできない。クーポン付与などのマーケティング施策する際に、たまたま施策効果が高そうに見えていた顧客にクーポンを付与してしまい、実際には効果がほとんどなく、巨額の損失を生じさせるといったリスクもある。

朝野熙彦・梅山貴彦・森本　修

第 10 章
データサイエンティストを目指す方へのガイド

10.1 主な情報源

■■■ 相談窓口

　下記の公益団体がデータサイエンスや顧客理解とインサイトに関する最新情報を整理して発信しているので、相談するとよい。

一般社団法人データサイエンティスト協会（略称：DSS）

　〒106-0032　東京都港区六本木 1-4-5　WeWork アークヒルズサウスタワー 16F

　● https://www.datascientist.or.jp/

一般社団法人日本マーケティング・リサーチ協会（略称：JMRA）

　〒101-0044　東京都千代田区鍛治町 1-9-9　石川 LK ビル 2F

　● https://www.jmra-net.or.jp/

一般社団法人日本エビデンスベーストマーケティング研究機構（略称：EBMI）

　〒164-0003　東京都中野区東中野 4-30-9　リオイルハ 2F

　● https://ebmi.jp/

■■■ 重要な URL（2024 年 11 月 1 日現在）

（1）総務省統計局　データサイエンス・オンライン講座

　● https://www.stat.go.jp/dss/online_index.html

　総務省統計局のデータサイエンス・オンライン講座は、データ分析の基礎から応用までをカバーする無料のオンライン学習プログラムである。この講座は、統計学や機械学習の理論を学ぶだけでなく、実践的なデータ処理スキルを身につけることができる。

(2) 高等学校情報科「情報 II」教員研修用教材（本編）

- https://www.mext.go.jp/a_menu/shotou/zyouhou/detail/mext_00742.html

文部科学省の「高等学校情報科『情報 II』教員研修用教材」は、高校生向けの教材ではあるが、情報社会の進展、デジタルコミュニケーション、データサイエンス、情報システムとプログラミング、問題発見・解決の探究をカバーし、初心者に必要となる情報技術のエッセンスを効果的に理解することができる。

(3) Qiita（エンジニアに関する知識を記録・共有するためのサービス）

- https://qiita.com/

(4) GitHab（開発者のためのプラットフォーム）

- https://github.co.jp/

(5) Tokyo.R（有志による R 言語の勉強会）

- https://tokyor.connpass.com/

(6) r-wakalang（有志による R 言語のコミュニティ）

- https://github.com/tokyor/r-wakalang

(7) 卒業論文のための R 入門（初心者向けの R 言語入門。解説動画付き）

- https://tomoecon.github.io/R_for_graduate_thesis/

(8) R for Data Science（2e）（英語。中級者向け R 言語解説）

- https://r4ds.hadley.nz/

(9) その他

統計情報研究開発センター	https://www.sinfonica.or.jp/
総務省統計局の統計関係サイト	http://www.stat.go.jp/data/guide/1.html
群馬大学青木繁伸教授のホームページ	http://aoki2.si.gunma-u.ac.jp/

10.2 おすすめ図書

本書を読んで、データサイエンスをさらに詳しく学び中級レベルをめざそうという方のために推薦図書をあげます。書店や図書館などで実際に手に取って自分に合った本を選ぶことをおすすめします。

【データサイエンス】

(1) Sebastian Raschka,Vahid Mirjalili（著）クイープ（訳）（2020）
「第 3 版　Python 機械学習プログラミング 達人データサイエンティストによる理論と実践」インプレス

(2) 染田貴志（2021）「IT エンジニアのためのスパースモデリング入門」翔泳社

(1) は機械学習本のベストセラー。分類・回帰問題から深層学習・強化学習まで、機械学習の全般をカバーし豊富な Python code は実践に使える。

(2) はスパースモデリングの実務的な活用を目的とした分かりやすい入門書である。Python code も合わせて記載されているので、PC を動かしながら理解を深めることができる。

【ディープラーニング】

(1) 朝野熙彦（2021）「ビジネスマンがきちんと学ぶディープラーニング」朝倉書店

(2) Francois Chollet（著）、巣籠悠輔（その他）、株式会社クイープ（翻訳）（2018）「Python と Keras によるディープラーニング」マイナビ出版

(3) 斎藤康毅（2024）「ゼロから作る Deep Learning ❺ ─生成モデル編」オライリー・ジャパン

(1) 文系の人はディープラーニングの出発点である多層ニューラルネットワークの箇所でつまずくかもしれない。そこでまず本書を読んで基本が分かってから、レベルの高い (2) と (3) に進むことをすすめる。

(2) は DNN や CNN、さらに VAE などの複雑な概念を、実際のコードを通じて学ぶことができ、難解な理論を直感的に理解できる。

(3) は生成 AI に必要な知識を、最尤推定、多次元正規分布、混合ガウス分布、EM アルゴリズム、拡散モデルといったトピックを中心に、丁寧な解説と実用的なサンプルコードを通じて習得できる。

【線型代数】

(1) 佐竹一郎（2016）「線型代数学（新装第 2 版)」裳華房

(2) 平岡・堀（2004）「プログラミングのための線形代数」オーム社

(1) は過去 50 年以上にわたって理工系学生のバイブルとされてきた教科書。他にも齋藤正彦「線型代数入門」（東京大学出版会）という名著があり多くの読者に支持されている。

(2) はデータサイエンスへの応用をめざした新感覚の解説書。内容はプログラミングの作成法ではなく線形数学そのものである。

【統計学】

(1) 稲垣乃宜生（2003）「数理統計学改訂版」裳華房

(2) 永田靖（2005）「統計学のための数学入門 30 講」朝倉書店

(1) はきちんと丁寧に書かれた教科書。データサイエンスでもさまざまな定理を理解するのに数理統計学が必要なのでこのテキストが役立つだろう。

(2) は数学全般にわたるコンパクトな公式集。困った時に辞書のように使えて重宝する本である。

【解析と数値最適化】

杉山聡（2024）「妥協しないデータ分析のための微積分＋線形代数入門」ソシム
手抜きなく数式展開を説明してくれる珍しい本。446 頁という大部な教科書だがストレスなく数学が学べる好書。

10.3　人材開発と組織変革

　データサイエンティストは、企業や研究機関で重要な役割を担い、組織の成長と科学的発展に大きく寄与しています。本節では、「営業組織と連携するデータサイエンティスト」や、「予測を行うデータサイエンティスト」、「研究型データサイエンティスト」、「多彩な事業を持つ組織におけるデータサイエンティスト」の具体的な事例を通じて、彼らの役割と育成が組織変革にどのように貢献しているかをみていきます。

■■■ 営業組織と連携するデータサイエンティストの人材開発

　数十名のデータサイエンスの専門職が所属するその企業では、新入社員やデータ分析未経験の社員に対して、導入時研修として基礎的な研修プログラムが提供されています。この導入時研修プログラムは、データハンドリングと可視化の技術の取得を目的に構成されています。

　データハンドリングは SQL を通じて DB から必要なデータを取得、加工、集計する一連の工程を学びます。SQL を生成するツールの利用方法の取得と合わせて行われることが多いようです。可視化はデータハンドリング工程を通じて集計したデータを、様々な形態のグラフや表として視覚的にわかりやすく伝える技術を学びます。可視化用のツールの利用方法の取得と合わせて学ぶことになります。

　基礎技術としてデータハンドリングと可視化の技術を取得した後は、経験のある分析担当者の下で実務を進めつつ、必要に応じて高度な統計モデリングや機械学習手法を取得していく事が推奨されています。有志による事例共有会や勉強会を通じて学びを深めていく事が多いようです。

　統計モデリングや機械学習手法を使った分析は、クラウドベースの分析基盤上で Python や R を使って行われることが多く、実務で必要とされる分析内容に応じて、この分析基盤上でコーディングを行い、分析手法の適用、実装を行う事になります。

■■■ 営業組織と連携するデータサイエンティストの組織変革

　その企業では、データ分析担当が営業チームに配属され、独立して業務を行っていました。しかし、この体制ではチーム管理が不足し、経験の浅いメンバーにとっては営業部門との連携が難しく、成果を出すことが困難な状況に陥ることがありました。

　そこで、この企業では組織変革を行い、営業部門とデータサイエンス部門の連携を強化するための新しい体制を導入しました。この変革の一環として、経験豊富なリーダーを仲介役に据え、営業部門とデータ分析担当者の間での交渉をリーダーが担当する形に変更しました。

　分析リーダーには、営業部門との交渉が得意な経験者が多く配属されています。これにより、営業部門からの分析依頼が効率的に処理され、全体的な業務の質が向上しました。データ分析担当者に必要な技術スキルと営業部門とのコミュニケーション能力を兼ね備えたリーダーがいることで、組織全体のパフォーマンスが向上し、営業部門のニーズに迅速かつ的確に対応できるようになっています。

　この企業のデータサイエンス部門が営業部門と連携する形で行われる分析業務は、主に二つのケースに分かれます。一つは、営業部門からの依頼に基づいて分析を行うケースです。営業部門は、顧客企業に対して媒体の提案を含むマーケティングキャンペーンや販促企画の提案営業を行っています。この際、データ分析担当者は営業担当が持ち込んだ案件に対して、媒体に応じた適切なセグメンテーションを設定し、キャンペーンやプロモーションに活用できるようにしています。

　もう一つのケースは、データサイエンス部門側からの提案に基づいて行う分析です。標準的に提供しているサービスでは解決できない高度な分析提案を行います。例えば、顧客企業の新商品・サービスのローンチ時の売上予測や因果推論を用いたキャンペーンの効果検証等の提案を行い、営業部門の戦略的な活動を支援しています。これにより、営業部門とデータサイエンス部門が協力してクライアントに対して高付加価値のサービスを提供できるようになっています。

さらに、シニアレベルのデータ分析担当者は、営業部門と連携してクライアントと直接コミュニケーションを取り、クライアントの個別ニーズに応じた提案を行います。これにより、クライアントとの信頼関係を築きながら、長期的な関係構築や新たな販促提案を行うことが可能となっています。この企業では、組織全体の変革を通じて、営業部門とデータサイエンス部門の連携を強化し、クライアントに対してより高品質なサービスを提供する体制を整備しました。この変革により、データ分析担当の役割がより明確になり、彼らの専門知識と営業部門の経験が融合することで、組織全体の競争力が大幅に向上しました。

■■■ 予測を行うデータサイエンティストの人材開発

企業におけるデータサイエンティストの役割は多岐にわたりますが、その中でも特に重要なのが「予測」を行うスキルです。データサイエンティストは、膨大なデータを基にして未来の行動やトレンドを予測し、企業の意思決定を支援します。この役割を担うためには、専門的な知識と高度な技術が必要とされます。

まず、データサイエンティストに求められる基本的なスキルとして、SQL の習得が挙げられます。SQL は、データベースから必要なデータを取得し、加工するための言語であり、特に大規模なデータを扱う際には欠かせません。データサイエンティストは、この SQL を使いこなすことで、ビジネスに必要なデータを迅速かつ正確に抽出することが求められます。

さらに、データサイエンティストには、統計学や機械学習の知識が必要です。例えば、データを基に未来の結果を予測する際には、統計モデルや機械学習モデルを使用します。最近では、アップリフトモデルが注目されています。このモデルは、特定の介入（例えば、マーケティングキャンペーン）がどの程度の効果を持つかを予測するものです。通常の予測モデルは単に結果を予測するのに対し、アップリフトモデルは介入が無かった場合と比較してどれだけの効果があったのかを予測し、評価しなければなりません。これには、因果関係の推論が必要であり、モデルの構築と評価が複雑になるため、通常のモデルより難易度の高い問題となります。

Python もまた、データサイエンティストにとって重要なスキルです。Python は、最近ではR 言語よりも広く使用されています。データサイエンティストがモデリングを行う際には、

Python の知識が不可欠です。

データサイエンティストの具体的な業務には、大きく分けて三つの役割があります。

一つ目は、実験を正しく設計し、実験結果を適切に評価することです。コントロールグループとトリートメントグループの設定、ノイズ除去、統計的手法を用い結果を解釈する作業です。

次に、二つ目は予測です。機械学習を用いて、どの顧客にどのタイミングでどのような施策を実施すれば効果的かを予測します。

最後に、インサイトの提供です。これは、統計モデルから得られた結果をビジネスに翻訳をして、企業にとっての具体的な戦略を提案することです。

■■■ データサイエンティストとアナリストの共存

企業が急速に変化する市場環境に適応するために、データサイエンティストやアナリストの役割が多様化してきています。データサイエンティストとデータアナリストは、データを用いてビジネスを支援しますが、アプローチ方法やスキルセットにはいくつかの違いがあります。

データサイエンティストは、統計モデルや機械学習のモデルを構築し One to One レベルで顧客のインサイトを抽出したり、予測をしたりします。新しい仮説や隠れたパターンを発見することがあります。一方、データアナリストは、クイックにデータを整理し、ビジネス上の意思決定を支援するためのレポートを作成します。ビジネス課題や構造を分かりやすく視覚化し、インサイトを提供します。データサイエンティストに比べ、高度なモデリングは行いませんが、SQL に精通しています。

理想は、データサイエンティストとアナリティクスグループが共存し、それぞれが柔軟に活動できる体制が整っていることです。データサイエンティストの仕事は、しばしば時間がかかるものであり、数週間から数ヶ月、時には半年以上の開発を要することもあります。一方で、業界の変化は非常に速く、今日のデータが明日の戦略として必要になることもあります。そのため、アナリストとマーケティング担当者が協力し、迅速に分析を行うことが求められる場面も少なくありません。

データサイエンティストとアナリストが連携し、お互いに学び合うことで、より効率的な業

務遂行を実現できます。組織の状況によっては、データが自動的に集計され、それが戦略に反映されることもありますが、その背後にはデータサイエンティストの高度な技術と分析力が欠かせません。アナリストは、主にビッグデータの集計や売上の動向分析に従事し、上層部への報告や戦略提案を行います。例えば、売上が低下している場合、その原因を特定し、どの顧客層に問題があるのかを分析し、売上を増加させるための具体的な施策を提案します。

データサイエンティストは、単にデータを分析するだけでなく、予測モデルの構築やシステム開発にも関与しています。具体的には、開発した予測モデルをクラウド環境に展開し、バッチ処理を開発することが求められます。企業によっては、データサイエンティストとデータエンジニアが一つのチームとして連携し、効率的な業務運営を実現しているケースも多いです。以前は各職種が別々に活動していましたが、一つのチームとして活動することで、リソース管理やモデル実装までのプロセスがスムーズに進行するようになります。

組織構造の面では、データサイエンティストとアナリストの役割が明確に定義され、それぞれが最も適した業務に従事しています。データサイエンティストは、顧客エンゲージメントを高める要因やポテンシャルのある顧客セグメントの特定に注力し、統計モデルや機械学習モデルを駆使して予測を行います。一方、アナリストは、ビッグデータの集計結果をもとにした提案やレポート作成を担当しています。組織内での役割が明確化され、それぞれの専門分野での成果が最大化されています。

また、予測を行うデータサイエンティストが重要視される理由の一つに、データに基づく戦略提案の正確性が挙げられます。予測モデルは、顧客行動や市場動向を先読みすることで、企業が迅速かつ適切に対応できるよう支援します。特に、統計モデルに基づく提案は、上層部の意思決定において強力なツールとなり得ます。データサイエンティストとアナリスト、役割やスキルセットの違いはあるものの、どちらの職種もデータを用いた意思決定の重要な部分を担っており、相互に補完的な関係にあります。

■■■ 研究型データサイエンティストの人材開発

データサイエンス（データ科学）は、近年、科学の一部として、特に 2010 年頃より、データ

サイエンスを「第4の科学」として位置づけられるようになりました。

「第4の科学」とは、実験科学（第1の科学）、理論科学（第2の科学）、計算科学（第3の科学）に続く、新たな科学の領域を指します。この枠組みにおいて、データサイエンスは、膨大なデータを利用して、現象を解析し、新たな知見を獲得する手法として、科学研究における重要な役割を担っています。

人数構成比としては機関や組織にもよるかと思いますが、徐々にデータサイエンティストを研究者の一部として迎え入れるようにはなっているものの、現時点では全体の1割にも満たない状況かと感じます。依然として、実験科学が研究の主流を占めていますが、データサイエンティストの重要性は増し続けています。

一方で、データエンジニア（データ工学）の重要性も増しています。データエンジニアとは、データの効率的な収集と基盤整備を行い、分析や再解析が可能な形式にデータを加工する技術およびプロセスを行う技術者を指します。データエンジニアは、データベースの設計・構築やデータのキュレーション（整理・分類）を担当し、AIや機械学習に適した形でデータを整備する役割も担います。

データエンジニアリングは、技術領域としてこれまであまり注目されていなかった分野ですが、データサイエンティストと共にプロジェクトを進める上で不可欠な役割となっています。特に、データの収集や整備が難しい状況において、データエンジニアはその解決策を提供し、プロジェクトの成功に貢献しています。

データエンジニアの育成も、研究機関においては重要な課題となっています。市場には、データエンジニアリングのスキルを備えた人材が依然として不足しており、そのため採用時に応募者のバックグラウンドにギャップが生じることがあります。たとえば、IT系のシステムエンジニアではなく、プロセス工学や計算科学（シミュレーション）を専攻していた研究者やエンジニアを再教育し、データエンジニアとして育成することで、必要なスキルを習得させる取り組みも進められています。

研究型データサイエンティストの役割は、データサイエンスを実際の研究に適用し、新たな知見や技術を創出することにあります。そのため、データエンジニアとの連携は不可欠であり、データの収集から分析、知見の抽出までの全プロセスを統合的に扱えるスキルを持つ人材が求められます。このような人材の育成は、研究機関の競争力を強化し、データサイエンス分野の進展を促進する鍵となります。

■■■ 研究型データサイエンティストの組織変革

　研究や産業におけるデータサイエンティストの役割は、営業やマーケティング・リサーチのように顧客と直接対峙する活動とは異なり、科学的探求や技術開発の効率化に重点を置いています。実験科学や製造現場がデータを生成する一方で、データサイエンティストは現場やデータエンジニアと連携し、そのデータを解析して基礎的な原理や法則を解明することに注力します。これらの活動は、組織全体の活動としては「川上」に位置しており、企業のビジネスバリューや経営の意思決定に即時的な影響を与えるものではないものの、長期的には収益向上や産業の発展に大きく寄与します。

　とはいえ、データサイエンティストが機械学習や深層学習を用いて原理現象を解明する機会が増加している一方で、日本におけるこれらの取り組みは依然として遅れていると指摘されています。特に、研究機関におけるデータサイエンスの導入や活用に関しては、欧米に比べて遅れが課題となっています。しかし、この遅れは今後の発展の余地を示しており、研究機関におけるデータサイエンティストの役割がますます重要となることが期待されます。

　研究機関における人材採用では、この分野において中途採用が多いものの、データサイエンティストとしての豊富なキャリアを持つ人材の獲得は依然として限られています。企業から研究者・学者としてキャリアシフトするケースも見られますが、データやインフォマティクスといった実務的なスキルを備えた人材の確保は、依然として難しい課題です。

　そのため、研究機関では、従来の研究スタイルに従事している研究者（第1の科学、第2の科学、第3の科学）に対して、インフォマティクスの知識を強化し、データサイエンスの役割を付与する取り組みが進められています。インフォマティクスは、情報学と科学の交差点に位

置し、データ解析を効率化する手法や技術を指します。このアプローチにより、従来の専門知識にデータサイエンスを統合し、データの処理や解析の効率を高め、研究の精度を向上させることができるようになります。

一方で、データ科学そのものの知識・素養を養うことが重要になっています。このため、大学機関ではデータサイエンスやインフォマティクスを教育する取り組みが進められており、学生や若手研究者がこの分野の専門知識を習得できるよう、教育体制の強化が図られています。

研究機関におけるデータサイエンティストの役割は、単なるデータ解析にとどまらず、科学の進歩を支える基盤を築くことにあります。今後も、研究機関はデータサイエンスの知識を深化させ、その成果を活用して先端的な科学的発見を目指すでしょう。

■■■ 多彩な事業を持つ組織におけるデータサイエンティストの組織変革

企業が成長するにしたがって、自社の経営資源を活用して新たな分野に進出し、多角化を図ることがあります。この際、組織が縦割りの構造になりがちで、それぞれの組織に所属するデータサイエンティストやデータアナリストが分断され、シナジーが失われることがあります。

これに対して、多角化戦略を取る企業では、データ基盤を Google Cloud（GCP）上に構築し、データウェアハウスを BigQuery に、ビジネスインテリジェンス（BI）ツールを内製のツールに統一しています。これにより、各事業のデータサイエンティストたちの取り組みを横展開しやすくなり、成功事例を他の事業で応用することが容易になります。さらに、異なる事業間でデータサイエンティストが異動した際も、共通のデータテーブル群に基づいて迅速にキャッチアップできます。

たとえば、モバイルゲーム事業のデータサイエンティストがヘルスケア事業に異動した場合でも、ほぼ同じ SQL クエリと同じ BI ツールを利用して KPI を集計し、機械学習モデルを実装できるのです。ヘルスケア事業での効果的な分析事例を、モバイルゲーム事業やスポーツ事業などに応用することも実際に行われています。

ただし、仕組みを整えるだけではうまく機能しないため、Slack 上の事業横断的なチャンネルで日常的にコミュニケーションを取りやすくしたり、事業間での定期的な情報交換会や勉強

会を開催したりと、事業を越えた協力関係が生まれる取り組みも行われています。

このように、データサイエンティストの役割は企業や研究機関において単なるデータ分析を超え、ビジネスの未来を切り開く重要な役割（ロール）を担っています。そのため、データサイエンスに関する専門知識と実践的なスキルを持つ人材の育成や組織変革は、競争力の強化に不可欠です。

10.4　計算環境の用意

■■■ Python 計算環境の構築

用意する環境として、まず Python を利用することをお勧めします。Python は多くのライブラリがあり、データサイエンスの分野で非常に人気のある言語となっています。データサイエンティストが Python を使用して効果的な計算環境を構築するためには、適切なハードウェア、ソフトウェア、および支援ツールを選択することが必要となります。以下に、そのプロセスを詳細に説明します。

1. ハードウェアの選定

データサイエンスには、計算資源が大量に必要です。マルチコアの CPU（インテル®Core™i9 など）と十分なメモリ（推奨は 16 GB 以上）を備えたマシンが理想的です。GPU は、特にディープラーニングにおいて重要で、NVIDIA の CUDA 対応 GPU が一般的です。また、高速な SSD を搭載することで、データの読み書きの速度が向上し、全体的なパフォーマンスが改善されます。

2. ソフトウェア環境の構築

Python は公式サイトからダウンロード可能ですが、本稿では、Anaconda のディストリビューションを利用します。Anaconda は、Windows、MacOS、Linux に対応しています。データサイエンスに必要なライブラリが一括でインストールできます。インストールは Anaconda のサ

イトで、OS の種類を確認してから、ダウンロード、インストールを実行します。
- https://www.anaconda.com/

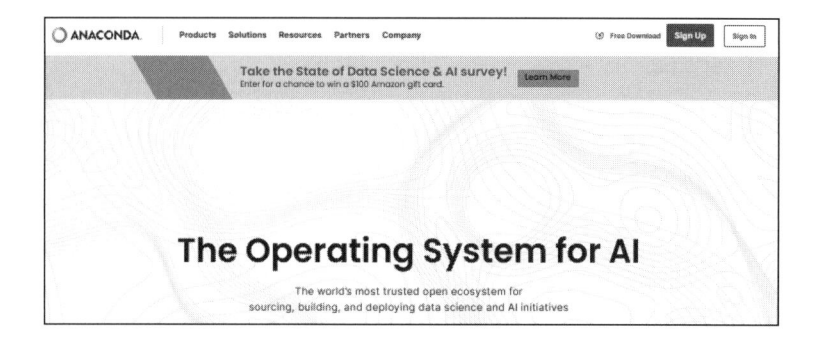

　トップ画面で、右上のダウンロードボタンをクリックします。次に以下のダウンロード画面に移り、OS を選択してダウンロードを行います。

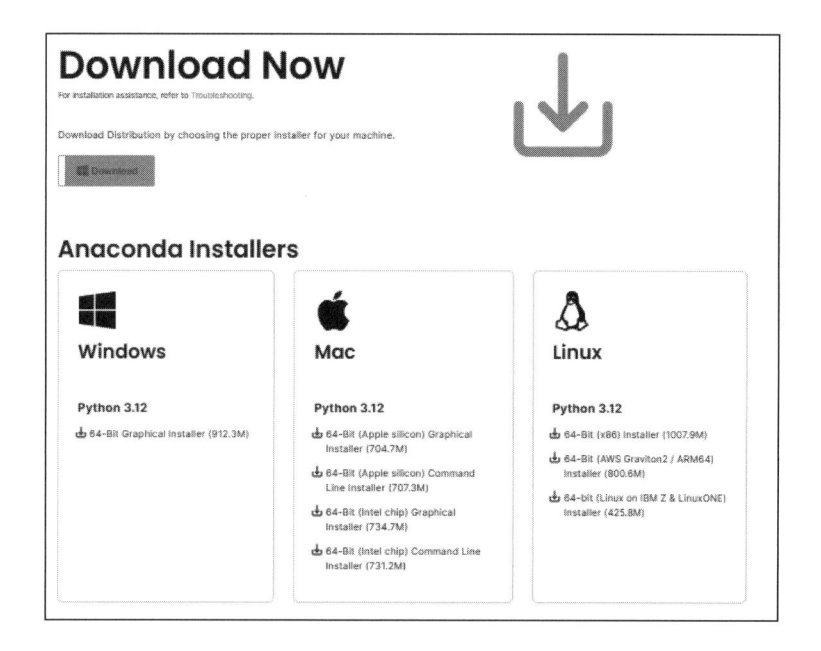

ダウンロードしたファイルをクリックして、Anaconda のインストールを開始します。

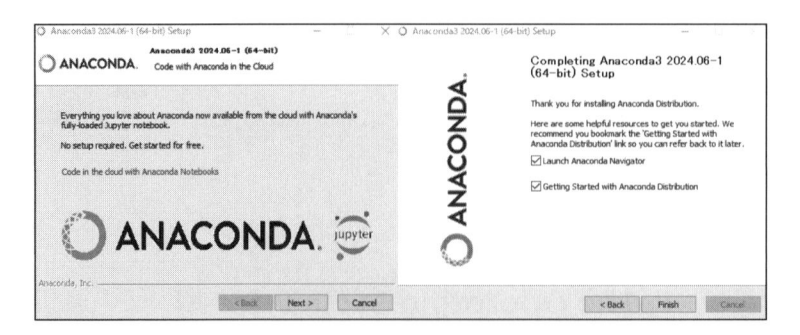

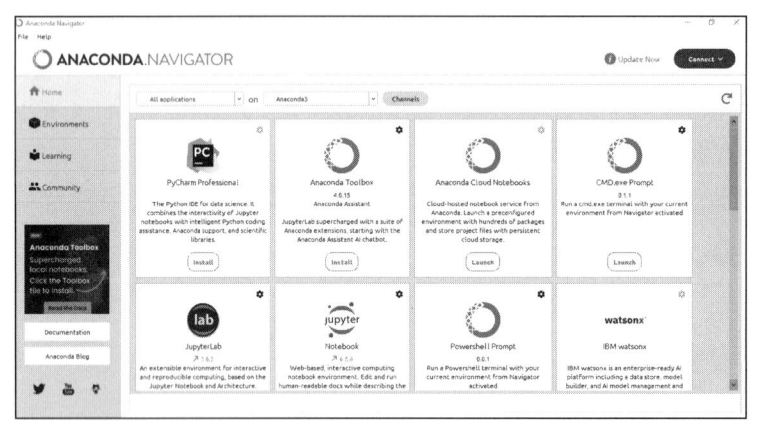

Anaconda のインストールが終わったら、ANACONDA NAVIGATOR のトップ画面が表示されるので、左上の Environments をクリックします。

　ここで、Not installed を選択して、NumPy や matplotlib などのパッケージを検索し、まだインストールされていなければ、インストールを行います。

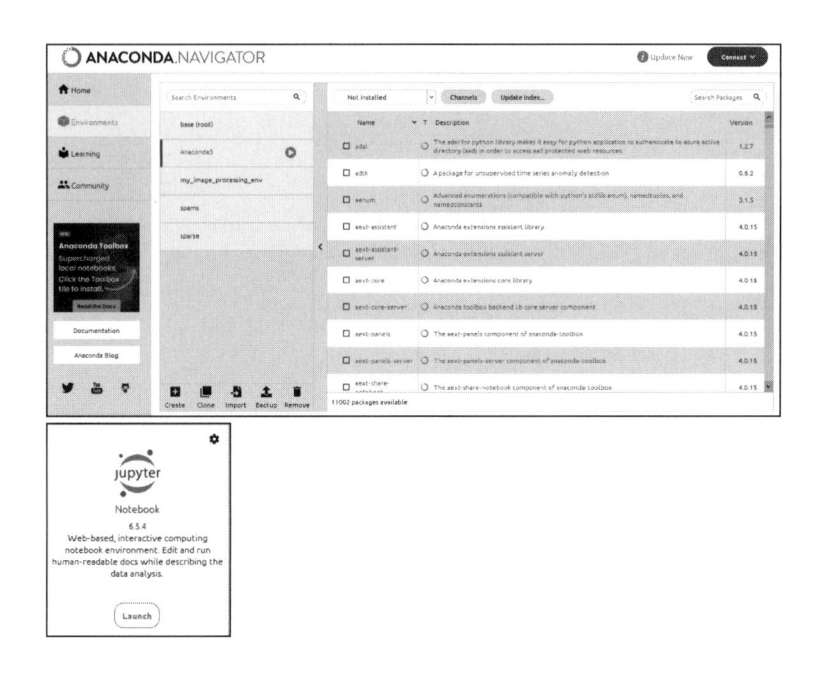

画面を Home に戻して、Jupyter Notebook のインストールを行います。例示の画面では、既にインストールを行っているので、「Launch」となっています。Launch ボタンをクリックすると、Web ブラウザが起動して、以下の画面が表示されます。

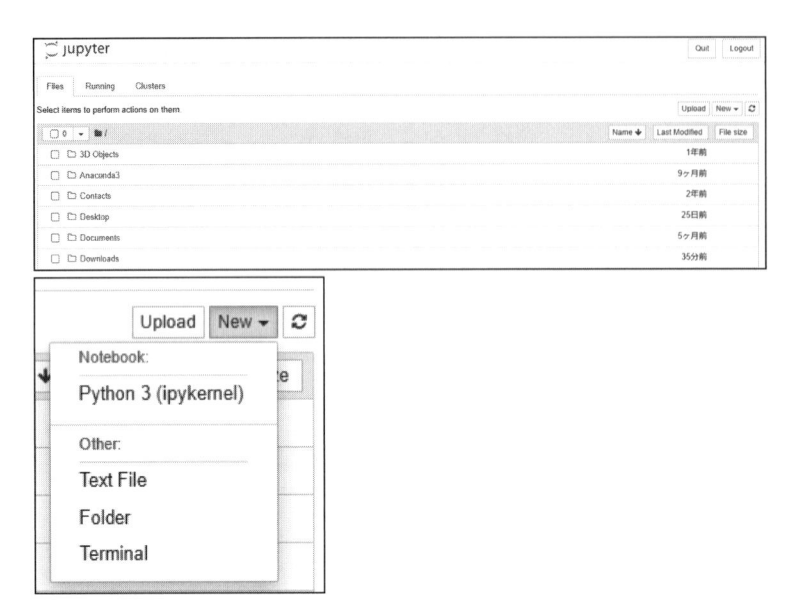

　分析をするフォルダーを選んで、そこに移動します。事前に分析するフォルダーを作っておくとよいでしょう。移動したら、ダッシュボードの右上の New をクリックして、Python3 を選択し、プログラムを書くノートブックを作成しましょう。

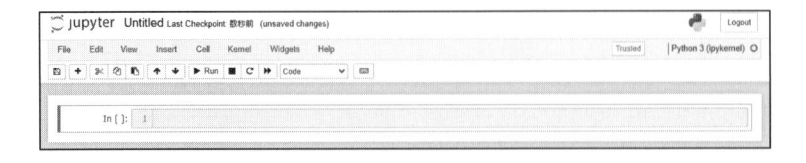

```
jupyter jupyter タイトル Last Checkpoint: 2024/06/26 (unsaved changes)                          Logout

File   Edit   View   Insert   Cell   Kernel   Widgets   Help                    Not Trusted | Python 3 (ipykernel) O

In [14]:  1  #
          2  import numpy as np
          3  import matplotlib.pyplot as plt
          4  import pandas as pd
          5  from sklearn.preprocessing import StandardScaler
          6  import matplotlib.patches as patches
          7  from scipy.spatial.distance import cdist
          8
          9  # データセットの読み込み
         10  data = pd.read_csv('penguinsO202.csv')
         11  X = data[['culmen_length_mm', 'culmen_depth_mm', 'flipper_length_mm', 'body_mass_g']].dropna().values
         12
         13  # データの前処理
         14  scaler = StandardScaler()
         15  X = scaler.fit_transform(X)
         16
         17  # データXに対してIDを振る
         18  sample_ids = list(range(len(X)))
         19
         20  k = 3
```

　データサイエンスには、ライブラリのインストールも必要です。NumPy、Pandas、Matplotlib、Scikit-learn などのライブラリが不可欠です。これらは簡単にインストールでき、複雑な数学的演算やデータの可視化、機械学習モデルの構築を容易にします。

■■■ R 計算環境の構築

　Python と並んでデータサイエンティストによく使われるのが R 言語です。統計解析専門に作られたコンピューター言語であるため汎用性には欠けますが、パイプ演算子を用いたデータの前処理やデータの可視化に強みがあります。また統合開発環境（IDE）である RStudio を使うと、データ操作、可視化、レポート作成までがスムーズに行えます。

1. R 言語のインストール

　R 言語の公式サイトからインストーラーをダウンロードし実行すれば簡単にインストールできます。

- https://cran.r-project.org/

　Windows ユーザーは「Download R for Windows」をクリックし、さらに「base」をクリックすると「Download R-*.*.* for Windows」というリンクが現れるのでそこからインストーラーをダウンロードしてください。*にはバージョン番号が入ります。

　ダウンロードした実行ファイルをダブルクリックし、あとは指示に従ってインストールすれば OK です。

Mac ユーザーは「Download R for macOS」をクリックし、自分のマシンの CPU に合わせて「R-*.*.*-arm64.pkg」もしくは「R-4.4.1-x86_64.pkg」をダウンロードします。*にはバージョン番号が入ります。

　ダウンロードしたインストーラーをダブルクリックし、あとは指示に従ってインストールすれば OK です。

2. RStudio のインストール

　統合開発環境（IDE）である RStudio は Posit 社の公式サイトからダウンロードできます。

- https://posit.co/download/rstudio-desktop/

　こちらも自分の OS に合ったインストーラーをダウンロードし、実行して指示に従えばインストールできます。

3. RStudio の実行

　RStudio を起動すると Rstudio 上で R 言語を使えるようになります。

　RStudio の画面は次の図のようになっています。

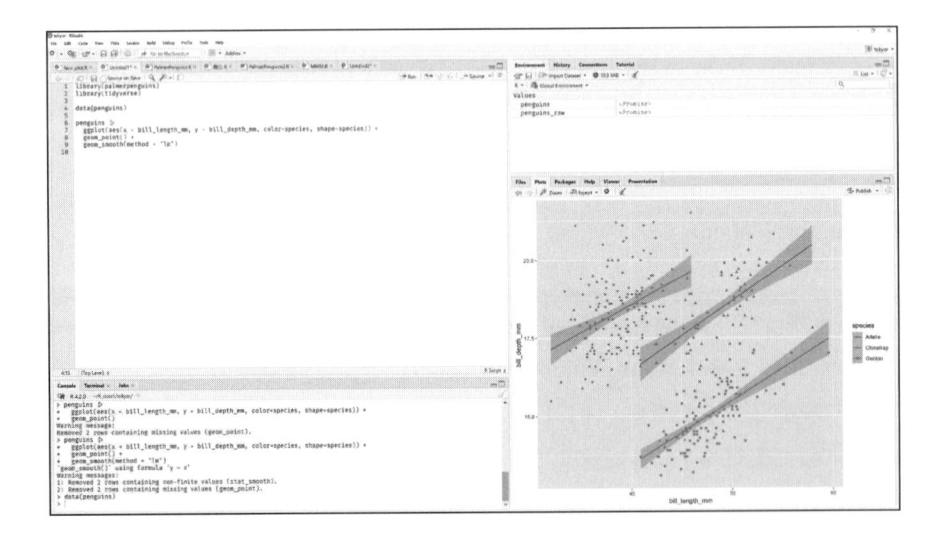

画面の各パネルは以下の図のような働きになっており、設定によって使いやすいように構成を変更することも可能です。

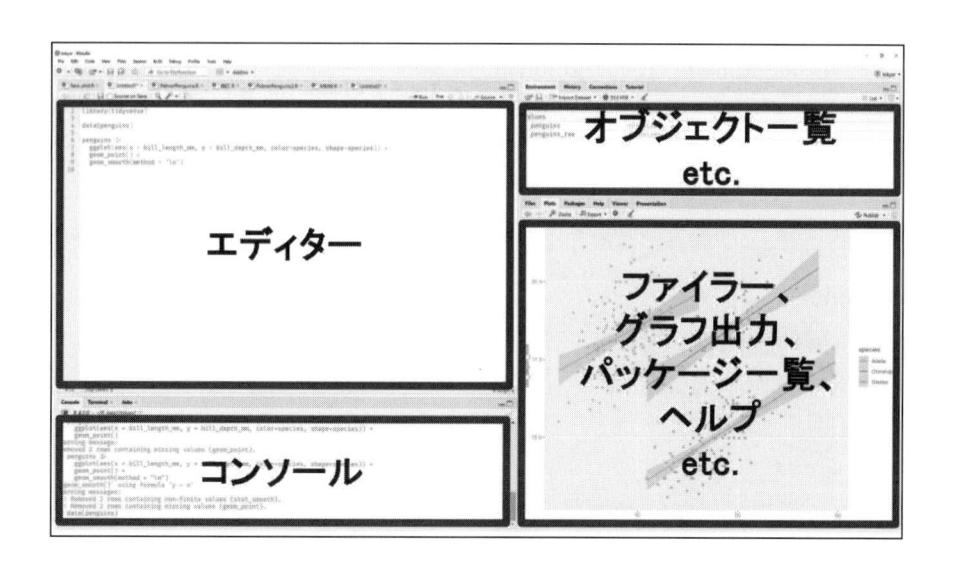

　新たにRのファイルを作成する場合はメニューの左端のアイコンからR Scriptをクリックすればエディターが現れます。

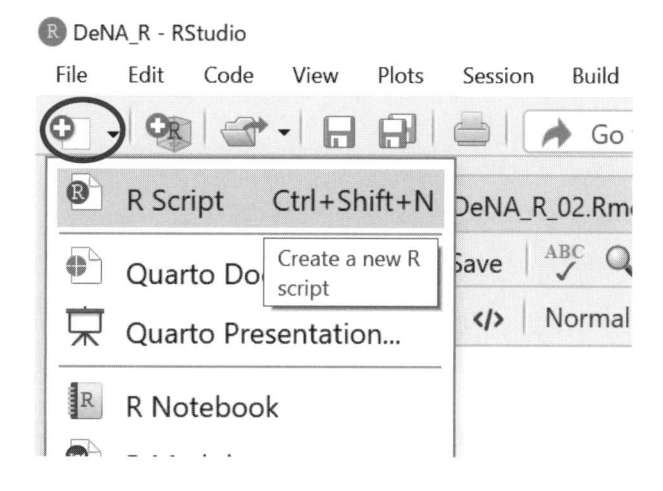

R 言語の基本的な使い方については「卒業論文のための R 入門」が参考になります。

卒業論文のための R 入門

- https://tomoecon.github.io/R_for_graduate_thesis/

さらに高度な R 言語の使い方については英語になりますが R for Data Science が参考になります。

R for Data Science

- https://r4ds.hadley.nz/

付録A　カルバック・ライブラー情報量

■■■ カルバック・ライブラー（KL）情報量の重要性

Kullback-Leibler（KL）情報量は確率分布の間の距離を測る指標である。この情報量はベイズ統計や生成 AI（8.4 節）、マハラノビスの汎距離などデータサイエンスの随所に出てくる。ここでは KL 情報量の意味を説明し、その計算が簡単なことを示そう。

まず 2 つの確率分布が離散分布の場合に KL 情報量の定義を書けば次の通り。

$$I\left(P \| Q\right) = \sum_{i=1}^{m} p_i \log\left(\frac{p_i}{q_i}\right) \tag{A1}$$

2 つの確率分布が連続分布の場合は（A2）の通り。（A2）の KL 情報量は力学のボルツマンエントロピー $B(f;g)$ を符号反転したものに等しい。

$$I\left(f \| g\right) = \int_{-\infty}^{\infty} \log\left(\frac{f\left(x\right)}{g\left(x\right)}\right) f\left(x\right) dx = E_f\left[\log\left(\frac{f\left(x\right)}{g\left(x\right)}\right)\right] = -B\left(f;g\right) \tag{A2}$$

なおカルバック・ライブラー情報量は $I(f\|g)$ という記法で統一されているわけではない。他にも $I(f:g)$、$I(f,g)$、$D(f\|g)$ という記法がある。また名称も KL divergence（ダイバージェンス）、KL measure（測度）、KL 距離などと呼ばれることがある。名称が固定しておらず、未だ利用者を惑わせている。

表 1　KL 情報量の意味

	2 つの確率分布の距離	
離散分布	確率関数 P から見た	確率関数 Q までの距離
連続分布	$f(X)$ から見た	$g(X)$ までの距離

対数関数の性質から $P = Q$、$f(X) = g(X)$ の場合に KL 情報量は 0 になる。KL 情報量が大きいほど 2 つの確率分布は離れていると解釈する。

▨▨■ 離散分布の場合

まず m 個のカテゴリーからなる離散変数について（A1）の成り立ちを説明しよう。2 つの確率関数を p_i, q_i, $(i = 1, 2, \cdots, m)$ として、i 番目のカテゴリーにおける 2 つの確率の乖離を $\lambda_i = q_i/p_i$ という比（$\lambda > 0$）でとらえる。ラムダが 1 なら 2 つの確率は一致しているし、1 から離れるほど違いが大きいことになる。この λ_i はカテゴリーごとに値が異なるだろうから、分布全体で評価するには平均をとる必要がある。

しかし確率の和は 1 なので $\Sigma p_i \lambda_i = \Sigma q_i = 1$ になりこのままでは評価できない。そこで何らかの凸（とつ）関数 ϕ で λ を変換する。この変換には幾通りもの提案があるが、KL 情報量では図 1 の $\phi(\lambda) = -\log\lambda$ を用いた。凸関数の期待値に関するイェンセンの不等式[1] を使うことで

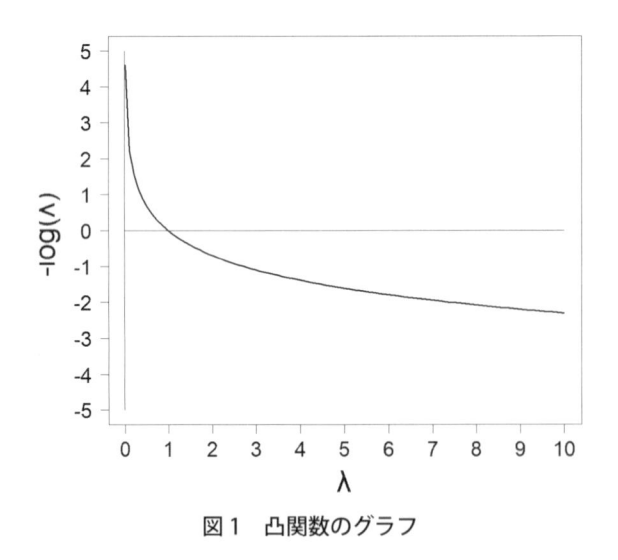

図1　凸関数のグラフ

---

[1]　Jensen の不等式によれば、凸関数に期待値が存在する場合は $E[\phi(X)] \geq \phi(E[X])$ である。

$\Sigma p_i \phi(\lambda_i) \geq \phi(\Sigma p_i \lambda_i) = \phi(1) = -\log 1 = 0$ という性質が分かる。したがって KL 情報量は $I(P\|Q)$ ≥ 0 である。

$$I(P \| Q) = \sum p_i \phi(\lambda_i) = -\sum p_i \log\left(\frac{q_i}{p_i}\right) = \sum p_i \log\left(\frac{p_i}{q_i}\right) \tag{A3}$$

$p_i = q_i (i = 1, 2, \cdots, m)$ であれば (A3) は 0 になる。また一般に $I(P\|Q) \neq I(Q\|P)$ で非対称である。KL 情報量では 2 つの確率分布を対等に扱うのではなく、一方の確率分布を基準にして、そこから見たもう一方の確率分布までの距離を測っている。したがって KL 情報量は 2.4 節で述べた擬距離に該当する。

■■■ 連続分布の場合

2 つの密度関数を $f(x)$、$g(x)$ として (A3) と同様に KL 情報量を導出しよう。

$$\begin{aligned} I(f \| g) &= \int f(x) \left\{-\log \frac{g(x)}{f(x)}\right\} dx = \int \log \frac{f(x)}{g(x)} f(x) dx \\ &= E_f\left[\log \frac{f(x)}{g(x)}\right] \end{aligned} \tag{A4}$$

(A4) の最後の式は対数密度関数比を $f(x)$ で重みづけた「期待値」を意味する。なぜここで重みをつけなければならないのかというと、それは都道府県ごとに測った指標を単純平均しても日本全体の平均にならないのと同じ理屈である。人口規模を掛けて加えなければならない。(A3) でも右辺の式で p_i を掛けているのは同じ操作を意味する。重み話のついでに言えば、MCMC というシミュレーション技法では、乱数データを発生させてそれをそのまま使って推論している。なぜかといえば、MCMC でははじめから密度関数の大きさに比例して乱数を出力するので、さらにウェイトを掛ける必要がないからである。

さて KL 情報量の具体例として $f \sim N_k(\boldsymbol{\mu}_1, \boldsymbol{\Sigma})$、$g \sim N_k(\boldsymbol{\mu}_2, \boldsymbol{\Sigma})$ という 2 つの k 変量正規分布に

ついて KL 情報量を示そう。

$$I(f \| g) = \int \log \frac{f(x)}{g(x)} f(x) dx$$

$$= E_f \left[-\frac{1}{2} \left\{ (x - \mu_1)' \Sigma^{-1} (x - \mu_1) - (x - \mu_2)' \Sigma^{-1} (x - \mu_2) \right\} \right] \quad \text{(A5)}$$

$$= \frac{1}{2} (\mu_1 - \mu_2)' \Sigma^{-1} (\mu_1 - \mu_2) = \frac{1}{2} D^2 (\mu_1, \mu_2)$$

(A5) は KL 情報量の 2 倍がマハラノビス平方汎距離になることを示している。(A5) の D^2 は 6.1 節で述べたケース 2、つまりマハラノビス自身が提案した汎距離である。このように確率分布によっては KL 情報量が対称になる場合がある。

■■■ KL 情報量の解釈と用途

確率分布 f を基準に設定して、確率分布 $g_1, g_2, \cdots$ の候補から f に近い確率分布を選ぶという使い方がよくされている。

2 章図 2.3 のエアコンの保有台数の例をあげて説明しよう。経験的な相対度数分布を基準として、ポアソン分布と一様分布という 2 つの確率分布のどちらが経験分布に近いかを比較する。ポアソン分布のパラメータには経験分布の平均値である 2.37 を設定した。

まず経験分布とポアソン分布の間のカルバック・ライブラー情報量を計算しよう。

具体的に説明すれば、表 2 の第 1 行第 4 列のセル -0.0313 は次の計算で求められる。

$$0.05 \times \log \left(\frac{0.05}{0.0935} \right) = -0.0313$$

同様にエアコン台数 0 台から 7 台まで合計すると $I(P \| \text{ポアソン分布}) = 0.08229$ となる。なお

表2 カルバック・ライブラー情報量の計算

エアコン台数	経験分布 P	ポアソン分布 Q	重み付き対数確立比
0	0.05	0.0935	−0.0313
1	0.2	0.2215	−0.0205
2	0.3	0.2625	0.0400
3	0.25	0.2074	0.0467
4	0.18	0.1229	0.0687
5	0.02	0.0582	−0.0214
6	0	0.0230	0.0000
7	0	0.0078	0.0000

カルバックライブラー情報量　　　　　　　0.08229

統計モデルを比較する

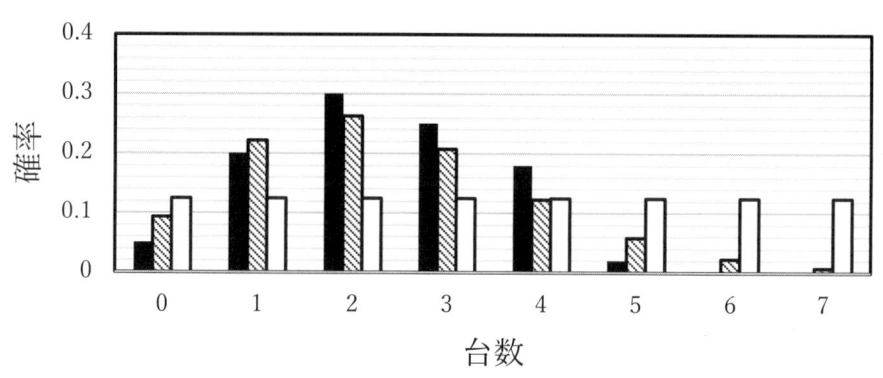

図2 エアコン台数の統計モデルを比較する

自然対数を使うので Excel を使う場合は LN( ) 関数を使う。表2は関数電卓でも計算できる。なお P から見た距離を測るので $P=0$ の場合は計算しない。

　同様にして一様分布との距離を計算すると 0.51310 となり、一様分布の方が KL 情報量が大きい。図2を眺めれば、一様分布の方がポアソン分布よりも経験分布とかけ離れていることが実感できるだろう。KL 情報量のアイデアをさらに発展させたのが AIC（赤池情報量規準）であった（赤池、2007）。

　KL 情報量 $I(P\|Q)$ をベイズ的に解釈すれば、事前分布 Q から事後分布 P を推論することで得られる情報量の増加分、つまり現在のデータの価値を意味するという解釈もできる。

付録 B　R 言語におけるスパース回帰分析の実行

実際にスパース回帰分析を実行するには R 言語や Python を使うのが便利だ。
ここでは R 言語による実行例を紹介する。

R 言語でスパース回帰を実行するには glmnet パッケージが使われることが多いが、やや使いづらい部分があるため、今回は glmnet パッケージをより使いやすくする glmnetUtils パッケージを使用する。

まず、必要なパッケージをインストールし、呼び出す。

```r
if(!require("pacman")){install.packages("pacman")} # パッケージ管理
pacman::p_load(
    conflicted,   # 関数名の衝突防止
    tidyverse,    # モダンなデータ操作
    glmnetUtils,  # スパース回帰のパッケージ
    rsample,      # 学習データ、検証データ分割
    plotmo,       # glmnet の結果の λ の変化と回帰係数の関係図
    patchwork,    # ggplot2 の図をレイアウトする
    MLmetrics,    # 評価指標
    withr,        # 乱数種固定
    janitor,      # データクリーニング
    broom         # 回帰の結果を tidy にする
    )
```

■ 過学習の抑制

デモデータとして R に用意されている cars データセットを使用する。

まず、後で解釈しやすくなるように変数の標準化を行う。

```
cars_std <- cars |>
  scale()|>
  as.data.frame()
```

次にデータセットを学習用と検証用に分割する。「サンプルサイズが小さすぎる」と警告が出るが今回はデモなので気にしなくてよい。

```
cars_split_data <- cars_std |>
  initial_split(prop = 0.5, strata = "dist")|>
  with_seed(2, code = _)

# 学習用データ生成
cars_train <- cars_split_data |>
  training()

# 検証用データ生成
cars_test <- cars_split_data |>
  testing()
```

まず比較用に 9 次の多項式の線形回帰を行う。

lm() は線形回帰を行う関数。dist ~ poly(speed, degree = 9, raw = TRUE) は dist を

目的変数とした 9 次の多項式を指定している。

data = cars_train は分析するデータセットを指定している。

```
car_fit_lm <- lm(
  dist ~ poly(speed, degree = 9, raw = TRUE),
  data = cars_train
  )

car_fit_lm |>
  tidy()
```

結果は tidy() 関数を使って見やすいデータフレームに変換している。

term <chr>	estimate <dbl>	std.error <dbl>	statistic <dbl>	p.value <dbl>
(Intercept)	-0.2940264	0.3005240	-0.97837907	0.34340366
poly(speed, degree = 9, raw = TRUE)1	0.8093888	1.0016682	0.80804085	0.43169587
poly(speed, degree = 9, raw = TRUE)2	1.9877004	1.8034158	1.10218642	0.28775168
poly(speed, degree = 9, raw = TRUE)3	0.2754446	3.7728838	0.07300638	0.94276566
poly(speed, degree = 9, raw = TRUE)4	-3.7661163	2.5504135	-1.47666889	0.16044942
poly(speed, degree = 9, raw = TRUE)5	-1.4687495	4.1524448	-0.35370716	0.72848073
poly(speed, degree = 9, raw = TRUE)6	2.1097678	1.2021558	1.75498692	0.09965838
poly(speed, degree = 9, raw = TRUE)7	1.0111429	1.6509880	0.61244715	0.54941462
poly(speed, degree = 9, raw = TRUE)8	-0.3501240	0.1811820	-1.93244319	0.07241437
poly(speed, degree = 9, raw = TRUE)9	-0.1762851	0.2105264	-0.83735406	0.41553625

1-10 of 10 rows

次に LASSO 回帰を行う。glmnet() がスパース回帰を実行する関数である。

```
car_fit_glmnet_L1 <- glmnet(
  dist ~ poly(speed, degree = 9, raw = TRUE),
  data = cars_train, alpha = 1, lambda = 0.1554653
)
```

dist ~ poly(speed, degree = 9, raw = TRUE) は dist を目的変数とした9次の多項式の指定である。

data = cars_train が学習用データセットの指定、alpha＝1 で LASSO 回帰を指定、lambda＝0.1554653 が調整パラメーター λ の値の指定である。lambda に指定する値は別途決定する必要がある。

実行結果を確認しよう。

```
car_fit_glmnet_L1 |>
  tidy()
```

term <chr>	step <dbl>	estimate <dbl>	lambda <dbl>	dev.ratio <dbl>
(Intercept)	1	-0.04204715	0.1554653	0.6358593
poly(speed, degree = 9, raw = TRUE)1	1	0.61933033	0.1554653	0.6358593
poly(speed, degree = 9, raw = TRUE)3	1	0.02443816	0.1554653	0.6358593
3 rows				

当てはまり具合を可視化してみよう。

```r
newcars <- data.frame(speed = seq(-3, 3, 0.01))

fitted_df <- tibble(
  LASSO = predict(car_fit_glmnet_L1, newcars),
  線形回帰 = predict(car_fit_lm, newcars)
)|>
  bind_cols(newcars)|>
  pivot_longer(!speed, values_to = "dist")

ggplot()+
  geom_point(data = cars_train, aes(x = speed, y = dist))+
  geom_line(
    data = fitted_df,
    aes(x = speed, y = dist, color = name),
    linewidth = 1
   )+
  coord_cartesian(xlim = c(-3, 3), ylim = c(-3,3))+
  labs(title = " 線形回帰と正則化回帰 ")
```

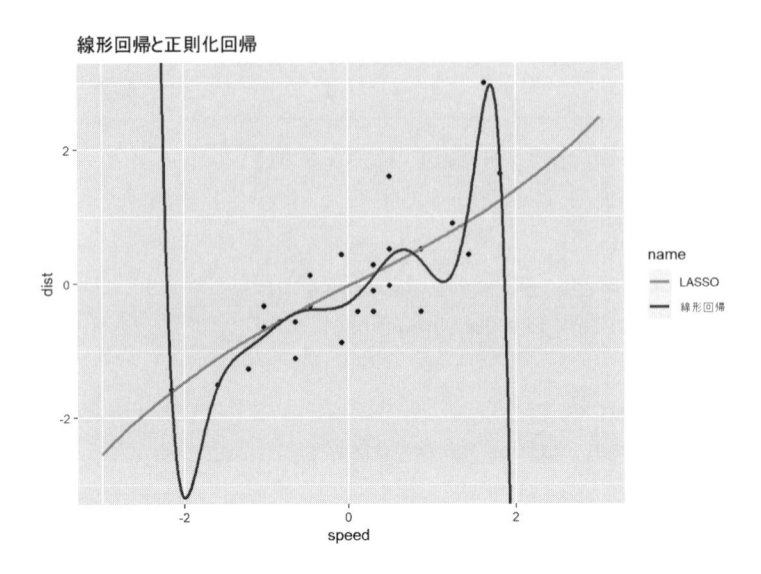

図　線形回帰と正則化回帰

■ 適切な λ の探索

スパース回帰を実行するには適切な調整パラメーター λ を探す必要がある。

λ と回帰係数の大きさの関係を可視化したものを解パス（solution path）と呼ぶ。λ を指定せずに glmnet() を実行するとこの解パスを描くことができる。

```
# リッジ回帰の例
car_fit_ridge <- glmnet(
  dist ~ poly(speed, degree = 9, raw = TRUE),
  data = cars_train,
  alpha = 0
  )


car_fit_ridge |>
```

```
plot_glmnet(xvar = "lambda", label = TRUE)
```

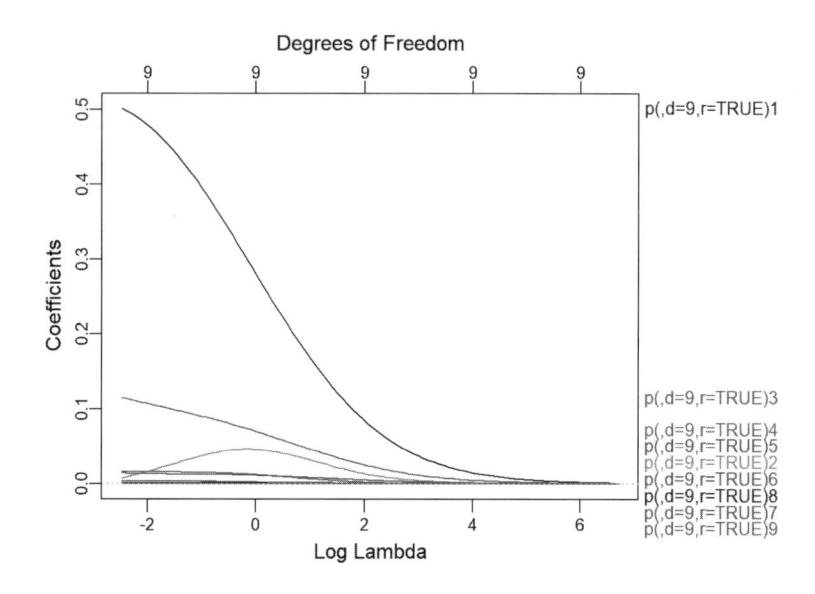

```
# LASSO 回帰の例
car_fit_lasso <- glmnet(
  dist ~ poly(speed, degree = 9, raw = TRUE),
  data = cars_train,
  alpha = 1
)

car_fit_lasso |>
  plot_glmnet(xvar = "lambda", label = TRUE)
```

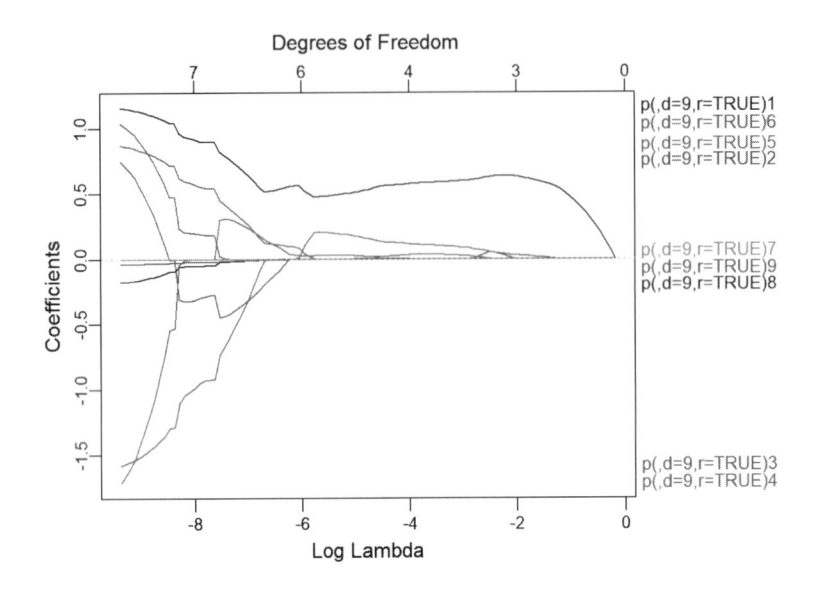

λ が大きくなると偏回帰係数が小さくなり、LASSO 回帰では説明変数の数も減ることが分かる。

クロスバリデーション（CV）で λ の値を求めるには cv.glmnet() 関数を使う。

```
# Ridge
car_fit_ridge_cv <- cv.glmnet(
  dist ~ poly(speed, degree = 9, raw = TRUE),
  data = cars_train,
  alpha = 0,
  nfolds = 5
)|>
  with_seed(2, code = )) # 乱数種の固定
```

```
# LASSO
car_fit_lasso_cv <- cv.glmnet(
  dist ~ poly(speed, degree = 9, raw = TRUE),
  data = cars_train,
  alpha = 1,
  nfolds = 5
)|>
  with_seed(2, code = _)

data.frame(
  回帰 = c("Ridge", "LASSO"),
  λ = c(
    car_fit_ridge_cv$lambda.min,
    car_fit_lasso_cv$lambda.min
  )
)
```

回帰 <chr>	λ <dbl>
Ridge	2.1530172
LASSO	0.1554653

情報量規準で λ を求める関数は用意されていないため独自に定義をする。

```
ic_glmnet <- function(glmnet_model) {
  tLL <- glmnet_model$nulldev - deviance(glmnet_model)
```

```r
    k <- glmnet_model$df
    n <- glmnet_model$nobs
    sig <- 2
    df <- tibble(
      lambda = glmnet_model$lambda,
      AICc = -tLL + 2 * k + 2 * k *(k + 1)/(n - k - 1),
      BIC = log(n)* k - tLL,
      Cp =(1 - glmnet_model$dev.ratio)* glmnet_model$nulldev / n + 2 *
sig^2 / n * k
    )
    return(
      list(
        lambda_AICc_best = df |> slice_min(AICc)|> pull(lambda),
        lambda_BIC_best = df |> slice_min(BIC)|> pull(lambda),
        lambda_Cp_best = df |> slice_min(Cp)|> pull(lambda),
        lambda_AICc = df$AICc,
        lambda_BIC = df$BIC,
        lambda_Cp = df$Cp
      )
    )
    }
```

この関数を使って λ を求める。

```r
# Ridge
car_ic_lambda_ridge <- car_fit_ridge |>
```

```
  ic_glmnet()

# LASSO
car_ic_lambda_lasso <- car_fit_lasso |>
  ic_glmnet()
```

結果を確認しよう。

```
data.frame(
  回帰 = c(rep("Ridge", 3), rep("LASSO", 3)),
  情報量規準 = c(rep(c("AICc", "BIC", "Cp"), 2)),
  λ = c(
    car_ic_lambda_ridge$lambda_AICc_best,
    car_ic_lambda_ridge$lambda_BIC_best,
    car_ic_lambda_ridge$lambda_Cp_best,
    car_ic_lambda_lasso$lambda_AICc_best,
    car_ic_lambda_lasso$lambda_BIC_best,
    car_ic_lambda_lasso$lambda_Cp_best
    )
  )
```

回帰	情報量規準	λ
<chr>	<chr>	<dbl>
Ridge	AICc	0.08296713
Ridge	BIC	0.08296713
Ridge	Cp	0.08296713
LASSO	AICc	0.29816842
LASSO	BIC	0.29816842
LASSO	Cp	0.29816842

このようにして R 言語でスパース回帰を実施することができる。

引用文献

赤池弘次・他（2007）「赤池情報量基準 AIC―モデリング・予測・知識発見」共立出版

Arthur, D. and Vassilvitskii, S.（2007）k-means++: the advantages of careful seeding. *SODA '07: Proceedings of the eighteenth annual ACM-SIAM symposium on discrete algorithms*, 1027-1035.

浅野晢・中村二郎（2000）「計量経済学」有斐閣

朝野熙彦（2010）「最新 マーケティング・サイエンスの基礎」講談社

朝野熙彦（2016）「マーケティング・サイエンスのトップランナーたち 統計的予測とその実践事例」東京図書

朝野熙彦（2021）「ビジネスマンがきちんと学ぶ ディープラーニング with Python」朝倉書店

朝野熙彦（2023）マハラノビスの汎距離と消費者の異質性，日本行動計量学会 第51回大会抄録集，70-73.

Berry, M.J.A. and Linoff G.S.（1997）*"Data Mining Techniques for Marketing, Sales, and Customer Support"*, John Wiley & Sons, Inc.

Berry, M.J.A. and Linoff, G.S.（2004）*"Data Mining Techniques, 2nd Edition"*, Wiley Publishing. 江原淳・他訳（2005）「データマイニング手法2訂版：営業，マーケティング，CRM のための顧客分析」海文堂出版

Breiman, L., Friedman, J.H., Olshen, R.A. and Stone, C.J.（1984）*"Classification and Regression Tree"*, Wadsworth.

Breiman, L.（2001）Random forests. *Machine Learning*, 45, 5-32.

Cerioli, A.（2005）K-means cluster analysis and Mahalanobis metrics: A problematic match or an overlooked opportunity? *Statistica Applicata*, 17(1), 61-73.

Dickson, P. and Ginter, J.（1987）Market segmentation, product differentiation, and marketing strategy. *Journal of Marketing*, 51, 1-10.

Dunn, J.C. (1974) A fuzzy relative of the ISODATA process and its use in detecting compact well-separated clusters. *Journal of Cybernetics*, 3, 32-57.

Fennell, G., et al. (2003) The effectiveness of demographic and psychographic variables for explaining brand and product category use. *Quantitative Marketing and Economics*, 1(2), 223-244.

Fisher, R.A. (1936) The use of multiple measurements in taxonomic problems. *Annals of Eugenics*, 7, 179-188.

Frank, R.E., Massy, W. F. and Wind, Y. (1972) "*Market Segmentation*", Englewood Cliffs, NJ: Prentice Hall.

Friedman, H.P. and Rubin, J. (1967) On some invariant criteria for grouping data. *Journal of American Statistical Association*, 62, 1159-1178.

福島邦彦 (1979) 位置ずれに影響されないパターン認識機構の神経回路のモデル―ネオコグニトロン. 電子通信学会論文誌 A, 62(10), 658-665.

Fukushima, K. (1980) Neocognitron: A self-organizing neural network model for a mechanism of pattern recognition. *Biological Cybernetics*, 36(4), 193-202.

福島邦彦 (2019) ネオコグニトロンと畳み込みニューラルネットワーク. 医用画像情報学会雑誌, 36(2), 17-24.

Hanssens, D.M., et al. (2014) Consumer attitude metrics for guiding marketing mix decisions. *Marketing Science*, 33(4), 534-550.

Hanssens, D.M., and Pauwels, K.H. (2016) Demonstrating the value of marketing. *Journal of Marketing*, 80(6), 173-190.

Hinton, G.E. and Roweis, S. (2002) Stochastic neighbor embedding. *In Advances in Neural Information Processing Systems*, 15, 833-840, Cambridge, MA, USA. The MIT Press.

Hinton, G.E. and Salakhutdinov, R. R. (2006) Reducing the dimensionality of data with neural networks, *Science*, 313(5786), 504-507.

Hotelling, H. (1951) A generalized T test and measure of multivariate dispersion, *Proceedings of the Second Berkeley Symposium on Mathematical Statistics and Probability*, University of California Press, Berkeley, 23-42.

Kingma, D.P. and Welling, M. (2013) Auto-encoding variational bayes, arXiv:1312.
6114.

Kodinariya, T.M. and Makwana, P.R. (2013) Review on determining number of cluster
in k-means clustering, *International Journal of Advance Research in Computer
Scieence and Management Studies*, 1(6), 90–95.

Koschnick, W.J. (1996) *"Dictionary of Social and Market Research"*. John Wiley &
Sons, Inc.

Kruskal, J.B. (1964) Nonmetric multidimensional scaling: a numerical method.
Psychometrika, 29, 115–129.

LeCun, Y., Boser, B., Denker, J.S., et al. (1990) Handwritten digit recognition with a
back-propagation network. *Advances in Neural Information Processing Systems*, 2,
396–404.

LeCun, Y., Bottou, L., Bengio, Y. and Haffner, P. (1998) Gradient-based learning
applied to document recognition. *Proceedings of the IEEE*, 86, 2278–2324. (DOI:
10.1109/5.726791)

LeCun, Y. (2019) Quand la machine apprend: La révolution des neurones artificiels et
de l'apprentissage profonde (Odile Jacob)
（邦訳：ヤン・ルカン（著），松尾豊（翻訳，監修），小川浩一（翻訳）(2021)「ディー
プラーニング 学習する機械 ヤン・ルカン，人工知能を語る（KS 科学一般書）」講
談社

Leisch, F. (2004) FlexMix: A general framework for finite mixture models and latent
class regression in R. *Journal of Statistical Software*, 11(8), 1–18.

MacQueen, J. (1967) Some methods for classification and analysis of multivariate
observations. In *Proceedings of the fifth Berkeley Symposium on Mathematical
Statistics and Probability*, 281–297.

Mahalanobis, P.C. (1930) On test and measures of group divergence: theoretical
formulae. *Journal of the Asiatic Society of Bengal*, 26(4), 541–588.

Mahalanobis, P.C. (1936) On the generalized distance in statistics. *Proceedings of the
National Institute of Sciences of India*, 2(1), 49–55.

Mahalanobis, P.C. (1949) Historical note on the D^2-statistic. *Sankhya*, **9**, 237.

McCarthy, J., Minsky, M. L., Rochester, N., Shannon, C.E. (1955) A proposal for the Dartmouth summer research project on artificial intelligence. (http://jmc.stanford.edu/articles/dartmouth/dartmouth.pdf)

McInnes, L., Healy, J., and Melville, J. (2018) UMAP: Uniform Manifold Approximation and Projection for dimension reduction, (DOI: arXiv:1802.03426)

McLachlan, G.J. and Peel, D. (2000) "*Finite Mixture Models.*" John Wiley & Sons, Inc.

宮川雅巳・永田靖 (2022)「タグチメソッドの探求―技術者の疑問に答える 100 問 100 答」日科技連出版社

森岡毅・今西聖貴 (2016)「確率思考の戦略論―USJ でも実証された数学マーケティングの力」角川書店

Myers, J.H. (1996) "*Segmentation and Positioning for Strategic Marketing Decisions*", American Marketing Assoc.

奥野忠一・他 (1971)「多変量解析法」日科技連出版社

Pillai, K.C.S. (1955) Some new test criteria in multivariate analysis. *Annals of Mathematical Statistics*, **26**(1), 117-121.

Rao, C.R. (1993) "Statistics and Truth: Putting Chance to Work (2nd Edition)", CSIR. 藤越康祝・他 (訳) (1993)「統計学とは何か：偶然を生かす」丸善出版

Rubin, D.B. (1980) Bias reduction using Maharanobis-metric matching, *Biometrics*, **36**, 293-298.

佐藤忠彦 (2015)「マーケティングの統計モデル（統計解析スタンダード）」朝倉書店

里村卓也, 金名哲 (編) (2015)「マーケティング・モデル第 2 版（R で学ぶデータサイエンス 13)」共立出版

Smith, W.R. (1956) Product differentiation and market segmentation as alternative marketing strategies. *Journal of Marketing*, **21**(1), 3-8.

Taguchi, G., and Jugulum, R. (2002) "*The Mahalanobis-Taguchi Strategy:A Pattern Technology System*", John Wiley & Sons, Inc.

田口玄一 (1999)「品質工学の数理」日本規格協会

田口玄一・兼高達貳 (編) (2002)「MT システムにおける技術開発（品質工学応用講

座）」日本規格協会

竹村彰通（2020）「新装改訂版 現代数理統計学」学術図書出版社

竹内啓・柳井晴夫（1972）「多変量解析の基礎」東洋経済新報社

田中豊・脇本和昌（1983）「多変量統計解析法」現代数学社

Thorndike, R.L. (1953) Who belongs in the family?, *Psychometrika*, 18(4), 267-276.

Tibshirani, R., Walther, G., and Hastie, T. (2001) Estimating the number of clusters in a data set via the gap statistic. *Journal of the Royal Statistical Society: Series B (Statistical Methodology)*, 63(2), 411-423.

ウィラワン ドニ ダハナ・勝又壮太郎（2023）「R によるマーケティング・データ分析：基礎から応用まで ライブラリ データ分析への招待 4」新世社

Wedel, M. and Kamakura, W. (2000) "*Market Segmentation: Conceptual and Methodological Foundations (International Series in Quantitative Marketing, 8)*", Kluwer Academic Publishers.

Wedel, M. and Kannan, P.K. (2016) Marketing analytics for data-rich environments. *Journal of Marketing*, 80(6), 97-121.

Wilks, S.S. (1932) Certain generalizations in the analysis of variance. *Biometrika*. 24, 471-494.

Wind, Y. (1978) Issues and advances in segmentation research. *Journal of Marketing Research*, 15(3), 317-337.

Xiao, H., Rasul, K. and Vollgraf, R. (2017) Fashion-MNIST: A novel image dataset for benchmarking machine learning algorithms. (DOI: arXiv:1708.07747)

柳井晴夫（1994）「多変量データ解析法：理論と応用（行動計量学シリーズ 8）」朝倉書店

Yonenaga, K. and Suzukawa, A. (2021) Bayesian estimation for misclassification rate in linear discriminant analysis. *Japanese Journal of Statistics and Data Science*, 4, 861-885.

索　引

■ 編著者紹介

朝野 熙彦（あさの ひろひこ）

千葉大学文理学部卒業、埼玉大学大学院修了、専修大学・東京都立大学教授、多摩大学および中央大学大学院客員教授を経て株式会社コレクシア 名誉顧問、日本マーケティング学会監事。日本行動計量学会名誉会員。

〔主な著書〕

『入門多変量解析の実際』（ちくま学芸文庫）

『最新マーケティング・サイエンスの基礎』（講談社）

『入門共分散構造分析の実際』（講談社）

『マーケティング・リサーチ—プロになるための 7 つのヒント』（講談社）

『ディープラーニング with Python』（朝倉書店）

『ビジネスマンが一歩先をめざすベイズ統計学』（朝倉書店）

『ビジネスマンがはじめて学ぶベイズ統計学』（朝倉書店）

『R によるマーケティング・シミュレーション』（同友館）

『アンケート調査入門—失敗しない顧客情報の読み方・まとめ方』（東京図書）

『マーケティング・サイエンスのトップランナーたち』（東京図書）

『マーケティング・リサーチ入門—「調査」の基本から「提言」まで』（東京図書）

カバーデザイン　高橋　敦（LONGSCALE）
本文デザイン　　山崎幹雄デザイン室

データから戦略を導く理論と実践入門——統計分析の基礎から機械学習、生成AIまで

2025 年 1 月 25 日　第 1 版第 1 刷発行　　　　　© Hirohiko Asano, 2025 Printed in Japan

編著者　朝野 熙彦

発行所　東京図書株式会社
　　　　〒 102-0072　東京都千代田区飯田橋 3-11-19
　　　　電話 03-3288-9461　振替 00140-4-13803
　　　　http://www.tokyo-tosho.co.jp
　　　　ISBN　978-4-489-02437-5